科技投融资丛书

科技财政：
理论与实践

PUBLIC FINANCE ON SCIENCE AND TECHNOLOGY:
THEORY AND PRACTICE

张明喜/著

经济管理出版社
ECONOMY & MANAGEMENT PUBLISHING HOUSE

图书在版编目（CIP）数据

科技财政：理论与实践/张明喜著.—北京：经济管理出版社，2015.12
ISBN 978-7-5096-4092-0

Ⅰ.①科… Ⅱ.①张… Ⅲ.①科学研究事业—财政支出—研究—中国 Ⅳ.①F812.45 ②G322

中国版本图书馆 CIP 数据核字（2015）第 298475 号

组稿编辑：陈　力
责任编辑：陈　力　钱雨荷
责任印制：黄章平
责任校对：张　青

出版发行：经济管理出版社
　　　　　（北京市海淀区北蜂窝 8 号中雅大厦 A 座 11 层　100038）
网　　　址：www. E-mp. com. cn
电　　　话：（010）51915602
印　　　刷：三河市延风印装有限公司
经　　　销：新华书店
开　　　本：720mm×1000mm/16
印　　　张：15
字　　　数：245 千字
版　　　次：2016 年 1 月第 1 版　2016 年 1 月第 1 次印刷
书　　　号：ISBN 978-7-5096-4092-0
定　　　价：42.00 元

科技投融资丛书编委会

主　任：王　元

编　委（排名不分先后）：

贾　康　　王松奇　　赵昌文　　胥和平　　邓天佐　　林　新

房汉廷　　赵志耘　　张卫星　　周新生　　朱海雄　　丛树海

张陆洋　　费方域　　沈中华　　闻岳春　　雷家骕　　郭　戎

科技投融资丛书编写说明

1985 年，《中共中央关于科学技术体制改革的决定》提出："广开经费来源，鼓励部门、企业和社会集团向科学技术投资"。经过近 30 年的发展，中国的科技投资为全社会知识与技能储备的快速增加，为高新技术产业竞争能力的大幅提升做出了巨大贡献，从而为我国在 21 世纪迎头赶上世界新科技、新经济发展浪潮奠定了坚实基础。

2006 年，中共中央、国务院召开全国科技大会部署实施《国家中长期科学和技术发展规划纲要（2006~2020 年）》，胡锦涛同志在题为"坚持走中国特色自主创新道路　为建设创新型国家而努力奋斗"的讲话中，阐述了强化科技投融资建设的重大意义："世界各国尤其是发达国家纷纷把推动科技进步和创新作为国家战略，大幅度提高科技投入，加快科技事业发展，重视基础研究，重点发展战略高技术及其产业，加快科技成果向现实生产力转化，以利于为经济社会发展提供持久动力，在国际经济、科技竞争中争取主动权"；我国则"要把对科技事业发展特别是提高自主创新能力的投入作为战略性投资……形成多元化、多渠道、高效率的科技投入体系，提高科技资源共享利用的效益，为提高自主创新能力提供坚实保障"。

回顾我国改革开放的实践历程就会发现，科技进步不断对我国投融资体制和机制建设提出新的需求，财政、税收、金融、国有资产管理等制度则为促进科技发展进行了持续的制度创新。科技部门和金融部门通过共同提出决策建议、落实中央政策和联合制定部门文件等方式，推动了我国科技投资实践的跨越发展。20世纪 80 年代，财政科技经费分配办法实施改革，创业投资的概念和经验引入中国，经由星火计划、火炬计划建立国有银行服务科技型中小企业的"科技贷款"机制；90 年代，制定高新技术企业所得税政策，通过捆绑科技类中小企业方式尝试推出"高新技术产业开发区企业债券"，建立了科技成果等国有科技资产流转处置、投资入股的激励和奖励机制，提出设立中国创业板（及其前身——证券市场"高新技术企业板块"）的意见。

21 世纪，科技部和金融部门向国务院建议并成功在中关村科技园区试点未上市高新技术企业进入证券公司代办系统进行股份转让。为鼓励创业投资发展，《公司法》、《证券法》和《合伙企业法》等陆续修订，国家创业投资引导基金设立。高新技术企业税收政策优化调整后载入《企业所得税法》，企业研究开发费用加计扣除政策得以实施，银行、担保、证券、租赁、保险等支持科技创新的新机构、新机制和新工具不断涌现，各类科技金融服务平台纷纷建立。上述科技投融资机制建设的每一次前进，都使科技成果向现实生产力的转化过程变得更好、更快，同时也极大丰富了我国全社会投融资体系的层次与内容，大批投资机构和金融机构通过服务实体经济内生增长而切实获益。

中国科学技术发展战略研究院科技投资研究所前身是中国科学技术发展促进研究中心创业投资研究所，专职于科技投融资机制与政策研究，具体包括科技与金融结合、财政科技投入预算与绩效、科技创新税收政策、国有科技资产管理制度、全国创业投资行业调查分析以及国家重大科技项目的投融资机制等。自成立以来的十多年中，研究所的同仁们有幸亲眼见证了科技投融资的建设进程，参与了许多相关支撑性研究工作，深深体会到这一研究领域的重要和魅力，也深刻认识到目前研究总体上还处在片段化、应对性的浅表阶段，其深入化、系统化、规范化和科学化的任务艰巨而紧迫。为此，不断提升自身的研究质量责无旁贷，促使更多社会力量关注和加入科技投融资研究领域同样义不容辞。编写本套丛书的基本设想是：科技投资研究所的研究者们集结自己的研究成果，并不断梳理和摸索；所抛出的"引子"和"靶子"，供感兴趣的研究者们批判和创新。本套丛书要力争成为一个支持新力量、新创作的有效工具。科技投资研究所计划利用承担的国家社科基金重大项目《创新型国家背景下的科技创新与金融创新结合问题研究》等国家级课题资助、支持丛书编写和出版。

在此感谢中国科学技术发展战略研究院的领导和同事们的支持。还要感谢科技部科研条件与财务司、政策司、计划司、火炬中心、监管中心、风险中心等单位的领导和有关同志多年来对科技投融资研究给予的指导。特别感谢丛书编委会中院外专家们的关怀，他们主要在选题等方面给予学术指导，但丛书中的具体观点、事实和数据均由相应著（编）者负责。

我们希望丛书真正成为一个开放性平台，期待与各方在此汇合，开展多方位合作，共同探索立足实践、面向未来的科技投融资理论体系，为走中国特色自主创新道路增添不竭的智力支持。

中国科学技术发展战略研究院科技投资研究所

2013 年 3 月

序
Preface

当前，世界范围内的新一轮科技革命和产业变革正在孕育兴起，对全球竞争格局和各国发展将会产生重大影响。我国发展正处于爬坡过坎的关键时期，科技进步的作用日益凸显，包括科技创新在内的全面创新已经摆到了国家发展全局的核心位置。中共十八大确立创新驱动发展战略，发挥好科技创新在推进"四化同步"发展和"五位一体"建设中的战略支撑作用，成为科技改革和创新的重大使命。

要实现创新驱动发展，提升我国经济的科技含量，履行好科技财政职能是前提。在整个科技创新过程中，政府到底承担什么样的角色？其发挥作用的领域在哪里？支持的方式和手段有哪些？如何提高财政科技资金的使用效率？中央和地方科技事权如何划分等，这些都需要从理论与实践的结合上来解答。

张明喜同志撰写的《科技财政：理论与实践》为回答上述问题提供了一把钥匙，从科技财政概念及其职能开始，提出财政科技支出的基本理论，分析财政科技支出的规模与结构，研究科技税收的理论，对一些具体的科技税收政策进行剖析。同时，该书对新型的科技财政支出方式——科技金融相关问题展开研究。基于工作实践，还对科技财政管理、中央和地方科技事权划分等做了初步探讨。

中共十八届三中全会《中共中央关于全面深化改革若干重大问题决定》提出"财政是国家治理的基础和重要支柱"的重要论断，对当前财税体制和科技体制改革具有十分重要的长期指导意义。怎样认识和理解其对科技财政的影响，如何将其与科技实际工作结合起来，这是当前科技财政领域面临的关键问题，期望相关学者继续进行深入思考和研究，并将其转化成行动的指南。

　　《科技财政：理论与实践》是张明喜同志近年来在科技财政领域取得系列研究成果基础上总结提炼而成的，作者付出了很多的努力，尝试将公共经济学研究范式纳入科技财政理论与政策研究中，具有一定的现实意义和理论价值。我祝贺该书的出版，也欣然为之作序。

　　我期待张明喜同志能够再接再厉，在学术研究领域不断取得新的成绩。

财政部财政科学研究所党委书记、所长

刘尚希

前言
Introduction

　　科技兴则民族兴，科技强则国家强。财政是国家治理的基础和重要支柱，在很大程度上决定着一国的经济走向和社会管理的水平。在全面深化改革的大背景下，构建现代财政制度，打造我国经济发展的新引擎，推动经济发展方式转变和经济结构调整，实现由传统的要素驱动转向创新驱动。把创新驱动发展战略转化为现实行动，平衡社会经济发展过程中的政府与市场、政府与社会的关系，利用财政职能优化科技创新资源配置，这是《科技财政：理论与实践》一书的逻辑起点。

　　本书首先从科学、技术、研发和创新等概念说起，阐释它们之间的区别与联系。研究科技准公共物品的性质，构建科技财政的一般分析框架，推动以科技创新为核心的全面创新，发挥市场在资源配置中的决定性作用和社会主义制度优势，增强科技进步对经济增长的贡献度，推动经济持续健康发展。

　　在财政科技支出的理论部分，清晰解释科技公共物品的提供与生产，包括公共科技产品的提供方式和公共生产，还对财政科技支出模式构建的目标与原则进行研究，构建财政科技支出的基本模式。为进一步提高财政科技资金使用效率，对财政科技支出进行绩效评价研究，也符合国际通行规则。财政科技支出的方式至关重要，尤其是后补助方式，对后补助涉及的要点展开探讨。

　　科技财政支出的绝对量和相对量，反映政府对科技的重视程度，也体现政府科技发展职能和活动范围。科技财政支出结构的历史轨迹，表明财政科技支出的重点及变化趋势。从资源配置角度而言，科技财政支出结构直接关系到政府动员科技创新资源的方向，其对经济运行的影响与支出规模非常重要。本书第三章对财政科技支出进行分类，然后分析我国财政科技支出的规模和结构。研究表明，发达国家的政府投入是所有重大技术突破的关键支持力量，如美国联邦政府资助研发了搜索算法技术，使谷歌搜索引擎成为可能；苹果智能手机赖以运行的关键技术，从无线移动通信、互联网到微电子、触屏、语音转换等技术最初皆由政府投资开发。因此，本书相关章节还对基础研究经费投入这一重要战略性投资进行探讨。

在市场经济条件下，尤其是对于经济处于快速发展阶段的国家而言，税收政策最能够调动企业技术创新的积极性，对于鼓励增加全社会科技投入自主创新具有重要意义，其特点是针对性强、作用直接、相对公平，是促进科技进步，加快经济结构优化的政策工具。因此，完善并运用科技税收政策是世界各国政府采取的重要调控手段。多年来，我国研究制定了一系列促进科技发展的税收政策，既有促进科技创新和推动科技向现实生产力转化的支持政策，也有促进科技与金融紧密结合的支持政策等，形成了较为完整的政策体系。在本书科技税收的理论与实践部分，阐述科技税收原理，提出科技税收的基本框架，总结归纳我国现行科技税制。

在科技税收政策研究章节，详细分析促进科技型中小企业发展的税收政策，剖析我国风险投资业发展的总体趋势，总结支持风险投资发展的税收政策现状，指出了其存在的深层次矛盾。同时，还对中关村示范区税收试点政策跟踪及推广研究进行深入分析。

在实践层面，科技金融主要是通过变革财政科技投入方式，带动金融资本和民间资金支持科技创新发展。在理论层面，科技金融是构建经济发展的资本体系。本书科技金融章节探讨我国金融支持技术创新的最新进展，同时研究示范区科技金融试点政策跟踪及推广研究，最后归纳促进科技金融发展的财税支持方式，总结德国促进早前期投融资的经验。

科技财政管理的效率提高和能力提升，是深化科技体制改革的重要标志。强化对财政科技支出的管理，使政府从微观事务中解脱出来，在宏观层面扮演好科技的政策制定者和管理者的角色。同时，通过对财政科技支出的公开化、透明化管理，促使科研人员及社会大众参与其中，从而实现财政科技支出管理的科学化和民主化。在我国财政科技支出管理现状及存在问题中，本书相关章节剖析我国财政科技经费管理改革，提出未来的挑战。对我国科研间接费用管理的探索与思考，也提炼美国联邦政府研发预算管理经验，剖析我国科技经费监管探索实践并提出建议。

改革开放以来，我国由计划经济体制逐步向市场化体制转变，转变的实质是政府与微观主体以及各级政府之间关系的重新定位。科技体制与财政体制的改革历经数次变迁，科技财政体制即中央和地方科技事权与支出责任也是权变的。在多级政府间的科技财政章节中，对科技综合管理部门科技事权与支出责任划分、全球科技创新趋势、国家治理改革对政府科技事权的影响等进行分析，还提出我国中央和地方科技事权和支出责任划分的初步框架。

随着创新型国家建设进程的加快，各国各地区比以往任何时候都更加注重财政科研经费的优化配置。本书企图通过科技财政相关理论研究和实践分析，摸清我国财政科技支出的基本状况，结合我国经济社会发展目标，构建和完善财政科研经费管理制度，从而为深化改革提供决策参考和理论支撑。同样，本书也是个人研究心得总结，写作的出发点是将研究过程中遇见的问题纳入公共经济学分析范式，为同行们提供基本素材和观点借鉴。因此，写作过程中力戒做官样文章，采取不回避敏感问题的态度，力求反映我国科技财政改革和实践全貌。但囿于水平和时间有限，难免存在不足和偏颇，敬请各方批评指正。

张明喜

2015 年 8 月

目 录
Contents

第一章

科技财政内涵及其职能

科技财政涉及方方面面，无论是从科教兴国战略到创新驱动发展战略，还是从科技支出理论到科技税收政策实践，都需要从科技财政的本质出发加以研究，因此科技财政的内涵及其职能就显得非常必要。本章第一节剖析科技、研发（R&D）、创新和公共财政的内涵和外延及其相关关系。第二节指出科技发展中的政府与市场——科技财政的基本问题，激发市场配置科技资源的内在动力，同时强调更好地发挥政府作用。在第三节中，考虑到科技财政的特殊性，在财政基本职能的基础上，科技财政职能理应包括科技进步职能。

第一节　科技、创新与公共财政

一、从科学、技术、研发和创新的概念说起

科技是科学和技术的合称。根据现代汉语词典①，科学被解释为：反映自然、

---

① 中国社会科学院语言研究所词典编辑室，1978 年。

社会、思维等的客观规律的分科的知识体系；合乎科学（精神、方法等）的。科学是研究和解释自然现象的学科，着重寻找事物间的关系。"科学"源于拉丁文 Scientia，本义是知识和学问的意思。通常认为，科学以探索发现为核心，主要是发现、探索研究事物运动的客观规律。科学发现，特别是纯科学的原始性创新突破，也就是纯基础研究，在于人们对科学真理的自由思考和不懈探索，往往不是通过人为地计划和组织来实现的。

技术可以指物质，如机器、硬件或器皿，但它也可以包含更广的架构，如系统、组织方法学和技巧。它是知识进化的主体，由社会形塑或形塑社会。"技术"由希腊文 Techne（工艺、技能）和 Logos（词，讲话）构成，意为工艺、技能。一般认为，技术以发明革新为核心，着重解决"做什么、怎么做"的问题。

从本质上讲，科学和技术是不同类型的创造性活动，有着不同的发展规律，体现着不同的价值，需要不同的支持政策[1]。科学和技术是相互依存、相互促进的。伴随人类社会发展的历史进程，人们在开展兴趣驱动的自由探索式研究的同时，源自经济社会发展重大需求的创新驱动式研究日趋增长。正是这种需求导向的应用性基础研究，极大地推动了科学、技术之间，科技与经济社会发展之间的相互衔接、相互促进，其内在的统一与协调发展已经成为当今"大科学"的一个基本特征。

研究与试验发展（R&D）活动是指为了增加知识总量，包括有关人类、文化和社会的知识，以及运用这些知识去创造新的应用，所进行的系统的、创造性的工作[2]。按照国际标准，R&D 活动分为三类：基础研究、应用研究与试验发展。

基础研究指为了获得关于现象和可观察的事实的基本原理的新知识（揭示客观事物的本质、运动规律，获得新发现、新学说）而进行的实验性或理论性研究，它不以任何专门或特定的应用或使用为目的。

应用研究是指为获得新知识而进行的创造性研究，主要针对某一特定的目的或目标。应用研究是为了确定基础研究成果可能的用途，或是为达到预定的目标探索应采取的新方法（原理性）或新途径。

---

① 白春礼. 创新驱动发展战略靠什么支撑？——从科学、技术、工程的概念说起 [N]. 光明日报，2014-05-15（16 版）.

② 经济合作与发展组织. 弗拉斯卡蒂丛书——研究与发展调查手册 [M]. 北京：新华出版社，2000.

试验发展是指利用从基础研究、应用研究和实际经验所获得的现有知识，为产生新的产品、材料和装置，建立新的工艺、系统和服务，以及对已产生和建立的上述各项作实质性的改进而进行的系统性工作。

创新作为一个经济学概念，最早源于熊彼特的创新理论。熊彼特归纳定义了五种经济意义上的创新：①引进新产品；②引进新生产方法；③开辟新市场；④获得新的原材料或半成品供应渠道；⑤实施新的产业组织方式①。《奥斯陆手册》（第三版）则在熊彼特理论基础上，将创新活动划分为"产品创新"、"工艺创新"、"组织创新"和"市场创新"四类。熊彼特和《奥斯陆手册》的分类依据是创新活动的表现形式。

Enos（1962）从行为方式的角度指出，"技术创新"是多种行为的综合结果，这些行为包括发明的选择、资本投入保证、组织建立、制订计划、招用工人和开辟市场等②。Freeman（1982）则明确指出，技术创新就是新产品、新过程、新系统和新服务的首次商业性转化③。实现商业转化和市场价值正是创新活动的终极目的和本质特征，也是"技术创新"区别于"技术发明"的根本所在。当然，"技术发明"往往是"技术创新"的基础，但实现"技术发明"到"技术创新"的跨越还需要多方面的努力。

熊彼特、《奥斯陆手册》、Enos（1962）及Freeman（1982）的分类和界定都是着眼于企业层面做出的。企业的技术创新能力很大程度上取决于对已有的技术或发明进行消化、吸收、应用，最终实现商业价值的能力。

创新除了狭义的技术创新，还包括品牌创新、产业组织创新和商业模式创新等。从国家层面来看，创新涉及的主体还包括高等院校、科研院所、政府机构等其他组织；创新的目的不仅在于实现各种新技术、新发明的商业性应用，更体现为加速技术进步、提升国际竞争力，为经济体持续增长提供动力。因此，国家层面的技术创新能力，是经济体开发、吸收、应用新技术、提高生产率水平的潜在能力④。

---

① Schumpeter J.A. The Theory of Economic Development [M]. Harvard University Press, 1934：65-66.

② Enos, John Lawrence. Petroleum, Progress and Profits：A History of Process Innovation [M]. MIT Press, 1962.

③ C. Freeman. The Economics of Industrial Innovation [M]. (2nd edition) Francis Pinter, London, 1982.

④ 蔡跃洲. 国家创新体系视角下的国家创新能力测度述评——理论方法、数据基础及中国实践 [J]. 求是学刊, 2012（1）：42-50.

科技支出是国家科技事业发展的重要标志。全社会科技支出主要包括科技人力支出和科技活动经费支出两个方面。人们通常把科技活动经费称为科技投入，其实是研究的惯例而已，在本文中也采取全社会科技支出等于科技活动经费。科技活动经费的筹集渠道有许多，比如政府资金、企业资金、事业单位资金、金融机构贷款、国外资金和其他资金等。

R&D 是指在科学技术领域，为增加知识总量以及运用这些知识去创造新的应用进行的系统的创造性的活动，包括基础研究、应用研究、试验发展三类活动，R&D 活动是科技活动中最具有创造性和创新性的部分，对科学技术由知识形态的生产力向现实的生产力转化起到了至关重要的作用。因此全社会科技支出中包括全社会的 R&D 支出和其他支出。

财政科技支出是指政府拥有科技活动的经费，包括科学事业费、科技三项费用、科研基建费、科学基金、教育等部门事业费中计划用于科技活动的经费以及政府部门预算外资金中计划用于科技活动的经费等。财政科技支出与全社会科技支出、R&D 支出的关系如图 1-1 所示。

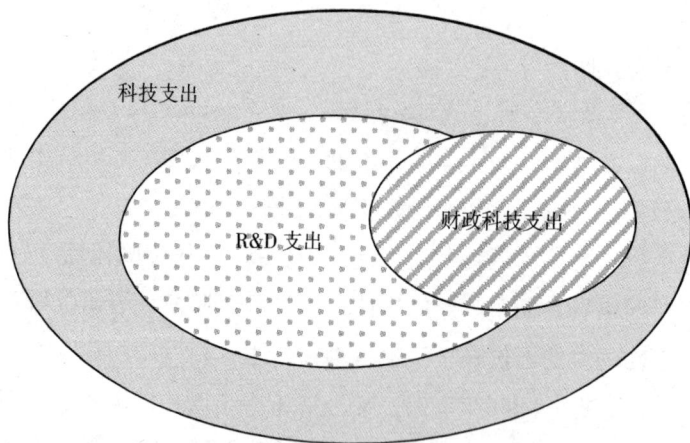

图 1-1　科技支出、R&D 支出与财政科技支出的关系

二、科技的准公共物品性质

人类社会需要的各式各样的商品和服务，依据需求主体和供给渠道的不同，可以分为公共物品和私人物品两大类：由市场供给用来满足个别人需要的商品和服务称为私人物品，由国家机关和政府部门——公共部门提供用来满足社会公共

需要的商品和服务称为公共物品。

区分或辨别公共物品和私人物品通常应用两个基本标准：一是排他性和非排他性；二是竞争性和非竞争性。私人物品具有排他性和竞争性，公共物品具有非排他性和非竞争性。排他性是指个人可以被排除在消费某种物品和服务的利益之外，当消费者为私人产品付钱购买之后，他人就不能享用此种商品和服务所带来的利益，排他性是私人物品的第一个特征。竞争性是指消费者的增加将引起生产成本的增加，每多提供一件或一种私人物品，都要增加生产成本，因而竞争性是私人物品的第二个特征。非排他性则是公共物品的第一个特征，即一些人享用公共物品带来的利益而不能排除其他一些人同时从公共物品中获得利益，例如每个公民都可以无差别地受益于国防所提供的安全保障，每个适龄儿童都有权力和义务接受政府提供的义务教育等。有些公共物品虽然经过技术处理可以具有排他性，但有时排除成本太高，因而在经济上不可行。公共物品的非排他性意味着可能形成"搭便车（Free-rider）"现象，即免费享用公共物品的利益。非竞争性是公共物品的第二个特征，即消费者的增加不引起生产成本的增加，或者说，提供公共物品的边际成本为零①。

科技，作为一类特殊的公共物品，兼备公共物品与私人物品的特征，可称之为混合物品或准公共物品。

研究表明：科技发展和创新行为的社会回报率明显高于私人回报率，这意味着科技投入产生社会收益大于私人收益的结果，从侧面反映出其具有公共产品属性。

一是科技的消费竞争性弱。科技发展的受益面广，并不会因为人数的增加而减少受益人数，表现出非竞争性。同时，如果科技发展的边际成本较小，即使再增加一部分消费者，每个人的消费效应大致不变，表现为消费上的弱竞争性。

二是科技的受益难排他性。从技术上和法律上来说，科技发展取得的成果可以做到一定程度的排他。例如，专利制度是让专利权人在法定期间（例如 20 年）内享有专利技术的排他权（注意，并非独占权），使其享有商业上的特权利益，以鼓励其将知识公开分享。但是，当法定期间届满，排他权力即告消灭，民众即可根据所揭露的内容，自由运用其技术。所以科技表现出一定程度的受益难排他性。

---

① 陈共.财政学（第七版）[M].北京：中国人民大学出版社，2011.

三、现代财政与科技财政

在中国财政改革中，近年提出了市场经济体制下的财政应是"公共财政"，并提出"构建公共财政框架"的命题。公共财政的基本思路是：一是以满足公共需要为标准为财政定位，逐步理顺政府（财政）与市场的关系，转变政府的经济职能和财政职能，构建公共财政的基本框架，切实解决过去财政的"越位"和"缺位"问题。二是提出公共财政主要是强调财政的"公共性"，不是搞吃饭财政，因为任何社会和任何国家的财政都有一定比例的生产投资性支出。三是不可一般地提出财政退出国有企业，因为财政投资即为政府投资，政府投资就要形成国有企业。四是防止出现因"强调"财政的公共性而忽视财政关系中的利益冲突，必须认真对待并处理好多方面的利益关系①。

不同于 1998 年以来所强调的公共财政，现代财政制度的内涵更加丰富。现代财政制度是与国家现代化建设相适应的制度，必须有相应的专门的财政管理机构，是民主财政，更是法制化财政，以专门的治理技术为依托，同时适应动态财政治理的需要②。

科技财政理应属于现代财政的框架。无论是何种经济体制，科技财政概念应该有所延伸和发展。从不同的角度，可以对科技财政有不同的理解。从实践来看，科技财政是通过收支活动筹集和供给科技经费和资金，保障政府科技职能的实现。从经济学意义上讲，科技财政作为经济范畴，是一种以国家（政府）为主体的经济行为，即政府集中一部分国民收入用于满足科技发展公共需要的收支活动，以达到优化资源配置、创新驱动、科技进步的目标。

第二节　科技发展中的政府与市场
——科技财政的基本问题

中共十八届三中全会的重要突破之一，是提出了市场在资源配置中起决定性

---

① 陈共.财政学（第七版）[M].北京：中国人民大学出版社，2011.
② 杨志勇.现代财政制度：基本原则与主要特征 [J].地方财政研究，2014（6）：4-8.

作用，同时强调更好地发挥政府作用。这既是对国内外长期历史经验的精辟总结，更是指明了科技财政改革的方向和目标。

一、激发市场配置科技资源的内在动力

技术先进与市场逻辑并没有必然的联系，技术先进并不代表市场占有率。科技资源如何配置，是围绕技术先进性，还是围绕市场来配置资源，这是两种不同的方向。

我国企业 R&D 支出占 76%以上，但是也要看到，规模以上企业平均研发投入强度还较低。我国要由"跟跑"变为"领跑"，必须依靠原始创新，这就需要高校、院所和企业的共同努力。仔细分析企业 R&D 投入结构，90%以上是用在试验和开发，而用于本行业的基础研究、前瞻技术探索的投入还远远不够。

因此，财政科技资源配置不应是简单地将资金安排给企业，而是通过财税、政府采购等政策工具，引导全社会加大对原始创新的投入，通过技术创新和市场需求相结合，激发市场配置科技资源的内在动力。只有这样，新产品才会不断推向市场，新的企业也会源源不断地涌现。

对公共技术的供给，也应发挥市场配置资源的作用，不是回到改革前，而是要改革现有的科研项目形成和支持方式，围绕龙头骨干企业建立的产业链配置资源，使创新链、产业链和资金链紧密结合，让更多的中小企业参与进来，形成产学研结合、大中小互动的良好局面。公共技术的扩散，也会再造产业链，创造更多的市场机会，从而扩大市场规模。

创新价值说到底要通过市场来实现。充分发挥市场对研发方向、技术路线选择、技术要素价格等各类创新要素配置的导向作用，必须以企业和市场为核心健全技术创新市场导向机制，通过建立基于体制机制创新的创新政策体系来形成自我激励、自我循环的创新生态系统。

科技财政中，应该发挥市场的重要作用。创新价值说到底要通过市场来实现。充分发挥市场对研发方向、技术路线选择、技术要素价格等各类创新要素配置的导向作用，必须以企业和市场为核心健全技术创新市场导向机制，通过建立基于体制机制创新的创新政策体系来形成自我激励、自我循环的创新生态系统[①]。

---

① 李源. 发挥创新驱动的原动力作用 [N]. 经济日报，2014-10-01.

加快建立由市场决定技术创新立项、实施和评价的机制。企业是联系市场和创新的纽带，能够敏锐把握市场对创新的需求。在技术创新项目立项上，多听企业意见，在技术创新的经费投入上，以企业投入为主。

同时，营造平等的市场准入和产权保护、公平的竞争条件和营商环境，也是科技财政必须承担的事权。束缚市场主体创业、创新活力的体制障碍，主要是对民营企业的不公平待遇，阻碍民间投资的"玻璃门"、"弹簧门"仍然存在；竞争性经济领域的投资审批，既不利于市场机制发挥优胜劣汰的功能，也造成对民营资本的"挤出"效应；一些领域存在明显或变相的行政性垄断，妨碍公平竞争，公用事业和社会事业领域存在准入壁垒，导致大量民间资本不得不拥挤在竞争性经济领域，加剧一些行业产能过剩。科技体制中政府与市场定位不清，妨碍企业成为技术创新主体。政府一方面对企业技术创新过度干预，另一方面在为创新营造良好环境方面作为不够。解决体制机制中这些妨碍各类市场主体发挥创业、创新积极性问题，关键是要在经济领域依据市场规则、市场价格、市场竞争进行资源配置①。

二、强调更好地发挥政府作用

中共十八届三中全会在强调发挥市场配置资源决定性作用的同时，也强调要更好地发挥政府作用，政府不是退出、不作为，而是政府和市场各就其位。由于存在大量的公共科技产品和准公共科技产品，容易导致市场失灵，就更应强调发挥政府作用。

在基础研究、关键共性技术攻关、科技发展涉及满足好奇心的科学探索、人才培养以及面向未来的投入等，都有市场失灵的一面，它们大多具有涉及领域广、超越当前利益、高风险等特点，不能单纯强调市场的决定性作用，需要政府长期稳定支持。

早在20世纪60年代，中科院冻土研究所等单位就展开了对高原冻土的长期研究，如果不是冻土研究所几十年前就开始投入技术研发、人才培养，青藏铁路就不可能建成。在社会公共科技领域，如支持防沙研究所开展防沙治沙科学研究，这些都是企业不愿意做的，政府更需要加大投入。

---

① 林兆木. 使市场在资源配置中起决定性作用 [J]. 理论参考，2013（12）：48-51.

研究表明，美国等发达国家的政府投入是重大技术突破的关键支持力量。如美国联邦政府资助研发了搜索算法技术，使谷歌搜索引擎成为可能；苹果手机赖以运行的关键技术，从无线移动通信、互联网到微电子、触屏、语音转换等技术最初皆由政府投资。

市场的最大逻辑就是主体利润最大化，市场配置资源具有一定的自发性、盲目性，有可能与社会利益发生冲突，任何一项科技创新，都有可能被别有用心的人用来牟利。例如，三聚氰胺导致的"胖头娃娃"事件，并不说明技术本身有错，而是生产监管的不到位，由于质量检测技术的研发资源配置不足，从而使监督成本过高、监管乏力。

因此，科技财政中，政府应该形成有利于效率提升、创新驱动、可持续发展的制度环境和支撑体系。在以往高增长时期，先行者的技术可以模仿，经验教训可以借鉴，政府拥有较多的有效信息，可以较低的出错概率在部分领域为增长提供指导。这方面突出地表现在基础设施建设上。但当经济接近技术前沿，越来越多地依靠自身创新时，政府的原有优势明显减弱。此时，需要政府相应转变发挥作用的思路和机制，致力于营造有利于创新、有利于包容多样性和不确定性的体制与政策环境，而不是直接冲到第一线，抓投资、上项目、指定技术路线和产业发展规划①。

第三节　科技财政的主要职能

财政理论界对财政职能的研究有不同的思路，因而有不同的表述。经典财政学将财政职能划分为资源配置、收入分配、经济稳定和发展三大职能。配置职能是指在市场失灵的领域，通过提供公共物品与服务，达到全社会资源配置的最优。分配职能是指通过税收和财政转移支付，解决社会财富与收入分配不平等的问题。稳定职能是指通过财政收支工具，保证社会一般物价水平的稳定和充分就业。科技财政作为财政的框架范畴，理应包括上述三大职能。但是考虑到科技财

---

① 刘世锦."新常态"下如何处理好政府与市场的关系 [J]. 求是，2014（18）.

政的特殊性，其职能还应包括科技进步职能。

一、资源配置职能

科学技术对经济增长的巨大作用和贡献一直以来都是任何阶级的经济学所公认的，马克思主义经济学通过分析科学技术对生产过程中劳动资料、劳动对象、劳动者等基本要素的影响，从质上得出结论"科学技术是第一生产力"。资源配置就是运用有限的资源形成一定的资产结构、产业结构以及技术结构和地区结构，达到优化资源配置的目标。在过去的两个多世纪里，全球经济实现了超乎想象的增长。这种增长依靠简单的物质要素投入增加根本无法解释，其背后的根本支撑在于技术的不断进步。从 20 世纪 50 年代开始，主流经济学的一项重要工作就是测度技术进步对经济增长的贡献，索洛余值估算、全要素生产率测算等都属于该项工作的范畴。然而，在主流的新古典增长理论框架下，技术进步也仅仅能够解释世界范围内的经济持续增长，至于不同国家之间增长和产出的巨大差异则显得有些无能为力①。

从 20 世纪 80 年代末期开始，以保罗·罗默（Paul Romer）、小罗伯特·卢卡斯（Robert Lucas）、菲利普·阿洪（Philippe Aghion）、彼得·郝威（Peter Howitt）等为代表的主流经济学家，便将注意力转向技术进步本身，通过构造知识生产函数等方式，从经济体内部寻找影响技术进步的因素，并逐步形成"新增长理论"（"内生增长理论"）。根据新增长理论，技术创新及知识积累和人力资本是经济增长的发动机；而创新活动本身受到经济体内部各主体相互作用及各种制度安排的影响；R&D、教育等方面的公共资助可以提高创新激励，进而影响经济的长期增长。上述作用机制、制度安排和公共政策都是决定国家创新能力的重要因素。在研究范式上，新增长理论延续了新古典增长理论的建模传统，构造不同的模型分析各因素对长期增长的影响。然而新增长理论的每个具体模型都难以反映国家创新能力的全貌，而且大多建立在（均衡）稳态假设基础上②，与创新活动所表现出的非均衡、破坏性等特征是不相符的。

财政配置的机制和手段主要有：

---

① Romer P. M. Increasing Returns and Long-run Growth ［J］. The Journal of Political Economy，1986：1002-1037.

② Aghion P., Howitt P., García-Peñalosa C. Endogenous Growth Theory ［M］. MIT Press, 1998：8.

一是引导支持企业技术研发和加强产学研合作。通过科技计划、专项，支持有条件的企业共同投入开展产业目标明确的科技项目。设立科技型中小企业技术创新基金，支持中小企业在电子信息、生物医药等高新技术领域开展创新活动。通过国有资本经营预算安排产业升级与发展专项资金，支持中央企业自主创新能力建设。探索实施科研项目经费后补助方式，鼓励和引导企业按照国家战略和市场需求先行投入开展研发项目。引导产业技术创新联盟建设，建立联合开发、优势互补、成果共享、风险共担的产学研合作机制。江苏、广东等地设立了产学研合作专项支持协同创新，深圳市探索支持新型研发组织，开拓科技与产业结合的新途径。

二是引导社会资本支持企业技术创新。中央财政设立科技型中小企业创业投资引导基金，通过阶段参股、风险补助、投资保障等方式，引导创业投资机构向初创期科技型中小企业投资。实施新兴产业创投计划，通过股权投资重点支持新兴产业领域初创期、早中期创新型企业发展。北京、浙江、广东等地也建立了创投基金。

三是引导科技成果转移转化。在中关村国家自主创新示范区开展试点，简化科技成果处置流程，收益由全额上缴调整为分段按比例留归单位，调动了高校和科研院所的积极性；国务院批准将此项政策试点范围扩大到武汉东湖、上海张江国家自主创新示范区和合芜蚌自主创新综合试验区。启动实施科技惠民计划，支持基层开展先进技术的综合集成和示范应用。研究设立国家科技成果转化引导基金，推动科技成果转化[①]。

二、科技发展职能

财政要为科学技术的发展提供基本的制度框架。科学技术发展本身是一个不断推陈出新的过程，因此必然伴随着产权结构的变迁，需要相应的制度安排。同时，科学技术成果在不同所有者之间的交换，也要求一套完备的市场交易规则来约束。政府历来是一个主要的制度供给者，因此制定、组织和实施一整套有效率的产权制度，为众多市场参与者提供博弈的基本规则，通过制度创新来降低各种

---

① 楼继伟. 国务院关于国家财政科技资金分配与使用情况的报告——2013年10月22日在第十二届全国人民代表大会常务委员会第五次会议上 [R]. 2013-10-23.

创新活动的成本，提高创新的收益，就成为科技财政在科学技术迅猛发展的今天所应完成的一些基本任务。具体来说，需要科技财政提供的制度安排主要包括：以知识产权保护法律体系和方法体现的科技成果产权制度、以完善的市场竞争法律法规体系体现的科技成果交易制度、以多种优惠政策体现的科技成果产业化制度、以政府投入和各项鼓励措施体现的科技成果创新制度等[①]。

财政支持科技发展的主要手段有：

一是高度重视对基础研究的支持。从政策环境、体制机制、科研布局、资金投入、科技评价导向等方面，进行系统研究、顶层设计、综合施治，切实加大财政基础研究投入，支持提高原始创新能力。

二是完善稳定支持与竞争性经费支持相协调的机制。健全基础性、前沿性、公益性研究稳定支持机制；对优秀人才和团队给予稳定支持；对事关国计民生、科学知识和共性关键技术等重大社会公益研究，进行持续支持，实现项目、基地、人才相结合。

三是聚焦战略任务。对面向国家战略需求的重大科研活动，要聚焦发展重点任务和科技发展优先领域，加强技术预测，进行全链条的研发和创新一体化设计，突出围绕产业链部署创新链和资金链。

四是支持科研机构改革发展。建立健全科研机构绩效拨款机制，按照"改革先行、突出特色、绩效导向"的原则，给予具有一定灵活度的综合性支持，推动建设一流院所。

五是促进科技资源开放共享和高效利用。探索建立大型科学仪器和科研设施共享服务后补助机制，支持国家科技基础条件平台建设和开放运行，提高资源利用效益。

六是积极支持开放创新。支持在政府间科技合作协议框架下实施国际合作项目，围绕国家战略需求参加国际大科学计划和工程，在全球视野下谋划和推动科技创新[②]。

---

① 周文，张峰.试论政府的科技职能 [J].生产力研究，2003（2）：59.
② 余蔚平.把握形势，锐意改革，谱写财政教科文工作新篇章 [J].中国财政，2014（23）.

第二章
财政科技支出的一般理论

　　科技财政与其他财政相比较，其最大的特点就是准公共科技产品的范畴过于宽广，难以界定，从而造成了实践中的种种困境。在本章的第一节，分析了公共科技产品的提供方式和公共生产。第二节简要提出了财政科技支出模式，包括财政科技支出模式构建的目标与原则，还概括了财政科技支出模式的主要内容。在第三节中，对我国财政科技支出效益的分析与评价展开研究，包括财政科技支出的效益、财政支出绩效评价概况等。第四节分析财政科技支出方式，归纳我国后补助这一特殊支持方式的实践，并总结其特征。

第一节　公共科技产品的提供与生产

一、公共科技产品的提供方式

　　对于纯公共科技产品，例如基础研究、共性技术等，一般而言，只能由政府来提供而不能由市场来提供。因为市场通过买卖提供产品和服务，需要利益边界非常清晰界定。而纯公共科技产品的非竞争性和非排他性，导致了市场机制不适于提供纯公共物品。非竞争性是指新增一个消费者的边际成本等于零，这就意味着，如果公共物品按边际成本定价，私人部门就不会得到他所期望的最大利润。同时从非排他角度而言，消费者不会自愿花钱消费，产生免费搭车。

对于准公共科技产品，兼备公共物品和私人物品的性质，不言而喻，可以采取公共提供方式或市场提供方式或者混合提供方式。准公共科技物品有两种不同类型：一类是具有非竞争性但同时具有排他性；另一类是由外部效应引起的。第一类产品，可以通过政府提供或者市场提供，最终取决于税收成本和税收效率损失同收费成本和收费效率损失的对比。第二类产品，当外部效应很大时，可视为纯公共物品，采取公共提供方式；当外部效应一般时，通常采取混合提供的方式：一部分由政府提供，一部分向使用者收费。

事实上，随着科技、经济与社会的不断发展，公众对（准）公共产品的需求不断增加，并且呈现多样化、多层次化，在许多方面，政府、市场以及第三部门任何一方，都很难独自承担起（准）公共产品供给。因此，20世纪90年代以来，为了准确定位公众对（准）公共产品的需求，并进行高效的生产和管理，（准）公共产品的供给模式发生了较大变化，即一种相互协调、多中心、优势互补的（准）公共产品供给机制逐渐兴起和发展，PPP模式就是其中最为重要的内容。

事实上，单就政府与私人企业为生产准公共科技产品而建立的各种合作关系而言，研发领域中政府对私人部门的资助（简单公私合作）早已经存在，主要表现为各国政府为大量的企业研发活动提供直接的财政资金支持，比如国家科技计划向企业开放并给予研发费用补贴。在这些研发项目中，政府与私人企业共同出资、共担风险。但是，两者的这种合作关系通常是松散的、运行规则较简单的、短期的，无法适应经济与社会快速发展对重大准公共科技产品的迫切需求以及研发活动复杂性的不断增加。

随着世界各国在战略性领域的科技竞争不断加剧，以及社会需求的快速发展，公众对有关经济发展关键和战略领域的创新与技术开发需求（如信息技术、航空技术），以及有关社会发展重大公共利益的创新与技术开发需求（如环保、健康），变得越来越迫切。这两方面创新与技术开发在竞争前研发阶段的外溢性较大（主要是产业共性技术），具有典型的准公共科技产品特性。但是，研发活动的复杂性不断增加，比如技术开发中不断增加的科学内容、持续创新中对外部知识的不断依赖，以及大量跨学科知识与技术的应用、开放式创新趋势等，都使得满足这两方面竞争前研发需求的难度和相应风险大大增加，对相关研发活动的组织、投入、参加方等方面提出了更高的要求。

在组织上，需要更加有效的组织机制，来保证国家与产业的共同需求能够及时和准确反映，相关长期研发战略与研发计划能够有效设计，并能够在更大范围有效动员与组织研发资源，保证研发项目在执行与协调上能够高效运作；在投入上，需要引进更多的公共与私人资源，并将大量关键研发资源能够在一定时期内向特定研发领域聚集；在参加方上，需要产业中大量的各种规模企业的共同参加，同时需要产业部门与公共研究机构能够形成长期稳定的合作与信任[①]。

二、公共生产

科技公共物品的提供方式涉及科技公共物品的生产方式问题，因为科技公共物品可以由政府直接组织生产，即所谓公共生产，也可以由私人生产，政府来购买。

值得注意的是，科技公共物品的生产方式和提供方式并不是一回事，两者可以形成多种相互交错的组合：有些科技公共物品是公共提供、公共生产，如国立科研机构提供的科研服务；有些科技公共物品是公共提供、私人生产，如政府部门从私人企业采购具有重大公共利益的疾病疫苗，属于这一类；至于公共生产部分收费或私人生产由政府给予补贴的混合物品，则属于公共生产、混合提供或私人生产、混合提供。

为了进一步分析科技公共物品的生产问题，有必要对我国科研事业单位的地位、性质及其和财政的关系略作分析。科研事业单位是指国家为了社会公益目的，由国家机关举办或者其他组织利用国有资产举办的，从事科技、研发、科普等活动的社会服务组织。在某些领域，不能或无法由市场来提供，但为了保证社会生活的正常进行，就要由政府组织、管理或者委托社会公共服务机构从事社会公共产品的生产，以满足社会发展和公众的需求。

国家对科学事业单位实行核定收支、定额或者定项补助、超支不补、结转和结余按规定使用的预算管理办法。定额或者定项补助根据国家有关政策和财力可

① 薛薇，张明喜，郭戎. 准公共科技产品的供给新模式 [J]. 高科技与产业化，2011（6）：26-30.

能，科技事业发展目标和计划、科学事业单位特点、财务收支及资产状况等确定。定额或者定项补助可以为零。①

科研事业单位改革不应采取以完全市场化和竞争化为目标的单一模式，而应是分门别类，采取不同形式，分类改革、分类管理。

一是高度重视基础理论研究支撑力不够的问题，推动公益型科研院所、高等院校着重开展基础理论研究，加大稳定支持力度。

二是坚持技术开发类科研机构企业化转制方向，对于承担较多行业共性科研任务的转制科研院所，可组建成产业技术研发集团，对行业共性技术研究和市场经营活动进行分类管理、分类考核。

三是以生产经营活动为主的转制科研院所深化市场化改革，通过引入社会资本或整体上市，积极发展混合所有制，推进产业技术联盟建设。

四是对于部分转制科研院所中基础研究能力较强的团队，在明确定位和标准的基础上，引导其回归公益，支持继续承担国家任务。

三、公共科技产品的多元化提供与多元化生产

将公共品提供和生产区分开来，是 20 世纪后半叶公共品理论的重大发展，也是 80 年代欧美各国对公用事业实行"再私有化"实践的理论基础②。将提供和生产区分开来的思路是：公共品所需费用仍主要由政府通过税收筹集，但政府将生产环节"发包"给私人企业或其他非政府组织，并通过各种手段对公共品生产者进行监督，以确保其产品和服务符合要求。公共科技产品的提供和生产也可以遵循区别对待的思路。

当然，承包公共品生产业务的私人企业或其他组织，除了从政府手中得到税收融资外，往往也通过使用者付费的途径向消费者收取一定的费用（有时仅是象征性收费）。但是，承包公共品生产业务并主要依赖政府税收融资的私人企业和组织，与完全依赖使用者付费来为公共品融资的私人企业和组织，行为上有本质的区别。按照公共科技产品提供的"政府—市场"二分法，后者才是真正意义上

---

① 《科学事业单位财务制度》（财教〔2012〕502 号）。

② 明确将公共品的提供和生产区分开来，最早可追溯到马斯格雷夫。可参见 Musgrave R. A. The Theory of Public Finance：A Study of Public Economy ［M］. New York：Mc Graw Hill Book Company，1959：15.

的市场提供。从理论上讲，政府将公共品生产"发包"的做法属于政府采购的一种类型，经济学中对这一环节的研究主要涉及"委托—代理"框架下的激励理论[①]。

但委托—代理理论本身并不能解释：政府为何会选择将公共品生产环节承包出去？通常的解释是：公共部门在公共品生产方面往往效率低下。如斯蒂格利茨曾归纳道，软预算约束、人事制度、官僚追求组织规模最大化行为等，都成为导致公共部门生产效率低下的原因[②]。

此外，一些经验研究表明，政府采取承包制而非亲自生产与许多其他因素相关，例如，地区人口规模与公共品生产承包制之间呈现 U 型关系，也即小城市和大城市采取承包制比较多，而中等城市采取承包制则比较少[③]。

然而，仅仅指出公共部门生产公共品的低效率，并不一定意味着作为承包者的私人部门就一定高效率，因此不足以解释政府将公共品生产环节外包的做法。对公共品生产环节外包的现象给予充分的解释，需要一个包含消费者（同时也是选民）、公共部门、私人部门在内的完整的理论框架。

将公共科技产品提供主体和生产主体区分开来，并不意味着提供主体就只能是政府，也并不意味着生产主体就只能是企业或者科研机构等[④]。公共品提供主体既可以是政府，也可以是各种非政府组织（如盖茨基金会）；同样，生产主体既可以是企业，也可以是科研机构。因此，科研公共品的提供主体和生产主体，都是多元化的。

面对现实中多元化的公共科技产品提供主体和生产主体，首要的问题是，为什么会产生多元化？上面提到的政府将公共品生产环节外包的做法，相当于生产主体多元化。然而，提供主体也可能是多元化的。因此，对多元化做出完整的解释，必须同时考虑提供主体和生产主体的多元化。

四、研发领域的公私合作（PPP）模式

广义上讲，政府与企业的合作（Public-Private-Partnership，PPP）一般是指

---

① 可参见让-雅克·拉丰，让·梯若尔. 政府采购与规制中的激励理论 [M]. 石磊，王永钦译. 上海：上海三联书店，上海人民出版社，2004：543-560.
② 约瑟夫·斯蒂格利茨. 公共部门经济学 [M]. 郭庆旺，杨志勇等译. 北京：中国人民大学出版社，2005：168-176.
③ 罗纳德·奥克森. 治理地方公共经济 [M]. 万鹏飞译. 北京：北京大学出版社，2005：37.
④ 张琦，朱恒鹏. 公共品的非政府提供 [J]. 比较，2014（3）.

政府机关与民间企业之间为达到共同的利益而结成的合作关系。因此，这种 PPP 可理解为包括外包、企业化、企业之间的转让、委任与委托等概念。狭义上 PPP 又可以理解为为达到共同的利益，在密切合作与高度信任的基础上建立起来的合作事业，即"国家政策指导下企业与政府机关之间的风险分担关系（Risk Sharing Relationships）"。

通常，政府与企业的合作（PPP）形成于修建和运营社会基础设施（如修建并运营建筑和道路等）及研究开发（如基础、应用科学技术的计划、开发及产业化等）领域。研发领域的"政府与企业的合作（PPP）"更为重要。根据 OECD（2004），从研究开发的观点上，将"PPP"定义为"既定或未定的期限内，政府机关与企业行为的主体之间正式建立起来的关系或制度。即为达到科学技术及革新领域的特定目标，政府与企业两个主体在决策过程中的相互作用，并共同投入资金、人才、设备、信息等有限资源的关系"。对此，Link（2006）也曾认为，从研究开发的观点上，可以将"政府与企业的合作（PPP）"定义为"利用政府或企业的资源（财政及设施等研究基础），参与特定研究开发程序的机构之间建立起来的正式或非正式关系"。政府方面包括利用政府资源的国家研究机构、大专院校（公立大学及私立大学），而民间方面包括利用企业特殊资源所有形式的企业（中小企业及大型企业）。综上所述，从国家的研究开发的观点上讲，"政府与企业的合作（PPP）"是指具体国家创新体系，由产业界与教育界、产业与研究机构、产业—教育—研究机构等形式构成的合作研究及事业化的合作。

"政府与企业的合作（PPP）"意味着具备下列条件的合作关系：①必须包含政府与企业之间正式的关系或制度；②政府不再是领导者或对民营企业的指挥者，而是民营企业真正的合作伙伴；③必须明确合作双方的共同目标与利害关系，双方的观点必须与政府特定的目标及任务一致；④合作双方必须积极参与决策与共同投资（包括共同承担费用与风险）事业。

PPP 在政府提供准公共科技产品中的作用越来越受到各国关注，许多国家或地区，特别是欧洲，在产业共性技术以及技术服务等方面都较为广泛地应用 PPP 模式。比如，奥地利的 Kplus 中心和 Kind/Knet 中心，都是私人企业与公共研究机构共同组建并在一定时期内运作，旨在鼓励企业与公共研究机构（如大学、政府研究实验室等）在具有较强商业应用潜力的竞争前研究上进行合作，并促进两者间建立长期合作关系，形成关键研发资源的聚集等。在欧盟，JTI（Jointly

Technology Initiative）是欧洲层面将 PPP 应用在准公共科技产品供给中的首次尝试，它将欧盟、欧盟成员国和私人部门的研发资源和研发能力在一定时期内聚集起来，通过分享竞争前的科技知识来解决重大科技问题，而这些问题的解决依靠传统工具不能有效实现。2008 年 12 月，为应对金融危机，欧盟又在"欧洲经济复兴计划"中提出，要在欧洲受金融危机冲击较大但非常重要的制造业、建筑业和汽车业，通过 PPP 模式发展新技术，以动员公共与私人部门的相关投资，促进欧洲长期结构调整。澳大利亚的 CRC（Cooperative Research Centres）是一个产业需求导向的中长期合作研究计划，旨在通过支持技术最终使用者与公共部门研发人员之间的中长期合作，为涉及澳大利亚经济、环境和社会重要公共利益方面的重大挑战提供解决路径。此外，芬兰的科技与创新战略研究中心（SHOK）、丹麦的创新中心、西班牙的 Cenit、瑞典的能力中心、荷兰的领先技术机构、法国的竞争中心等也都是 PPP 在研发领域中的典型应用[①]。

PPP 在研发领域具有以下几个特点：①在关键领域内保持稳定性；②明确的法律形式，清晰并紧凑的治理结构；③政府是平等合作一方，PPP 保持开放性并享有较大决策权；④各成员拥有共同目标，同时清楚界定公共利益；⑤能够大量聚集研发资源与共同投资[②]。PPP 模式在研发领域取得了较好的实践效果，提高了财政资金的使用效率，增加了全社会对科技创新的投入，建立了创新风险的分担机制。

总结国际国内 PPP 在创新领域的实践经验，发现其取得成功的主要经验包括：

一是 PPP 模式的三维目标，涵盖研发、生产、经营等整个创新过程，不仅包括了技术部门，也包括了产品性能、市场占有和行业能力等经济目标，还包括综合解决方案。

二是坚持了用户导向，PPP 创新模式成果的根本原因是坚持了企业用户需求，将国家目标通过企业用户需求来实现。

三是社会多元投入，公私共同受益。PPP 项目中企业投入、政府投入、大力社会资金进入，不仅包括项目融资，还包括商业银行、投资公司、债券等多种渠道。这些投入形成合力，企业获得了创新利润，政府获得了 PPP 项目的经济和社会效益，同时共担了风险。

---

①② 薛薇，张明喜，郭戎. 准公共科技产品的供给新模式 [J]. 高科技与产业化，2011（6）：26-30.

第二节 财政科技支出模式

一、财政科技支出模式构建的目标与原则

财政科技支出的总体目标是：以优化科技资源配置为主线，发挥财政科技支出的杠杆效应，突出国家目标和战略需求导向，加强科技资源统筹协调，集中力量办大事，提高经费管理的科学化水平。

财政科技支出模式构建的原则如下：

1. 支撑保障原则

持续稳定增加财政科技投入规模，综合运用多种投入方式拓宽科技经费资源筹资渠道。发挥财政资金的杠杆和政策导向作用，积极引导并带动全社会加大科技投入，保障《规划纲要》战略任务和科技重大任务的顺利落实，推动我国走上创新驱动的发展轨道。

2. 战略导向原则

围绕重大科技任务加大投入，突出科技资源配置的战略性、全局性和系统性，建立完善以战略目标和重大任务为导向的科技投入配置机制。集中力量培育和发展战略性新兴产业，深入推进技术创新工程，着力推进国家高新技术产业开发区等，发挥科技对经济社会发展的支撑引领作用，推动加快经济发展方式转变。

3. 统筹配置原则

加强科技资源的统筹配置和顶层制度设计，实现科技资源效率最大化。在财政科技资源的初次分配、二次分配中，统筹考虑目标任务的重要性、紧迫性和优先度，体现战略导向和政策导向，从源头上提高配置效率。在处理好稳定性支持与竞争性支持、经济发展与社会事业发展、重点领域与科技发展整体推进等平衡关系的基础上，统筹中央财政资源和地方财政资源、部门资源和行业资源、政府资源和社会资源，共同形成资源调配合力，优化科技资源的配置机制和配置方式。

4. 绩效导向原则

绩效是效率、效益与效果的有机统一。科技经费投入和管理思路要实现从

"合理合规"向"合理合规与绩效并重"的转变。在保证财政科技投入安全规范管理和使用的基本前提下，要保证财政科技经费配置的绩效，要将财政科技经费配置到高绩效的重点领域、方向和重大任务中去。

5. 继承创新原则

在继承发展的基础上，创新管理方式，提高经费管理科学化水平。在保持政策相对稳定的前提下，统筹规划中央财政科技投入管理改革政策，完善科技经费监督管理制度。加大过程管理力度，提高科技经费过程管理的专业化水平。建立完善科技经费的评价和信用管理体系，强化科技经费的监督管理。

6. 以人为本原则

深入贯彻落实《国家中长期人才发展规划纲要（2010~2020）》，积极拓展渠道加大人才资源开发投入，创新人才支持方式，加大对优秀创新团队和拔尖创新人才的培养支持力度，完善科研人员激励机制，加大人才培训力度，创造有利于科学研究和人才成长的环境，为增强国家核心竞争力提供有力的人才保证。

二、财政科技支出模式的主要内容[①]

（1）财政科技投入战略规划。经济社会的发展必须靠强有力的科技支撑，财政科技投入又是科技进步的重要保障。因此，根据科技发展对财政科技投入的需要和区域经济社会所处阶段，顶层设计、统一规划财政科技投入战略，建立有效的财政科技投入增长机制，以基本达到科技发展对财政科技投入需求的规模和强度。同时，根据科技规律和科学技术发展战略需求以及财政科技资源，统筹协调，制定财政科技投入战略规划，转变科技规划对科技资源需求的短期行为。

（2）财政科技投入要集中资源，突出重点。公共财政下财政科技投入的基本职能定位，应当是明确政府责任。财政科技投入要坚持"有所为，有所不为"，发挥区域科技的比较优势，集中资金、重点突出，使比较优势转化和创造为新的竞争优势，保持优势产业和技术的持续发展。财政资金投向应当为科学技术基础条件与设施建设，对经济建设和社会发展具有战略性、基础性、前瞻性作用的前沿技术研究，社会公益性技术研究和重大共性关键技术研究，农业新品种、新技术的研究开发和农业科学技术成果的应用、推广，科学技术普及。

---

① 郑州大学课题组. 区域性财政科技投入及管理模式研究［J］. 经济研究参考，2009（21）：14-33.

（3）财政科技投入要发挥有效的引导作用。财政科技投入只是全社会科技投入的一部分，发挥财政科技投入引导作用，建立以财政投入为引导，企业投入为主体的投入机制，这是市场经济客观要求。因此，财政科技投入要根据项目和课题的特性及承担单位的性质，采取无偿资助、贷款贴息、风险投资、偿还性资助等不同支持方式。财政科技投入方式的多元化，能够有效地引导企业、社会投入，发挥财政资金"四两拨千斤"作用和"乘数"效应，推动自主创新能力的提高。

（4）财政科技投入结构要优化。经济社会和科技发展水平决定了财政科技投入结构。根据国家和地方的科技发展战略，财政科技投入应以支持经济科技发展，建立科技创新体系为主要目标，确定科学合理的投入结构。一是对于发达地区中心城市，由于有较好的科技资源和较强的经济实力，财政科技投入重点应在科技活动的中、上游阶段，即基础研究和应用研究，提高原始创新能力，推动知识和先进技术的转化和扩散，服务全局。二是对于发展中的区域，财政科技投入重点放在科技活动的中、下游阶段，即应用研究和试验发展活动。同时，根据现有科技和生产力水平，科技发展整体战略较适宜于"试验发展—应用研究—基础研究"模式，即采取引进、消化、吸收先进技术，以此促进试验发展，同时实行有限目标，适量发展基础研究和应用研究；之后随着经济的发展和科技实力的提高，再相应增加应用研究和基础研究的投入比重，真正发挥科技引领的地位和作用。三是对于欠发达地区，由于科技资源贫乏，经济实力较弱，财政科技投入规模较少，因此，应重点突出，引进消化吸收先进技术，加大对实验发展阶段和科技成果转化的投入，发挥区域科技创新特色。

（5）财政科技投入要建立有效的信息反馈机制。财政科技投入战略的制定、机制的建立、重点的突出、方式的多元、结构的优化，执行结果如何？针对执行结果如何调控？这就要求利用现代化信息手段，及时将信息反馈。据此，进行科学决策，调整财政科技投入的相关内容，确保财政科技投入的有效性。

第三节 财政科技支出效益的分析与评价

一、财政科技支出的效益

所谓效益，就是人们在有目的的实践活动中"所费"和"所得"的对比关系，所谓提高经济效益，就是"少花钱、多办事、办好事"。

财政科技支出效益的内涵和范围包括三个层次的内容[①]：

1. 财政科技支出内源性效益

内源性效益是指财政科技支出本身所产生的效益，包括直接效益和间接效益。直接效益是指某些科技项目直接产生的可计量的经济效益。间接效益指某些项目不直接产生经济效益但却存在社会效益，有些可以量化，有些难以量化，如科技计划项目管理支出等。

2. 财政科技支出的部门绩效评价

部门绩效是指对使用（管理）财政科技支出的公共部门财政年度内的工作绩效。它包含两层含义：一是部门在财政资源的配置上是否合理并得以优化，财政资源使用是否得到相应的产出或成果，也就是对部门资源配置的总体状况进行评价；二是部门本身的工作绩效评价，如是否完成了既定的社会经济发展指标，完成预算目标的财力保证程度，部门内资金使用的效率情况等。公共部门对使用财政资金的状况应增强其透明度，除特殊部门外，应向社会大众公开，年度终结后应向财政部门报告部门绩效。财政部门则根据国民经济及社会发展总体目标制定公共部门绩效评价体系，分部门确定相应的评价指标，对公共部门的绩效进行评价和考核。

3. 财政科技支出的单位绩效评价

任何一项财政科技支出最终要通过公共部门分配到具体的使用单位，因而资金使用单位既是支出链中的最终环节，又是资金使用效益的直接体现者。财政科

---

① 罗建钢. 财政支出效益：一个评价框架 [J]. 财政研究，2003（3）：2-5.

技支出能否得到相应的产出，能否发挥最大的效益，最终取决于使用单位。

二、财政支出绩效评价概况

从 20 世纪 50 年代开始，许多国际组织、决策研究机构和国家在公共管理中研究与推行公共支出绩效评价制度，而在市场经济国家，开展财政支出绩效评价工作，已成为政府加强宏观管理，促进提高政府资金运行效率，增强政府公共支出效果的有效手段。实施绩效管理是创新公共管理的必然趋势，绩效管理以"结果为本"的理念符合现代公共管理的新理念。

中共十六届三中全会明确提出了"建立预算绩效评价体系"的要求，为我国建立政府公共支出绩效评价制度提出了任务、指明了方向。财政投入的绩效，就是指财政投入产出活动所取得的实际效果，它反映了财政为满足社会公共需要而进行的资源配置活动与所取得的社会实际效果之间的比较关系，重点研究财政配置资源的合理性和资源使用的有效性。

三、财政科技支出绩效评价

财政科技支出绩效，分为两类：一类是针对宏观层面上研究财政科技支出的整体效果；另一类是针对某个科研项目，在微观层面上研究财政科技支出项目的实施效果。

（一）财政科技支出绩效评价的特殊性（与其他财政支出绩效评价的区别）

（1）财政科技支出具有间接性。财政科技支出的间接性，主要包括三个方面：一是财政科技支出的带动效应，利用有限的财政科技支出带动社会资金投入，从而扩大科技投入资金的供给规模，改善科技投入资金的供给结构，将财政科技投入作为杠杆，形成全社会科技投入的多元集聚；二是财政科技支出的服务效应，政府通过提供科技发展的制度支持，制定科技发展需要的运作机制，建立有效的资源配置的共享平台，实现由资金推动型向资金引导型和机制推动型的转变；三是财政科技支出的持续效应，财政一次性投入或有限度地追加投入形成的持续性增长效应，特别是社会持续性投入所形成的循环经济效应，成为财政科技支出绩效评价不可忽略的方面。

（2）财政科技支出符合科研活动规律性。科技活动根据其不同的性质、形式、内容和目的分为基础研究、应用研究、试验发展三类。并且，科技支出是以科技活动为基础的，科技支出研究领域涉及的研究对象比较宽泛，其研究外延涉及社会发展领域的方方面面。因此，财政科技支出绩效评价也必须进行分类。财政科技支出绩效目标应根据科研活动的不同类型、不同特性，通过可衡量的量化目标，如发表的论文篇数、授权的专利数，经过科学测定的目标，如一些技术指标和标准，以及通过专业机构评估、专家咨询、调查问卷为基础的目标来表述，这样才能够全面、客观反映财政科技支出绩效目标，为财政科技支出绩效评价奠定基础。

（3）财政科技支出具有时滞性。科技活动从投入到产出，在时间上有一个滞后的过程。财政科技支出的时滞是指从科研项目立项到产出达到稳定水平时的时间范围，财政科技支出所产生效益（效果）的滞后性更加明显。当年财政投入带来当年收益的情况比较少见。而对于不同行业的项目，财政科技支出绩效的时滞有着很大的差异。普遍而言，与工业相比，农业、卫生行业财政科技支出资助项目的时滞较长。再者，财政科技支出绩效的内容与范围随着立项后时间的推移而不断地变化，在不同时段对同一对象作评价，其结论可能会发生很大的变化。所以，在不同时段对财政科技支出的绩效进行评价的结果，会存在一定的差异。

（4）财政科技支出绩效的难度量性。科技的特性决定了科技研发是存在不确定性的，也就是说科研可能会失败。那么如何评价这些失败的项目，可能是很难判断的，那么这类项目的绩效就存在难度量性。从科学的精神来看，科学应该宽容失败，世界上很多伟大的发明也是在不断失败的过程中产生的，但宽容失败不等于纵容失败，所以说，现实中如何把握宽容失败的这个度是比较难的。实际中，由于科技研发的不确定性也产生了许多问题，如一方面许多项目申报者采取保守策略，申报时目标设定低，保证自己能够完成目标；另一方面有些申报者采取冒险策略，申报时目标定得高以争取项目能够立项，但完成不了时就采取一些欺瞒等不当行为方式来蒙混过关，而将项目过程中经历的一些失败的经验抛弃或隐藏起来。

（二）财政科技支出绩效评价目标

（1）预期提供的公共产品和服务，包括产品和服务的数量目标、质量目标、时效目标、成本目标以及服务对象满意度目标。

（2）达到预期提供的公共产品和服务所必需的资源。

（3）支出的预期效果，包括经济效益、社会效益、环境效益和可持续影响等。

（4）衡量或评估每一项目活动的相关产出、服务水平和结果的考核指标。

（三）财政科技支出绩效评价指标体系

根据评价内容和设置要求，财政科技支出绩效评价指标体系可分为三级指标。一级指标包括财政科技投入、科技活动产出以及科技活动管理三个方面。一级指标下面设立二级和三级指标。

（1）财政科技投入，主要通过财政科技投入的增长率和强度，以及代表性较强的财政供给研发机构的科研仪器设备费和研发费，反映财政科技投入的绩效目标，是评价政府对科技投入的战略重视程度。

（2）科技活动产出，是财政科技投入绩效评价的重要指标，可分为直接效益和间接效益。

（3）科技活动管理，主要评价财政科技投入顶层设计、统筹规划的决策水平，投入的方向与重点是否符合经济和科技发展的实际，是否能够优化科技资源的配置和利用；同时对管理部门的管理效率和工作水平进行评价。

（四）财政科技支出绩效评价方法

绩效评价方法采取定性与定量相结合，主要包括：成本效益分析法、比较法、因素分析法、最低成本法、公众评判法等。

在财政科技支出绩效评价体系的构建过程中，一般采用数量模型法、因子分析法，AHP层次分析法，DEA包络数据分析，平衡计分卡等。

（五）财政科技支出绩效评价过程

1. 绩效目标制定

绩效目标是绩效评价对象或被评价组织在绩效周期内所要达到的工作目标和成果，是绩效管理的出发点，绩效目标的制定是绩效管理的重要环节。财政科技投入绩效目标的制定必须充分反映科研活动规律，体现公共财政制度的要求，以及适应中国的国情。

2. 指标体系建立

这是进行绩效目标评价的关键，建立科学公正的指标体系，是保证绩效考评工作顺利进行的前提和基础。包括：信息资料的收集，指标初选，指标体系的简化与修正，指标体系的确定。

3. 绩效评价

根据绩效评价原则、评价指标体系、评价方法以及评价程序，选聘包括技术、经济、管理专家或机构进行专业评价，并得到初步评价结论，再经过相关部门和领域的专家咨询、论证，形成最终结果。

4. 结果应用

财政、科技的有关部门应将绩效评价结果应用到实际工作中，及时调整相关政策和绩效目标，充分发挥绩效评价的作用，使财政科技支出效益最大化。

第四节 财政科技支出方式

近年来，特别是中长期科技发展规划纲要实施以来，我国财政科技经费投入大幅增加，切实保障了科技发展各项任务的顺利实施。随着财政科技投入的不断增加，对于经费使用绩效的要求日益提高。如何充分发挥财政资金在科技投入中的引导和带动作用，增强调动全社会科技资源配置的能力，成为社会关注的重点。本节主要分析科技计划项目后补助支持方式的背景、实践情况及需要重视的问题。

一、财政科技支出的主要方式

财政科技支出是科技支出的重要组成部分，主要用于支持市场机制不能有效解决的基础研究、前沿技术研究、社会公益研究等公共科研活动，并引导企业和全社会的科技投入。2011 年，国家财政科技支出 4902.6 亿元，比上年增长19.2%，中央财政和地方财政分别保持了较为稳定的增长幅度（如图 2-1 所示）。

在过去很长一段时间内，主要采取单一行政式的财政拨款。近年来，在运用直接拨款支持科技发展的同时，探索财政科技资金的多种投入机制和使用机制，引导全社会资金向创新集聚。针对科研活动规律和特点，将中央财政民口科技投入划分为国家科技计划（基金等）经费、科研机构运行经费、基本科研业务费等五类经费，并单独设立科技重大专项资金。在项目式资助中引入竞争，同时加大对公共科研机构的稳定支持。总体而言，财政科技支持方式主要有无偿资助、后补助、贷款贴息、参股等，但主要集中于无偿资助方式（如自然科学基金、973计划、863 计划等）。

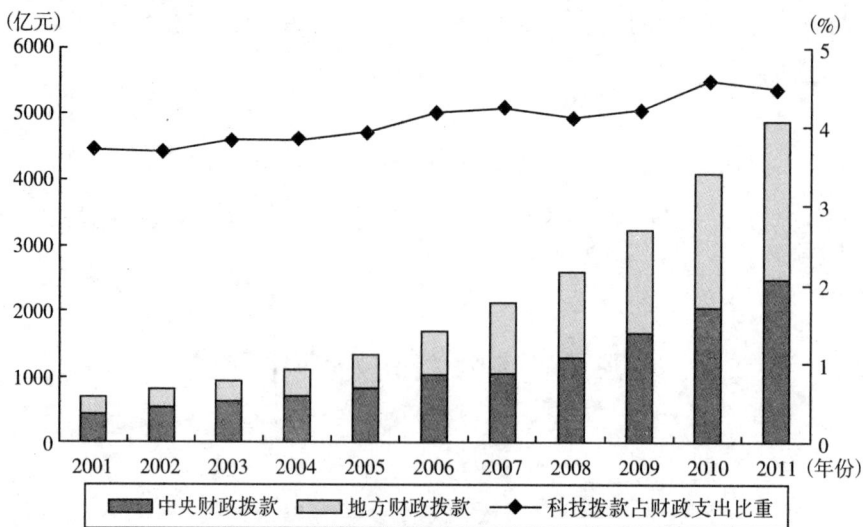

图 2-1 财政科技投入总量和增长趋势（2001~2011 年）

在其他支持方式方面，1996 年《科技成果转化法》明确用于科技成果转化的国家财政经费，可采取引导资金、贷款贴息、补助资金和风险投资等方式开展。科技支撑计划（科技攻关计划）、国家重点新产品计划、科技型中小企业创业投资引导基金在后补助、贷款贴息、参股等支持方式上进行了一些探索和试点。

国家科技支撑计划对已获得支撑计划含原国家科技攻关计划专项经费支持，且具有明确产品导向或产业化前景，并能形成一定生产能力规模的项目，可以采取贷款贴息的方式继续予以支持，但并未具体实施。

科技型中小企业技术创新基金根据中小企业和项目的不同特点，分别采用贷款贴息、无偿资助、资本金投入等不同方式。科技型中小企业创业投资引导基金通过阶段参股、风险补助、投资保障等方式，引导创业投资机构向初创期科技型中小企业投资。

《国家科技成果转化引导基金管理办法》提出，探索综合运用设立创业投资子基金、对银行贷款风险补偿以及对企业、科研单位及人员绩效奖励等方式，推动财政性资金支持形成的科技成果转化，但目前科技成果转化引导基金未启动。

在税收政策方面，主要是通过涉及所得税类、资源税类、财产税类等类别的科技税收优惠政策，加强对创新活动的间接投入支持，采取税收减免、研发费用扣除、固定资产折旧等激励方式，鼓励和带动全社会研究开发。

二、后补助方式的实践

为充分发挥政府资金激励企业加大研发投入的杠杆作用和放大效应，鼓励企业成为技术创新主体，中央和地方积极开展试点，探索建立财政科技投入的后补助机制，积累了一定的经验和基础。

（一）国家科技计划的实践情况

1. 国家科技支撑（科技攻关计划）

"九五"期间，选择了部分重大农作物新品种培育的攻关项目进行试点。后补助项目采取财政一次性拨款补助方式，拨款费用只限用于科研开发工作中。"九五"期间，科技部、农业部共对水稻、小麦、玉米、棉花、大豆、油菜等18种主要农作物新品种进行了四次"后补助"，共补助新品种276个。2009年和2010年国家科技支撑计划选择了8个项目，采取事前立项事后补助的方式进行试点，即项目（课题）按照规定程序立项后，项目（课题）承担单位先行投入资金并开展研发活动，项目（课题）完成后按约定程序和方法验收后给予相应补助。

2. 国家重点新产品计划

早在1990年，《国家级重点新产品试制鉴定计划管理规定》对新产品的优惠时选择项目编制下达国家级新产品减免税名单，做出减免产品税或增值税的具体规定；同时中国工商银行将计划作为发放科技开发贷款的指南，各地工商银行在选择科技贷款项目时优先考虑，按照有关政策规定择优支持。随后由于税制改革和金融改革的原因，支持方式改为后补助。1996年，《国家级重点新产品补助经费管理办法（试行）》（财工字〔1996〕354号）规定，对部分国家级重点新产品予以适当的财政专项补助，并规定补助经费只能用于新产品的再开发及本项新产品的产业化，具体开支范围按照科技三项费用的开支范围执行。《国家重点新产品计划管理办法》（国科发计字〔1997〕503号）规定，选择重点予以一定数额的财政拨款补助或者择优予以一定数额的贷款贴息持。自2008年以来由于中小企业贷款难度大已经较少操作，基本上不再采用贷款贴息。新产品计划的实施产生了巨大的经济效益和社会效益，充分发挥了对产品创新活动的示范、引导和推动作用。

3. 星火计划

后补助是星火计划中重点项目的三种支持方式之一，对后补助申请的具体要求是："十五"期间获各级政府或有关部门立项，经自主开发、合作开发或引进消化吸收再创新，已经完成，通过验收的农村技术开发项目；提供项目实施取得有效的技术成果、产品或知识产权证明材料；已形成一定的产业化能力或规模，具有较好的市场前景；资金来源和使用合法、合理。

4. 科技重大专项

《民口科技重大专项资金管理暂行办法》规定，对于具有明确的、可考核的产品目标和产业化目标的项目（课题），以及具有相同研发目标和任务、并由多个单位分别开展研发的项目（课题），一般采取后补助方式支持。2010年重大专项有部分项目采用后补助的支持方式。

5. 平台后补助

2011年对国家科技基础条件平台实施了运行服务奖励补助试点。2012年对通过认定的国家科技平台，按照绩效考核结果，给予运行服务奖励补助。

6. 研究起草研发后补助的相关制度

科技部与财政部积极沟通，制定出台《国家科技计划及专项实施后补助管理的若干规定》，将对后补助有关的经费管理流程进行规范。

（二）地方科技计划的实践情况

1. 云南省科技计划经费配置后补助

2008年，《云南省科技计划项目后补助实施办法》提出，省科技厅予以后补助的经费数额，不超过经审计确认的项目已支出自筹研发经费，扣除其他财政性研发补助经费后余额的30%。后补助分为先备案后补助和后审查后补助两种方式，并区别管理。

2. 浙江省省级科技成果转化、产业化项目事后补助

2007年，浙江省事后补助标准是项目企业技术开发费的15%~30%，事后补助一般在项目实施结束后，采取一次性拨款的方式给予资助。事后补助项目分为事前立项事后补助和事后立项事后补助两种类型，事前立项事后补助实行合同制管理，事后立项事后补助实行事后审核立项，直接核定预算并一次性补助的方式，不采用合同制管理。浙江省实现后补助的项目经费占整个科技计划项目经费的15%~20%，在重大科技专项项目经费中有30%~40%用于后补助支持。浙江省所属部分市也积极探索科技项目后补助，如宁波市实行了科技研发投入资助计划，对符合条件企业的研发投入按一定比例进行后补助，该经费占总项目经费的

20%。

3. 湖北省创新平台专项后补助

创新平台专项是为了整合科技资源，构建产学研相结合的技术创新体系和为产业发展提供服务的公共技术支撑体系而设立的计划，包括工程技术研究中心、校企共建研发机构、公共技术服务平台，对符合相关指标、条件的工程技术研究中心、校企共建研究机构采取后补助的方式进行资助。

（三）对现有实践的简评

总体而言，研发后补助是财政补助研发的一种形式，尚处于探索阶段。在项目管理方面，分为事前立项事后补助、事后立项事后补助两种，其中事前立项事后补助又可分为安排启动经费和不安排启动经费两种。资助的对象包括企业和创新服务平台，重点支持新技术新产品研发试制转化和平台运行等。国家重点新产品计划虽然采取的是后补助方式，但主要侧重于在国内首次（或首批）开发成功且已有市场销售的产品。从专门针对企业研发活动开展后补助试点的情况看，主要是围绕科技计划及专项的实施，强调先立项，研发后再补助，大多只是将经费拨付时间由"先期"改为"后期"。

三、实施后补助应重视的要点

（一）后补助政策是主体政策还是一项辅助性政策

后补助应定位于一项辅助性政策。在现有支持方式中，对于基础性和公益性研究，以及重大共性关键技术研究、开发、集成等研发活动，仍然应该以前补助方式为主。后补助从某种意义而言是政府购买研发现货不是研发期货，政府支持研发并非纯市场行为，经费的第一属性不是安全，而是及时准确支持和保障全社会所需研发活动的正常开展。

（二）后补助与国际规则的适应性

近年来国际贸易中对我国企业进行反补贴调查的数量越来越多，《补贴与反补贴措施协议》规定的不可诉补贴已到期，因此后补助一定要严格限制在基础研究和竞争前研发领域，费用的支出主要为研发人员费用、专门并长期用于科研活动的仪器设备费用、仅用于研究活动的咨询及类似服务的费用等。建议不要采用在竞争性领域直接补贴供方企业的办法，避免造成不公平竞争和某些企业对政府的依赖性。可考虑选择部分有明确的、可考核的产品和产业化目标的部分项目和创新服务平台进行试点，对正常失败的项目给予一定比例的风险补偿。同时，对后补助行为及时向世界贸易组织进行通报。

（三）开展后补助的总体思路和运作方式

在国家科技计划层面，开展后补助的总体思路是：一要突出国家导向，符合科技发展战略，是当前亟须乃至今后一段时期重点发展的战略高技术、产业优化升级和民生改善的核心关键技术；二要强调企业主导，研发项目是根据国家宏观导向、国内外市场和自身发展需要进行选择和主导的项目；三要体现公平，要维护公平竞争的市场环境；四要遵循国际规则。

后补助的主要操作流程如下：

第一，发布科技创新重点方向。根据科技发展规划纲要和五年科技规划等，确定重大技术创新方向。

第二，承担单位提交后补助申请。同时可考虑对产学研结合的项目优先予以支持。

第三，委托专业机构进行论证和评估。按照"三公"原则，委托专业机构对后补助申请进行评估，确定补助对象和补助金额。

第四，预算备案。科技部根据预算评估结果，提出后补助项目预算建议，与承担单位协商一致后，报财政部备案。

第五，开展研发活动。承担单位根据按照项目任务书中的规定自行组织实施和管理，自筹经费，自主研发。

第六，组织验收。承担单位在完成任务或实施期满后，向科技部提出验收申请，科技部按照项目任务书约定的程序和方法组织开展结题验收。

第七，经费拨付。对通过验收的项目一次性下达拨付经费，后补助资金允许全额核销企业该项目的研发费用，或用于后续项目的研发活动。

（四）后补助的适用范围

适用范围原则性是在产业化目标导向的部分科技计划项目中，特别是以关键技术的工程化集成、示范为主要内容，以规模化应用为目标，易量化考核的研发项目。但是对于基础研究或共性技术项目，由于技术外部效应、公共性和成果的滞后性，此类研发活动不适宜采用后补助。

（五）实施后补助有哪些好处

后补助机制下，在项目形成、项目组织、过程管理和验收等各个环节能够更好地发挥财政科技经费的引导作用，激发企业进行自主投入、自主研发，加速科技成果转化，与直接支持科研项目相比，具有如下优点：

一是在项目形成阶段，后补助主要面向企业征集项目，将企业需求与国家目标相结合，充分发挥企业在科技项目决策等方面的主体作用，同时拓宽了科技项目需求征集渠道，有助于建立科学、合理的项目形成机制和储备机制。

二是在项目组织阶段，后补助以企业为实施主体，由企业自行组织科研团队，面向市场、产学研密切结合，充分发挥了企业在研发投入、科研组织和成果转化中的主体作用。

三是在项目实施阶段，简化过程管理和经费监督程序，项目承担单位享有充分自主权，减轻企业应对各种检查的负担，使科研人员有更多精力专注于研发工作。

四是在项目验收阶段，主要采取用户评价、第三方检测、用户满意度调查等验收方式和方法，同时将专家判定、绩效评价以及成果认定等作为补充。因后补助项目成果主要面向市场，故用户等第三方意见更能体现项目成果价值，是判断项目完成质量的重要依据。

（六）实施后补助有哪些弊端？是否存在补贴"强者"

采用后补助方式虽然存在上述优势，但同时也要注意其弊端：

一是对于财务实力较弱的企业，如果先期没有得到经费支持，无法缓解研发活动中流动性困难，可能放弃研发活动。部分单位如果没有自有资金，难以先行投入开展研发。

二是部分承担单位可能由于产生成果晚于其他单位或者研究失败，无法得到支持，从而影响其持续开展研发的积极性。

三是研究风险的分担问题。对科研项目实施后补助，将大量风险转嫁到承担单位，这不符合风险共担的原则。

四是后补助导向性问题。后补助可能引导科研人员只对成功可能性大的任务重点研究，但是对一些探索性强、风险高、前期投入大的研究项目，可能难以实施。

对于一些经济实力较弱的研究机构，特别是科技型小微企业，如果先期没有经费支持，可能放弃研发。因此，后补助对象选择可能存在补贴"强者"现象。

（七）如何确定"定价"，即补助标准？后补助与研发费用加计扣除政策存在哪些区别

补助标准可以按照研发成本的一定比例进行补贴，也可以根据其贡献进行核定，甚至可以超过其研发成本，以鼓励承担单位进行自主研发。在实践中，补贴标准大多是参照企业研发费用加计扣除的标准进行归集。

后补助与研发费用加计扣除政策的区别主要在于：在研发决策方面，后补助是国家目标与企业需求相结合，加计扣除主要是企业自主选择研发项目；在公平性方面，后补助可能扭曲公平，加计扣除较为公正、透明、无歧视；在反应速度方面，后补助迅速、直接和明显，加计扣除初期较弱，但长期较好。

四、政策展望

后补助支持方式是项探索性很强的工作，目前还存在许多有待解决的问题，对此要有充分考虑和准备。

（一）尽快健全后补助支持方式的管理制度

后补助经费一般要求承担单位用于后续科研项目的研发，科技管理部门加强对后补助资金的监管，但是如何具体实施存在制度空缺，尤其是与现行管理有效衔接上。建议尽快制定出台相关管理办法，对后补助涉及的补助对象、补助标准、实施方案、经费预算、过程监管、财务验收等进行明确和规范。后补助项目是通过验收后才能给予补助，项目验收前无法形成项目预算批复，只能根据预算评估结果，形成预算安排建议向财政部备案，作为项目验收后拨付后补助经费的依据。

（二）开展后补助应注重保障公共财政权益

为有效保证公共财政权益，第一，对于支出结构复杂、经费投入额度较大的项目，建议在审查立项前专门委托会计师事务所等中介机构进行研发经费投入真实性审核（或审计）；第二，在管理程序上，建议建立健全后补助项目立项的公共决策机制，保证公共目标的实现，实施后补助项目立项决策与过程管理分离的模式，加强后补助项目全过程公开制度建设，提高管理的透明度；第三，积极开展后补助项目的绩效评价工作，及时了解项目的实施成效，可把绩效评价的结果作为今后申报资格条件之一。但应注意到，对后补助项目的评价与现行项目有所不同，现行项目的绩效评价重点在于项目的完成情况和资金的支出情况，评价其

有效性和合规性，而后补助项目的评价应更加注重战略目标的达成性和研发活动的可持续性。

（三）充分利用后补助机制

从广义上讲，"后补助"实际上是较为宽泛的概念，许多创新政策本质上就是一种"后补助"机制，比如国家重点新产品计划起初的支持方式——税收减免和贷款优先，又如研发费用加计扣除、高新技术企业税收优惠、风险补助、投资保障、以奖代补、贷款担保、创新券等政策，这些方式都是包括研发在内的特定行为发生后才实施的资助。因此，在支持和鼓励创新上，科技计划支持方式上应有效利用后补助机制，借鉴美国利用资本市场最新工具、欧盟第七框架的风险分担融资机制等经验，加大对创新的激励力度。

（四）鼓励地方积极探索和创新

国家科技计划后补助定位于国家战略导向，能够获得后补助支持的主体可能是具有很强实力的企业和科研机构，但是对于量大面广的科技型中小企业而言，更需要地方在实施后补助支持方式时加以重点关注和创新。建议鼓励地方积极探索创新后补助支持方式，例如对为科技型中小企业提供基础性、公益性、共性技术服务的机构（或平台），根据其提供服务的绩效进行后补助，对科技型中小企业的研发活动提供间接支持。

第三章

我国财政科技支出的规模与结构

　　长期以来，国家财政将科技作为重点支持领域，特别是《国家中长期科学和技术发展规划纲要（2006~2020 年)》颁布以来，财政科技资金投入稳定增长机制逐步建立。在本章第一节中，根据政府收支分类改革的要求，对我国财政科技支出分类进行基本介绍。第二节分析了我国财政科技支出的规模，包括我国财政科技投入总量与结构、财政科技投入及其增速等。第三节主要分析我国财政科技支出的结构，尤其是中央财政科技支出结构分析。鉴于基础研究经费的重要性，第四节特别对我国基础研究经费投入问题展开研究，指出存在的主要问题并提出相关政策建议。

第一节　财政科技支出预算科目

一、政府收支分类科目改革简述

　　我国原有的政府预算收支科目分类，是新中国成立初期参照苏联财政管理模式设计的，是与计划经济体制下的建设型财政管理体制相适应的。在过去的体制下，国家直接拨款的科技经费包括"科技三项费用"、"科学事业费"、"科研基建费"，另外在其他部门的事业费中也包括一部分用于科研方面和科技性质的支出。"科技三项费用"和"科学支出"属于类级科目，"科研基建费"则是基本建设支出科目下的一个款级科目。该体系已经不能适应社会主义市场经济经济体制和政府职能转变的要求，不能适应财政收出结构和预算管理改革的要求，不利于财政管理和财政监督；同时，我国国民经济核算体系以及金融统计指标体系已经按国际通用标准做了调整，而财政收支分类和预算科目的调整长期滞后，形成统计指标不一致，由此带来每年调整口径和转换数据的大量工作，也不利于保证指标的准确性和可比性。因此，政府于2007年按公开透明、便于操作和参照国际经验的原则对《政府收支分类科目》进行了全面改革。新的分类和科目体系与部门分类编码、基本支出预算、项目支出预算相配合，在财政信息管理系统的支持下，可对任何一项收支运行进行多维的定位，清晰地说明政府的每一笔钱是怎样来的，花在哪里，怎样花的，可以为统计分析、财政管理、财政监督以及宏观决策提供全面、真实又准确的经济信息。

二、新旧科技预算科目对比

为简化新旧科目对比表，尤其突出真正的科技投入项目，我们略去了科学技术大类206类下的01款"科学技术管理事务"、06款"社会科学"，以及07款"科学技术普及"等，结果见表3-1。

表3-1　科学技术大类新旧科目的对比简表

政府收支分类改革方案（新）[①]				2006年政府预算收支科目（旧）
类	款	项	科目名称	
206			科学技术	
	01		科学技术管理事务	
	02		基础研究	
		01	机构运行	
		02	重点基础研究规划	
		03	自然科学基金	140112 自然科学基金
		04	重点实验室及相关设施	140101 基础研究

———————

① 具体预算科目详见当年《政府收支分类科目》。

政府收支分类改革方案（新）				2006 年政府预算收支科目（旧）
类	款	项	科目名称	
	03		应用研究	
		02	社会公益研究	140102 社会公益和农业研究
	04		技术研究与开发	
		01	机构运行	
		02	应用技术研究与开发	140105 技术开发 05 科技三项费用
		03	产业技术研究与开发	
		04	科技成果转化与扩散	
		99	其他技术研究与开发支出	
	05		科技条件与服务	
		01	机构运行	
		02	技术创新服务体系	140107 科技条件专项
		03	科技条件专项	140107 科技条件专项
	06		社会科学	
	07		科学技术普及	
	08		科技交流与合作	
		01	国际交流与合作	140108 国际合作与交流 140204 国际合作与交流
		02	重大科技合作项目	140108 国际合作与交流 140204 国际合作与交流
	99		其他科学技术支出	
		01	科技奖励	140109 其他
		03	转制科研机构	140109 转制科研机构

　　新旧科目对比在归并上产生明显变化的有：原来分属于两个科目的"自然科学基金"、"基础研究"现在归并到一个 02"基础研究"款下；原不同款项下的"技术开发"、各个行业"科技三项费用"统一到 04 款下的 02 项"应用技术研究与开发"；原来的一个科目"科技条件专项"分解到 05"科技条件与服务（平台）"款下的两个不同项目；原不同类款下的两项"国际合作与交流"按支出功能分别重新划分到新的"国际交流与合作"和"重大科技合作项目"项下。新的科技投入体系下根据当前发展需要，特别突出了"科技成果转化与扩散"和"科技奖励"科目等，科目功能更加明确细化。

　　此外，对部分事业单位的支出，按三块设置项级科目，即设"机构运行"项级科目，反映机构运转支出，如"科学技术"类"基础研究"款下的"机构运行"；设一个或多个特殊专项业务活动项级科目，反映较为特殊的项目支出，如"科学技术"类"基础研究"款下的"重点基础研究规划"、"专项基础科研"、"专项技术基础"等项级科目；原"科技三项费用"分别通过"科学技术"类"技术研究与开发"款下的"应用技术研究与开发"、"产业技术研究与开发"和"科技成果转化与扩散"三个项级科目反映；科技部门之外，归口各部门管理的科研院所，属于原"科技三项费用"、"科学事业费"安排的支出，统一在"科学技术"的相关款项科目中反映；有关部门原用事业费安排的用于科学技术方面的支出则在各部门对应的支出功能分类科目中反映。

第二节　我国财政科技支出的规模

表3-2　1980~2013年国家财政科技支出

单位：亿元

年份	国家财政总支出	国家财政科技拨款	其中：				科技拨款占财政总支出的比重（%）
			科技三项费	科学事业费	科研基建费	其他	
1980	1228.83	64.59	27.33	20.95	11.32	4.99	5.3
1981	1138.41	61.58	24.12	22.72	10.46	4.28	5.4
1982	1229.98	65.29	26.39	23.85	11.17	3.88	5.3
1983	1409.52	79.03	35.42	26.66	10.59	6.36	5.6
1984	1701.02	94.72	42.45	32.28	13.04	6.95	5.6
1985	2004.25	102.59	44.35	32.00	18.83	7.41	5.1
1986	2204.91	112.57	49.63	34.56	20.30	8.08	5.1
1987	2262.18	113.79	50.60	29.50	22.87	10.82	5.0
1988	2491.21	121.12	54.05	35.65	19.70	11.72	4.9
1989	2823.78	127.87	59.13	38.45	17.91	12.38	4.5
1990	3083.59	139.12	63.48	44.44	17.47	13.73	4.5
1991	3386.62	160.69	73.32	54.15	18.40	14.82	4.7
1992	3742.20	189.26	89.41	57.16	24.55	18.14	5.1
1993	4642.30	225.61	106.56	65.59	33.95	19.51	4.9
1994	5792.62	268.25	114.22	87.90	36.06	30.07	4.6
1995	6823.72	302.36	136.02	96.86	38.00	31.48	4.4

续表

年份	国家财政总支出	国家财政科技拨款	其中:				科技拨款占财政总支出的比重(%)
			科技三项费	科学事业费	科研基建费	其他	
1996	7937.55	348.63	155.01	109.66	48.55	35.41	4.4
1997	9233.56	408.86	189.97	127.12	42.74	49.03	4.4
1998	10798.20	438.60	189.90	151.92	47.28	49.50	4.1
1999	13187.70	543.90	272.80	168.10	52.90	50.10	4.1
2000	15886.50	575.60	277.20	189.00	61.50	47.90	3.6
2001	18902.60	703.30	359.60	223.10	63.40	57.20	3.7
2002	22053.15	816.22	398.60	269.85	69.99	77.78	3.7
2003	24649.95	944.60	416.60	300.80	80.20	147.00	3.8
2004	28486.90	1095.30	483.98	335.93	95.90	179.49	3.8
2005	33930.30	1334.91	609.69	389.14	112.50	223.58	3.9
2006	40422.70	1688.50	779.94	483.36	134.40	290.80	4.2
2007	49781.4	2135.7	1783.0 (科学技术支出,以下同)		352.6 (其他功能支出中用于科技的支出,以下同)		4.29
2008	62592.7	2611.0	2129.2		481.8		4.17
2009	76299.9	3276.8	2744.5		532.3		4.29
2010	89874.2	4196.7	3250.2		946.5		4.67
2011	109247.8	4797.0	3828.0		969.0		4.39
2012	125953.0	5600.1	4452.6		1147.5		4.45
2013	140212.1	6184.9	5084.3		1100.6		4.41

注：本表中从 2003 年起的科研基建费为根据全社会科研基建费支出和全社会科技活动经费筹集总额中政府资金所占份额测算的数据；2006 年及以前年度财政科技支出包括科技三项费、科学事业费、科研基建费和其他科研事业费；2007 年政府收支分类体系改革后，财政科技支出包括"科学技术"科目下支出和其他功能支出中用于科学技术的支出；前后年度财政科技支出涵盖范围基本一致。

2013 年，国家财政科学技术支出为 6184.9 亿元，比上年增加 584.8 亿元，增长 10.4%；财政科学技术支出占当年国家财政支出的比重为 4.41%。其中，中央财政科技支出为 2728.5 亿元，增长 4.4%，占财政科技支出的比重为 44.1%；地方财政科技支出为 3456.4 亿元，增长 15.7%，占比为 55.9%。

1980 年以来，国家财政投入持续增加，其中财政科技投入也保持稳定增加，但财政科技投入增速呈现出较大幅度的波动，从长期看并未出现较为明显的提高（见图 3-1）。

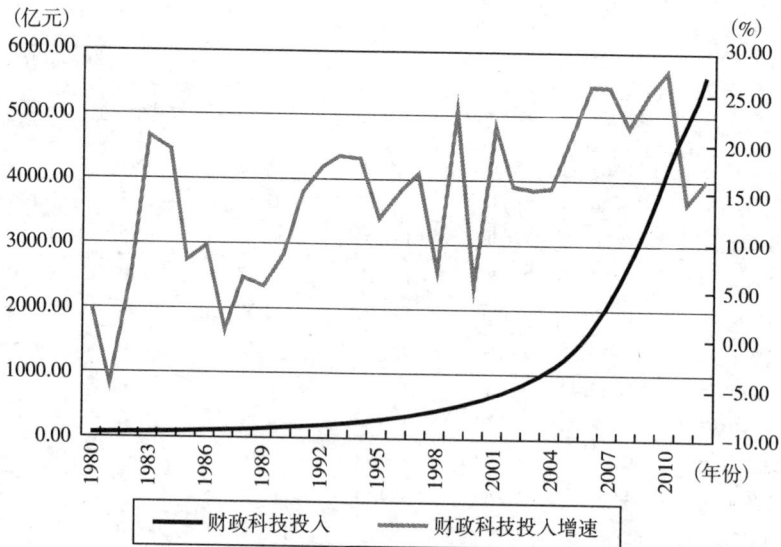

图 3-1　财政科技投入及其增速（1980~2012 年）

　　公共财政支出增速有较大幅度波动，其中 1980 年的波动幅度更大，从 1980 年的负增长增长到 1984 年的 20%以上，GDP 增速波动与公共财政支出的波动保持同步。大部分年份，财政科技投入增速与公共财政支出增速保持一致，但 1990 年中后期，财政科技投入增速出现大幅波动，但公共财政支出增速波动幅度较小（见图 3-2）。

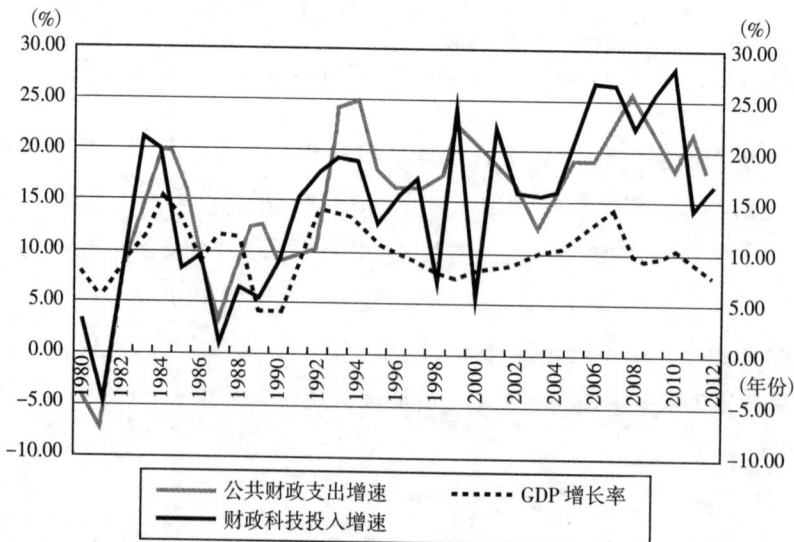

图 3-2　公共财政支出增速、财政科技投入增速及 GDP 增长率（1980~2012）

第三节　我国财政科技支出的结构

一、央地结构

地方政府成为重要的财政科技支出主体，中央与地方两个积极性得到了充分发挥。

从财政科技支出的构成来看，在国家财政科技投入中，中央财政一直占大头，2006 年之前，中央财政支出规模明显高于地方。但是 2007 年之后，地方财政科技支出快速增长，2010 年超过中央。

表 3-3　中央和地方财政科技支出比重

单位：%

年份	中央财政科技支出占政府财政科技支出比重	地方财政科技支出占政府财政科技支出款比重	中央财政科技支出占中央财政支出比重	地方财政科技支出占地方财政支出比重
1997	67.2	32.8	10.81	2.00
1998	66.1	33.9	9.27	1.94
1999	65.4	34.6	8.56	2.08
2000	60.7	39.3	6.33	2.18
2001	63.2	36.8	7.7	1.97
2002	62.6	37.4	7.55	2.00
2003	64.5	35.5	8.62	1.95
2004	63.2	36.8	8.77	1.96
2005	60.5	39.5	9.20	2.10
2006	59.8	40.2	10.3	2.20
2007	49.3	50.7	7.87	2.75
2008	49.3	50.7	9.65	2.69
2009	50.5	49.5	10.84	2.66
2010	48.9	51.1	12.84	2.90
2011	48.8	51.2	14.19	2.65
2012	46.7	53.3	13.93	2.79
2013	44.1	55.9	13.33	2.89

这反映出近几年来各级地方政府都加大了对科技的投入。1997~2013 年，中央财政科技支出占其财政支出的比重由 10.78% 上升至 13.33%，说明中央财政科技支出增长速度高于其财政支出增长速度；同时，地方政府财政科技支出占其财政总支出的比重由 1.8% 上升到 2.59%，说明地方政府加大了对科技活动的支持。

二、区域结构

表 3-4　2011 年地方财政科技支出情况

地　区	绝对值（百万元）	地方财政科技拨款占地方财政总支出的百分比（%）	地　区	绝对值（百万元）	地方财政科技拨款占地方财政总支出的百分比（%）
北京	18307	5.64	上海	21850	5.58
天津	6017	3.35	江苏	21340	3.43
河北	3322	0.94	浙江	14390	3.74
山西	2717	1.15	安徽	7703	2.33
内蒙古	2821	0.94	福建	4048	1.84
辽宁	8720	2.23	江西	2132	0.84
吉林	2118	0.96	山东	10862	2.17
黑龙江	3323	1.19	河南	5659	1.33
湖北	4419	1.37	云南	2830	0.97
湖南	4196	1.19	西藏	338	0.45
广东	20392	3.04	陕西	2901	0.99
广西	2825	1.11	甘肃	1322	0.74
海南	983	1.26	青海	376	0.39
重庆	2504	0.97	宁夏	787	1.11
四川	4575	0.98	新疆	2643	1.16
贵州	2168	0.96			
合计	188588	2.03			

注：仅为"科学技术"科目下支出。

从表 3-4 可以发现，北京、上海、浙江、江苏、天津等地的地方财政科技支出强度最高。

三、中央财政科技支出结构

按照公共财政原则和符合世界贸易组织规则的要求，财政科技资金主要用于支持市场机制不能有效解决的公共科技活动，并引导企业和全社会科技投入。

（一）强化对基础研究、社会公益研究、科研条件、科普等领域公共科技活动的投入

一是中央财政用于基础研究的经费投入明显增加。国家自然科学基金从 2006 年的 33.22 亿元增加至 2012 年的 168.25 亿元，增幅超过 80%。973 计划从 2006 年的 14 亿元增加至 2012 年的 40 亿元，增幅达到 65%。中央财政持续支持中科院开展知识创新工程试点，持续加大对高校基础研究的支持。基础研究在中央财政科技投入中的占比不断提高。以国家科技计划经费安排为例，2011 年中央财政共安排国家科技计划（基金）经费 337.6 亿元，其中，安排 973 计划 30.9 亿元，国家自然科学基金 140.4 亿元，合计占比达到 50.74%。2006~2012 年安排自然科学基金和 973 计划经费 800 亿元，支持开展自由探索，面向国家重大战略需求，提高原始创新能力。

二是加大对公益类科研的支持力度。从 2006 年起，中央财政增设公益类行业科研专项，选择公益特点突出、行业科研任务较重的部门作为先行试点，包括农业部、水利部、气象局、林业局、环保局、海洋局、地震局、质检局、中医药局。专项主要围绕《科技规划纲要》的重点领域和优先主题，组织开展行业内应急性、培育性、基础性科研工作，提高行业发展科技支撑力度。主要内容包括：行业应用基础研究，行业重大公益性技术前期预研，行业实用技术研究开发，国家标准和行业重要技术标准研究，计量、检验检测技术研究等。完善与竞争性经费相协调的稳定支持机制。针对竞争性支持经费比重偏大的问题，从 2006 年开始，逐步提高了科研机构（基地）运行经费保障水平；支持公益性科研机构（基地）开展自主选题研究，建立了公益性行业科研稳定支持渠道；增加修缮购置专项资金。同时，按照"改革先行、突出特色、绩效导向"的原则，支持中科院、社科院、农科院实施创新工程。

三是强化科研条件支持，尤其是推动了科研装备自主研制工作。中央财政增设了科技基础条件平台专项，加大对科研条件的支持力度，"十一五"期间，中央财政累计投入科技平台建设专项经费约为 29.1 亿元，地方、部门配套经费约为 3.75 亿元，共启动了 42 项平台建设专项项目。2011 年，共有 23 个国家级平台通过认定，同年确定首批国家科技平台奖励补贴经费 2.46 亿元，2012 年确定国家科技平台补贴经费 2.65 亿元。同时，针对我国科研装备大量采用国外装备的现状，2010 年起，安排经费约 2.5 亿元，支持中科院开展重大科研装备自主创新

试点工作，提高科研装备自主研制能力，推动"中国制造"向"中国创造"的转变。2011 年，在继续支持中科院开展重大科研装备自主创新试点工作的基础上，新增国家大型科学仪器设备开发专项资金，支出 8 亿元，全面启动重大科研装备自主研制工作，提高我国科研装备研发水平。

四是加大对科技人才、科普等的支持。第一，积极落实《人才规划纲要》，支持创新人才充分发挥作用。通过基本科研业务费、国家杰出青年科学基金、博士后基金和高校博士学科点基金等，支持优秀人才和高水平创新团队开展科研工作。会同中组部、中科院等实施"千人计划"支持顶尖千人回国开展科研工作。2009 年起，科技部与人事部共同组织了吸引海外高层次人才的专项资金，科技部集聚相关资源加大了投入。财政安排"外专千人计划"科研工作经费补助，支持引进非华裔外国专家。安排青年千人计划科研启动费，支持引进一批有潜力的优秀青年科技人才。支持北京大学、清华大学"生命科学研究与人才培养"试点等。第二，大力支持科普事业发展，逐步提高科普投入水平。在财政科技预算科目中设立了科学技术普及款项（20607），把科普工作纳入财政预算支出稳定渠道。通过各部门预算支持相应科普工作，安排科普基础设施工程、流动科技馆、中国科技馆科普展教设施等相关经费，保障各项科普工作的顺利开展。2011 年，全社会科普经费筹集额为 105.3 亿元，其中，各级政府拨款为 72.59 亿元，占投入总金额的 68.94%。继续实施"科普惠农兴村计划"，针对城镇化对城市科普的新要求，财政部会同中国科协启动"社区科普益民计划"，调动全社会优秀基层科普组织和个人开展科普工作的积极性和主动性。

（二）加大对经济社会发展重大需求、前沿技术和重大共性关键技术的投入

一是重大专项全面启动。全面启动 16 个国家科技重大专项，重点支持新一代宽带无线移动通信网、重大新药创制、大型油气田及煤层气开发、高档数控机床与基础制造装备等，将对培育战略性新兴产业、突破国民经济发展瓶颈、提高人民健康水平和保障国家安全等，产生重大影响。

二是应对金融危机，加强对重大共性关键技术攻关、前沿技术探索以及重点产业振兴的科技支撑。为积极应对金融危机，国务院 2009 年提出了 6 项科技支撑措施和 4 项政策保障条件。科技部及时调整科技计划部署，加大对从支撑计划和 863 计划筛选的 68 项重点产业关键技术和共性技术的攻关力度，在已投入财政科技经费 85.4 亿元的基础上，2009 年和 2010 年继续投入财政经费 60.6 亿元，加上企业、地方等配套资金 385.3 亿元，总经费达 530 多亿元。同时，中央财政进一步加大对十大重点振兴产业领域技术改造和技术创新的支持，大幅度增加对企业技术改造的支持，促进企业升级转型和自主创新，仅 2009 年就投入技改资金 200 亿元。

（三）合理安排机构运行、项目、条件建设的比例，加大对公益性事项的稳定支持

随着 2006 年《科技规划纲要》的发布实施，国家财政在项目经费安排上更为重视科技条件建设和人才培育，提倡实现项目、基地、人才协调发展；提高中央级公益类科研机构的人均事业费，加大了对科研院所正常运转经费的保障力度，在中央财政增设科研院所基本科研业务费和公益性行业专项经费，增设科研条件平台专项，大幅度增加科技基础条件投入，并从 2008 年起增设国家重点实验室专项，直接加大对国家科研基地运行的稳定支持。据统计，目前科技部归口管理的用于基础研究的稳定和竞争性经费达到 1：1。在中央财政加大稳定支持的带动下，一些地方对地方科研机构、研究基地、公益类科研等也提供了一定的稳定支持经费，先后加大了地方属公益类科研机构运行费、公益类科研支出、科研条件专项的支持力度。其中，科研条件经费是近年来地方科技部门大幅度增加的主要科目之一。科研机构和研究基地长期存在的依赖竞争性项目经费支持、科研活动持续能力差的状况得到较大改善。

第四节　我国基础研究经费投入及问题分析

基础研究是新科技革命的先导，是大国打造核心竞争力的重要着力点。美德法韩等国在实现工业化的过程中无不以高强度投入基础研究。而我国也已认识到轻基础低成本的跟踪式发展红利业已耗尽，必须尽快把创新主动权拿到自己手里，"中国梦"才能真正实现。为此，中共十八大提出实施创新驱动发展战略，要求强化基础研究。中共十八届三中全会更是明确提出，完善政府对基础性、战略性、前沿性科学研究和共性技术研究的支持机制。

一、我国基础研究发展面临的新形势

近年来，科学与技术的结合更加紧密，新一轮科技革命和工业革命正在兴起，学科分化与交叉融合不断深入，新兴学科不断涌现，人类对客观世界的认识不断深化。新方法、新工具带动新的研究模式不断呈现，科学在宏观和微观两个尺度上不断向纵深发展。基础研究与应用研究的界限趋于模糊，成果转化的周期明显缩短，知识生产、传播、应用的规模和速度前所未有。基础研究与经济社会发展的联系互动日益增强，深刻改变了人类的思维和生产生活方式。

发达国家纷纷借助其经济、科技优势，利用优惠的移民政策、一流的科研环境等手段，在全球范围争夺创新人才和资源，加大科技经费的投入，保持其在科学前沿的优势地位和国际竞争力。在激烈的国际竞争形势面前，必须充分认识到在新的形势下追赶世界先进科学水平、加强基础研究这一战略任务的长期性和艰巨性。

中共十八大提出深化科技体制改革，强化企业创新主体地位，实施创新驱动发展战略。当前，我国经济和社会发展面临着前所未有的矛盾和压力，产业结构不合理，能源、资源和环境的瓶颈制约日趋严峻，高投入、高能耗、高污染、低效益的生产方式难以为继。针对上述问题，加强基础研究，带动人才培养，借此推动产业发展，以工程项目带动基础研究、以任务带动学科建设，从而依靠科技创新破解提高产业竞争力和可持续发展中的诸多难题。

二、财政科技投入支持基础研究的情况

（一）我国财政科技投入及基础研究经费

科技投入是科技创新的物质基础，是科技持续发展的重要前提和根本保障。财政科技投入是科技投入的重要组成部分，主要用于支持市场机制不能有效解决的基础研究、前沿技术研究、社会公益研究、重大共性关键技术研究等公共科技活动，并引导企业和全社会的科技投入。近年来，按照《科技进步法》和科技规划纲要的要求，财政科技投入不断增加，稳定增长机制逐步完善。2006~2012年，全国财政科技累计投入 2.42 万亿元；2012 年财政科学技术支出占当年国家财政支出的比重为 4.45%。同时，带动全社会研发投入快速增加，2012 年全国共投入研究与试验发展（R&D）经费 10298.4 亿元，研究与试验发展（R&D）经费

投入强度（与国内生产总值之比）为1.98%，有力支持了我国自主创新能力提升和创新型国家建设，有力支持了我国自主创新能力提升和创新型国家建设。

　　基础研究经费是R&D经费的重要组成部分，来源渠道包括政府资金、企业资金、其他资金等。2006~2012年，我国基础研究经费总量达2056.5亿元，年均增幅21%，2012年基础研究经费占R&D经费的比重为4.84%（见表3-5）。

表3-5　全国研究与试验发展（R&D）经费支出

单位：亿元

年份	R&D经费支出	基础研究	基础研究占比（%）	应用研究	应用研究占比（%）	试验发展	试验发展占比（%）
2006	3003.10	155.76	5.19	488.97	16.28	2358.37	78.53
2007	3710.24	174.52	4.70	492.94	13.29	3042.78	82.01
2008	4616.02	220.82	4.78	575.16	12.46	3820.04	82.76
2009	5802.11	270.29	4.66	730.79	12.60	4801.03	82.75
2010	7062.58	324.49	4.59	893.79	12.66	5844.30	82.75
2011	8687.01	411.81	4.74	1028.39	11.84	7246.81	83.42
2012	10298.41	498.81	4.84	1161.97	11.28	8637.63	83.87

资料来源：《中国科技统计年鉴2013》。

　　基础研究也是财政科技投入特别是中央财政科技投入的重点，2006~2011年全国财政科技投入1351.59亿元支持基础研究，年均增长31%，其中中央财政投入1239.13亿元，年均增长29.4%，占全国财政基础研究投入的近92%。

（二）中央支持基础研究的政策措施

　　中央积极贯彻落实科技规划纲要和中央6号文件精神，不断改进和加强财政科技经费管理。

　　一是优化财政性科技投入结构，突出支持基础研究。一方面，继续加大对国家科技计划（基金等）投入力度。2006~2012年，共安排国家科技计划（基金等）经费1683亿元，重点加大了基础研究的支持力度，2006~2012年，国家自然科学基金从33.22亿元增长到168.25亿元，年均增幅超过31%；973计划从14亿元增长到40亿元，年均增幅超过19%。2007年，中央财政设立了国家重点实验室专项经费，加大对国家重点实验室的稳定支持力度，截至目前，中央财政累计安排专项经费173.3亿元。

　　另一方面，着重加大稳定支持力度。逐步提高科研机构运行经费保障水平；建立对公益性科研机构（基地）自主选题研究、公益性行业科研稳定支持渠道；

增加修缮购置专项资金，改善科技基础条件。同时，按照"改革先行、突出特色、绩效导向"的原则，支持中科院实施知识创新工程，支持中国农科院启动农业科技创新工程，推动建设一流院所。

二是启动科技经费管理改革，提高经费使用效益。"十二五"把深化科研经费管理制度改革作为科技管理体制改革的突破口之一。强调要根据科研活动的规律和特点，加强科研经费的过程监管，改进科研经费使用的绩效评价，提高科研经费管理的科学化水平。通过制定完善国家科技计划、科技重大专项经费管理办法，会同相关部门强化承担单位法人责任，完善间接成本补偿机制，规范项目预算管理，探索实行国库特设账户管理，建立健全经费监管和问责机制。建立科技经费绩效评价制度，开展国家自然科学基金国际综合绩效评估，提高资金使用效益。加强科研单位财务管理，修订科学事业单位财务制度，强化内部控制机制，提高财务管理水平。

（三）地方支持基础研究的主要实践

地方根据经济和社会发展需要，把基础研究成果与应用开发项目结合起来，实现从基础研究向科技和工程开发的延拓。

一是设立自然科学基础研究计划等专项资金。如山东省 2012 年安排自然科学基金 5000 万元，优秀中青年科学家科研奖励基金 1600 万元；青岛市设立应用基础研究计划，重点资助高校和科研院所的基础科研，"十一五"累计投入 5147 万元；陕西省 2012 年安排基础研究专项资金 1860 万元，资助 480 项。

二是撬动企业资金开展应用基础研究。如青岛市制定自然科学联合基金管理办法，财政总计投入 1100 万元，引导企业投入近 2000 万元，设立 17 个联合基金。

三是支持重点实验室。如山东省 2013 年省重点实验室建设经费 4000 万元，已建成省重点实验室 129 个；青岛市 2002 年开展建设市级重点实验室体系建设，并将实验室的建设经费资助改为运行经费资助，形成了稳定支持的激励机制；陕西省共组建了 91 个省级重点实验室。

四是加强研究人才培养。如青岛市启动了"创业创新领军人才引进培育工程"，在市科技计划中设立青年专项，支持青年研究人员主持应用基础研究计划项目；陕西省支持实施青年科技新星计划，每年安排资金 1000 万元，支持 35 岁以下优秀青年科技人才开展探索性研究；实施科技创新团队计划，对 45 岁以下科研骨干领衔的优秀科技创新团队，每个给予 100 万元的资助。

三、基础研究投入存在的主要问题

关于基础研究投入问题，众多学者都进行过深入研究，具有代表性的观点主要是：乔冬梅、李正风（2006）从资助规模、资助结构和资助方式三个维度比较分析中外基础研究资助模式的异同，并进而探讨我国基础研究资助模式存在的问题；李振兴等（2008）指出，我国基础研究投入主体单一，投入来源结构不合理，企业和高校投入少；王明明等（2011）在调研我国基础研究投入相关政策和数据的基础上，尝试运用熵测度法分析我国基础研究投入格局，同时给出了基础研究投入的七种模式，重点将申农指数与基础研究投入强度和研究与开发投入强度进行对比；方勇（2011）从国家战略布局的角度出发，分析了大区和省份基础研究经费支出的分布情况，通过 CRn 和洛伦兹曲线两种集中度指数反映了我国基础研究投入的基本分布情况；姚常乐、高昌林（2011）通过对比研究与我国当前科技投入强度大致相当的历史时期，美国、日本、韩国的基础研究发展状况，深入分析了我国基础研究投入的总量规模、增长率、强度和份额等因素；杨爱华（2012）以过去十年我国基础研究投入的各项统计指标为基础，分析了近十年来我国基础研究投入的现状与特征：基础研究经费投入总量稳步递增，但投入强度缺乏稳定性，基础研究投入总量及基础研究经费占 R&D 经费总投入份额的国际比较值偏低，企业基础研究投入所占份额偏小，基础研究投入与产出的效益不高；赵立雨（2013）系统分析了美国联邦政府基础研究投入与执行、基础研究经费管理经验，结合我国实际情况，提出了加大基础研究投入力度、充分发挥政府的引导和支持作用、构建有效的协调机制和加强基础研究经费绩效评估等相关政策建议。上述研究为深入研究基础研究经费问题开拓了思路、奠定了基础，本节主要从投入来源分析基础研究投入存在的主要问题。

（一）基础研究经费占 R&D 经费比例显著低于国际水平

随着科技规划纲要的实施，我国基础研究投入不断增加，但是近年来基础研究经费占 R&D 经费比例持续低于 5%（见表 3-6），形势不容乐观。2012 年基础研究经费占 R&D 经费比例为 4.8%，在公布数据的国家中处于较低水平。发达国家这一比重大多在 10%~20%，相对较低的英国为 8.9%，日本为 12.7%。从历史发展来看，我国这一比例长期稳定在 5% 左右的格局没有改变。虽然日韩在工业化起步阶段也曾采取类似的跟踪策略，以较低的研发成本谋求发展，并尽量压缩对不直接产生效益的基础研究的投入，但两国当时的投入水平，也未曾低于R&D 的 9%~10%。

表 3-6 研究与试验发展（R&D）活动按研究类型占比的国际比较

单位：%

国别	中国	日本	英国	法国	美国	澳大利亚	意大利	瑞士	奥地利	捷克	丹麦	韩国	俄罗斯联邦
年份	2012	2010	2010	2010	2009	2008	2010	2008	2009	2011	2010	2010	2010
基础研究	4.8	12.7	8.9	26.3	19.0	20.0	25.7	26.8	19.1	25.5	17.6	18.2	19.6
应用研究	11.3	22.3	40.7	39.5	17.8	38.6	48.6	31.9	34.8	32.2	26.7	19.9	18.8
试验发展	83.9	65.0	50.4	34.2	63.2	41.4	25.7	41.3	46.1	42.3	55.7	61.8	61.6

数据来源：OECD. Main Science and Technology Indicators，Volume 2013 Issue 2.

（二）中央财政占基础研究投入的绝大多数，仍有待进一步提高

财政科技投入对基础研究的投入中，中央财政占绝大多数。根据财政部公开的 2012 年国家财政支出决算，科学技术科目下基础研究支出 361.69 亿元，其中中央本级财政支出 328.13 亿元，占 90.7%，地方财政支出 33.56 亿元，仅占9.3%。中央本级财政科技支出 2210.43 亿元，基础研究支出占 14.8%，主要通过国家自然科学基金、973 计划、国家重点实验室专项经费、从事基础研究活动的科研院所和高校相关部门的人员经费和运行经费等渠道进行投入，但总体而言投入量有待进一步加大，提高其在中央财政科技支出的占比。

（三）地方财政基础研究经费投入稳步增长，但总量偏低

随着地方经济发展水平的不断提高，地方基础研究的经费投入逐年增长。"十一五"期间，各省（市）基础研究财政支出经费共 60.5 亿元。2012 年基础研究投入 33.56 亿元，地方基础研究的经费投入总量仍然偏低。2012 年，地方基础研究投入仅占全国的 6.7%，在地方科技财政中只占 1.5%。

（四）企业对基础研究的投入严重不足

发达国家企业极为重视培育未来竞争力，基础研究投入一般都占全国的 20%以上，如韩国企业对基础研究投入在全国总量中甚至超过 50%，有力引领了核心竞争力的强势跨越。"十一五"以来，我国企业 R&D 经费增长强劲，年均增长

25.3%。2011 年，国内企业在基础研究领域的投入仅为 7.27 亿元，占企业全部 R&D 活动经费支出 6579.33 亿元的 0.11%。而美日等主要发达国家基础研究投入中企业投入占了较大比例，成为基础研究投入的重要力量，如美国 2009 年基础研究经费中，21.7%来自企业投入（见表 3-7）。

表 3-7 美国 R&D 经费来源部门 （2009）

活动类型　部门	基础研究		应用研究		试验与开发	
	经费（百万美元）	份额（%）	经费（百万美元）	份额（%）	经费（百万美元）	份额（%）
政府	40451	53.2	30101	42.2	53882	21.3
企业	16486	21.7	34344	48.1	196527	77.6
高校	10800	14.2	3535	5.0	776	0.3
非营利组织	8233	10.8	3350	4.7	1976	0.8

数据来源：NSF. Science and Engineering Indicator 2012.

（五）稳定性支持不足

长期以来，由于我国科技经费采取以竞争性为主的分配方式，导致科研工作者将大量精力用于争取经费，应付多头交账，而无法安心科研工作。从长远看，非竞争性经费比例过低不利于基础性、前瞻性研究的开展，也不利于形成稳定的科研队伍和开展持续深入的科学研究，特别是基础研究。

（六）科研经费管理模式亟待完善

科研项目管理模式单一，管理水平跟不上经费规模大幅度增长所提出的要求。目前科技界反映较多的问题主要是：目标导向、需求导向的立项机制没有真正建立；各类项目均采取课题制组织方式，缺乏系统组织；对科研项目经费违规使用行为惩处力度不够，违规成本低等。

（七）科研评价不够科学合理

基础研究费时费力，没有持续的专研难出成果。高校作为基础研究的重要主体，目前的人才与成果评价标准过于强调论文专利数量，科研人员急于取得研究成果，疲于应付考评，无法全身心投入基础研究，导致原创性成果少。

四、政策建议

根据调研各方反映的意见和建议，借鉴发达国家基础研究的投入机制，根据我国国情，针对基础研究投入存在的主要问题，提出以下建议。

（一）建立中央财政优先保障基础研究投入和增长机制

基础研究处于创新链前端，研究难度高，创新风险大，几乎没有直接经济回报，社会共享特征明显，属于财政和研发政策支持的核心内容。中央财政是我国基础研究的投入主体，在今后一段时期内这种局面不会根本改变。建议确保中央财政大幅增加对基础研究的投入，建立基础研究经费增长比例大幅高于 R&D 经费增长的机制，加大重要科学平台和人才培养的投入力度。

（二）引导地方财政加大对应用基础研究的投入

引导地方充分认识基础研究在区域创新中的战略地位和作用，把基础研究纳入地方总体发展规划，切实加大应用基础研究投入，支持检索、消化吸收中国乃至世界各国的基础研究成果，并建立逐年稳定增长机制。以"973"计划和省部共建国家重点实验室培育基地为抓手，鼓励地方政府资金配套，推动地方政府加大对应用基础研究的投入。

（三）充分调动企业对基础研究投入的积极性

一是从改善宏观经济环境、健全知识产权保护等方面采取有效措施，引导企业增强自主创新意识，更多地开展基础研究活动；二是利用产业联盟等形式吸引更多的企业，尤其是大企业参与到基础研究计划项目中来，由企业牵头组织实施项目；三是对企业给予税收、金融上的优惠支持，鼓励企业加大基础研究投入；四是引导企业真正成为创新主体，研究制定有利于激励企业投入基础研究的财税政策和评价体系。

（四）健全稳定性经费与竞争性经费的合理配置机制

一是加强统筹协调，合理配置资源；二是改进经费资助结构，加大稳定支持的力度，对经过科学论证的重大项目、优秀团队和重点基地给予稳定持续支持；三是加大基本运行经费和基本科研业务费投入力度，使科研机构获得的稳定支持与竞争性支持经费的比例保持适当水平，并与评价制度等有效衔接；四是持续加大对国家重点实验室经费、高校基本科研业务费等专项经费的支持，提高"973"计划、创新工程、"985"工程中稳定支持基础研究的比例；五是研究建立科研机构绩效拨款制度，给予一定灵活度的综合性支持，推动建设一流院所。

（五）完善科研经费管理方式

推动完善立项机制和评审制度，建立健全项目验收和评估机制。加强科研项目经费监管，积极推进预算公开，严格问责和处罚机制，建立经费使用的信用管理制度。完善绩效管理，强化对财政科技经费使用的绩效考核。推动完善收入分配制度，建立对创新人才有效激励，并避免用科研项目经费弥补正常收入不足。

（六）建立科学的基础研究评价机制

对不同岗位的科技人员采取差异化的评价标准，完善科技人员考核和职称评定等制度，对从事基础研究的科研人员给予持续稳定的支持，根据基础研究成果的质量（并非 SCI 论文的数量）和人才培养等情况给予相应的职称和待遇。

> 税收是国家的主要支柱。
>
> ——西塞罗

第四章

科技税收的理论与实践

税收政策作为国家治理和宏观调控的重要工具，对科技进步和创新发展起到重要的促进、引导和激励作用。本章第一节简单阐述了科技税收原理，包括税收及其职能等，提出了科技税收的基本框架。第二节分析了我国现行科技税制，包括各种税收优惠的方式，总结归纳了我国现行科技税收优惠政策。

第一节　科技税收原理

国内外经验研究表明，在市场经济条件下，尤其是对于经济处于快速发展阶段的发展中国家，税收政策最能够调动企业技术创新的积极性。它对于鼓励增加全社会科技投入，鼓励自主创新，针对性强，作用直接，是促进科技进步，加快产业结构调整、优化最有成效的政策工具。因此，制定和完善并妥善运用科技税收政策是经济增长方式转型时期，建立国家创新体系，鼓励自主创新，实现结构调整、优化，政府所应采取的最重要、最有效的政策调控手段[①]。

---

① 邓天佐. 中国应该加快制定和完善科技税收政策——制定和完善科技税收政策是经济和科技发展的紧迫要求 [J]. 中国科技论坛，2005（3）：3-4.

一、税收及其职能

税收是国家为满足社会公共需要，凭借公共权力，按照法律所规定的标准和程序，参与国民收入分配，强制地、无偿地取得财政收入的一种方式。马克思指出："赋税是政府机器的经济基础，而不是其他任何东西。""国家存在的经济体现就是捐税。"恩格斯指出："为了维持这种公共权力，就需要公民缴纳费用——捐税。"19世纪美国大法官霍尔姆斯说："税收是我们为文明社会付出的代价。"这些都说明了税收对于国家经济生活和社会文明的重要作用。

对税收的内涵可以从以下几个方面来理解：①国家征税的目的是满足社会成员获得公共产品的需要。②国家征税凭借的是公共权力（政治权力）。税收征收的主体只能是代表社会全体成员行使公共权力的政府，其他任何社会组织和个人是无权征税的。与公共权力相对应的必然是政府管理社会和为民众提供公共产品的义务。③税收是国家筹集财政收入的主要方式。④税收必须借助法律形式进行。

税收作为政府筹集财政收入的一种规范形式，具有区别于其他财政收入形式的特点。

（1）税收的强制性。税收的强制性是指国家凭借其公共权力以法律、法令形式对税收征纳双方的权利（权力）与义务进行规范，依据法律进行征税。我国宪法明确规定我国公民有依照法律纳税的义务。纳税人必须依法纳税，否则就要受到法律的制裁。税收的强制性主要体现在征税过程中。

（2）税收的无偿性。税收的无偿性是指国家征税后，税款一律纳入国家财政预算统一分配，而不直接向具体纳税人返还或支付报酬。税收的无偿性是从个体纳税人角度而言的，其享有的公共利益与其缴纳的税款并非一一对等。但就纳税人的整体而言则是对等的，政府使用税款的目的是向社会全体成员包括具体纳税人提供社会公共产品和公共服务。因此，税收的无偿性表现为个体的无偿性、整体的有偿性。

（3）税收的固定性。税收的固定性是指国家征税之前预先规定了统一的征税标准，包括纳税人、课税对象、税率、纳税期限、纳税地点等。这些标准一经确定，在一定时间内是相对稳定的。税收的固定性包括两层含义：第一，税收征收总量的有限性。由于预先规定了征税的标准，政府在一定时期内的征税数量就要以此为限，从而保证税收在国民经济总量中的适当比例。第二，税收征收具体操作的确定性。即税法确定了课税对象及征收比例或数额，具有相对稳定、连续的特点。既要求纳税人必须按税法规定的标准缴纳税额，也要求税务机关只能按税法规定的标准对纳税人征税，不能任意降低或提高。

当然，税收的固定性是相对于某一个时期而言的。国家可以根据经济和社会发展需要适时地修订税法，但这与税收整体的相对固定性并不矛盾。

税收的三个特征是统一的整体，相互联系，缺一不可。无偿性是税收这种特殊分配手段本质的体现，强制性是实现税收无偿征收的保证，固定性是无偿性和强制性的必然要求。三者相互配合，保证了政府财政收入的稳定。

税收职能是指税收所具有的内在功能，税收作用则是税收职能在一定条件下的具体体现。税收的职能作用主要表现在以下几个方面：

（1）税收是财政收入的主要来源。组织财政收入是税收的基本职能。税收具有强制性、无偿性、固定性的特点，筹集财政收入稳定可靠。税收的这种特点，使其成为世界各国政府组织财政收入的基本形式。目前我国税收收入占国家财政收入的90%以上。

（2）税收是调控经济运行的重要手段。经济决定税收，税收反作用于经济。这既反映了经济是税收的来源，也体现了税收对经济的调控作用。税收作为经济杠杆，通过增税与减免税等手段来影响社会成员的经济利益，引导企业、个人的经济行为，对资源配置和社会经济发展产生影响，从而达到调控经济运行的目的。政府运用税收手段，既可以调节宏观经济总量，也可以调节经济结构。

（3）税收是调节收入分配的重要工具。从总体来说，税收作为国家参与国民收入分配最主要、最规范的形式，能够规范政府、企业和个人之间的分配关系。不同的税种，在分配领域发挥着不同的作用。如个人所得税实行超额累进税率，具有高收入者适用高税率、低收入者适用低税率或不征税的特点，有助于调节个人收入分配，促进社会公平。消费税对特定的消费品征税，能达到调节收入分配和引导消费的目的。

（4）税收还具有监督经济活动的作用。税收涉及社会生产、流通、分配、消费各个领域，能够综合反映国家经济运行的质量和效率。既可以通过税收收入的增减及税源的变化，及时掌握宏观经济的发展变化趋势，也可以在税收征管活动中了解微观经济状况，发现并纠正纳税人在生产经营及财务管理中存在的问题，从而促进国民经济持续健康发展。

此外，税收管辖权是国家主权的组成部分，是国家权益的重要体现，所以在对外交往中，税收还具有维护国家权益的重要作用。

二、科技税收的基本框架

改革开放 30 多年来，经过几次较大的改革，我国税收制度日趋完善。改革开放初期的税制改革是以适应对外开放需要，建立涉外税收制度为突破口。1983 年、1984 年又先后分两步实施国营企业"利改税"改革，把国家与企业的分配关系以税收的形式固定下来。1994 年，国家实施了新中国成立以来规模最大、范围最广、成效最显著、影响最深远的一次税制改革。这次改革围绕建立社会主义市场经济体制的目标，积极构建适应社会主义市场经济体制要求的税制体系。2003 年以来，按照科学发展观的要求，围绕完善社会主义市场经济体制和全面建设小康社会的目标，分步实施了改革农村税费，完善货物和劳务税制、所得税制、财产税制等一系列税制改革和出口退税机制改革。几经变革，目前，我国共有增值税、消费税、营业税、企业所得税、个人所得税、资源税、城镇土地使用税、房产税、城市维护建设税、耕地占用税、土地增值税、车辆购置税、车船税、印花税、契税、烟叶税、关税、船舶吨税等 18 个税种。其中，16 个税种由税务部门负责征收；关税和船舶吨税由海关部门征收，另外进口货物的增值税、消费税也由海关部门代征。

我国目前仍处于经济体制转换过程中，而建成社会主义市场经济体制的核心问题之一，就是正确处理政府和市场的关系，转变政府职能，规范政府行为，其中包括转换科技税收职能。有政府介入的市场，政府与个人、企业之间的税收收支循环流程可以通过图 4-1 来表示。

根据对象划分，主要有个人和企业，科技税收政策主要体现在激励企业和科技人员增加研发投入或科技服务供给等方面。例如经过认定的高新技术企业、双软企业、动漫企业、技术先进型服务企业和集成电路企业等都享受 15% 或者更低的所得税率优惠。

根据市场划分，主要有要素市场和产品市场，科技税收政策主要体现在刺激新产品消费、激励增加长期资本供给等方面。例如软件产品、资源综合利用产品的增值税即征即退优惠，对低排量、环保型汽车的消费税给予优惠税率，对高校、科研院所转化职务科技成果以股权奖励技术人员，获得者免征个人所得税等。

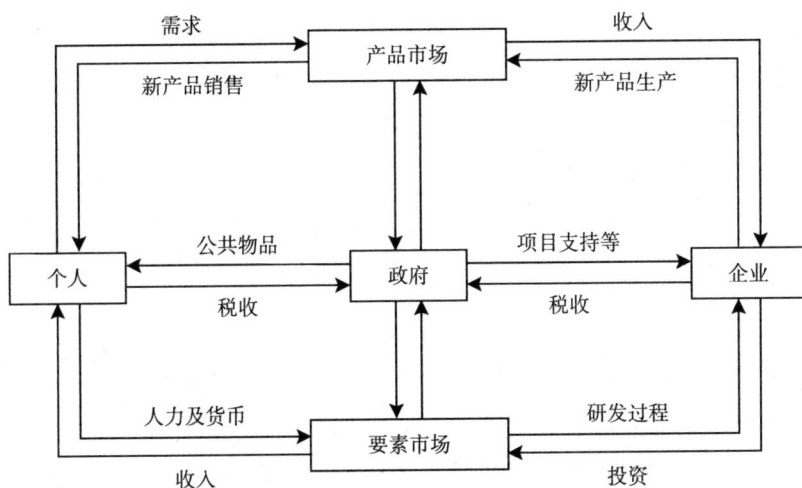

图 4-1 科技税收分析的基本框架

第二节 我国现行科技税制

税收优惠的基本原则：促进科技进步，鼓励基础设施建设，鼓励农业发展、环境保护与节能，支持安全生产，统筹区域发展，促进公益事业和照顾弱势群体等，有效地发挥税收优惠政策的导向作用，进一步促进国民经济全面、协调、可持续发展和社会全面进步，有利于构建和谐社会。

按照上述原则，现行税收优惠政策已将过去以区域优惠为主，调整为以产业优惠为主、区域优惠为辅的税收优惠格局。

一、税收优惠方式

税收优惠包括减税、免税、出口退税及其他一些内容。

（1）减税。即依据税法规定减除纳税义务人一部分应纳税款。它是对某些纳税人进行扶持或照顾，以减轻其税收负担的一种特殊规定。一般分为法定减税、特定减税和临时减税三种方式。

（2）免税。即对某些特殊纳税人免征某种（或某几种）税收的全部税款。一般分为法定免税、特定免税和临时免税三种方式。

（3）延期纳税。是对纳税人应纳税款的部分或全部税款的缴纳期限适当延长的一种特殊规定。

（4）出口退税。是指为了扩大出口贸易，增强出口货物在国际市场上的竞争力，按国际惯例对企业已经出口的产品退还在出口前各环节缴纳的国内流转税（主要是增值税和消费税）税款。

（5）再投资退税。即对特定的投资者将取得的利润再投资于本企业或新办企业时，退还已纳税款。

（6）即征即退。即对按税法规定缴纳的税款，由税务机关在征税时部分或全部退还纳税人。与出口退税先征后退、投资退税一并属于退税的范畴，其实质是一种特殊方式的免税和减税规定。目前，中国采取即征即退政策仅限于缴纳增值税的个别纳税人。

（7）先征后返。即对按税法规定缴纳的税款，由税务机关征收入库后，再由财政部门按规定的程序给予部分或全部退税或返还已纳税款。它属于财政补贴范畴，其实质也是一种特定方式的免税或减免规定。目前中国采取先征后返的办法主要适用于缴纳流转税和企业所得税的纳税人。

（8）税收抵免。即对纳税人来源于国内外的全部所得或财产课征所得税时，允许以其在国外缴纳的所得税或财产税税款抵免应纳税额。它是解决国际间所得或财产重复课税的一种措施。税收抵免是世界各国的一种通行做法。

（9）加计扣除。是对企业为开发新技术、新产品、新工艺发生的研究开发费用和企业安置残疾人员及其他国家鼓励安置就业人员所支付的工资，在实际发生数额的基础上，再加成一定比例，作为计算应纳税所得额时的扣除数的一种优惠政策。

（10）加速折旧。即按税法规定对缴纳所得税的纳税人，准予采取缩短固定资产折旧年限、提高折旧率的办法，加快折旧速度，减少当期应纳税所得额。

（11）减计收入。是指对企业综合利用资源取得的收入按一定比例计减应税收入。

（12）投资抵免。是指对创业投资企业从事创业投资的投资额和企业购置用于环境保护、节能节水、安全生产等专用设备的投资额，按一定比例抵免应纳税所得额。

（13）起征点。即对征税对象开始征税的起点规定一定的数额。征税对象达到起征点的就全额征税，未达到起征点的不征税。

（14）免征额。即按一定标准从课税对象全部数额中扣除一定的数额，扣除部分不征税，只对超过的部分征税。

二、现行科技税收优惠政策

（一）所得税

所得税优惠政策的优惠范围和主要优惠措施见表 4-1。

表 4-1 所得税优惠政策

优惠范围	主要措施
高新技术企业（《企业所得税法》）	国家需要重点扶持的高新技术企业，减按 15% 的税率征收企业所得税
集成电路和软件企业（财税〔2012〕27 号）	一、集成电路线宽小于 0.8 微米（含）的集成电路生产企业，经认定后，在 2017 年 12 月 31 日前自获利年度起计算优惠期，第一年至第二年免征企业所得税，第三年至第五年按照 25% 的法定税率减半征收企业所得税，并享受至期满为止 二、集成电路线宽小于 0.25 微米或投资额超过 80 亿元的集成电路生产企业，经认定后，减按 15% 的税率征收企业所得税，其中经营期在 15 年以上的，在 2017 年 12 月 31 日前自获利年度起计算优惠期，第一年至第五年免征企业所得税，第六年至第十年按照 25% 的法定税率减半征收企业所得税，并享受至期满为止 三、我国境内新办的集成电路设计企业和符合条件的软件企业，经认定后，在 2017 年 12 月 31 日前自获利年度起计算优惠期，第一年至第二年免征企业所得税，第三年至第五年按照 25% 的法定税率减半征收企业所得税，并享受至期满为止 四、国家规划布局内的重点软件企业和集成电路设计企业，如当年未享受免税优惠的，可减按 10% 的税率征收企业所得税
动漫企业（财税〔2009〕65 号）	经认定的动漫企业自主开发、生产动漫产品，可申请享受国家现行鼓励软件产业发展的所得税优惠政策
技术先进型服务企业（财税〔2010〕65 号）	1. 对经认定的技术先进型服务企业，减按 15% 的税率征收企业所得税 2. 经认定的技术先进型服务企业发生的职工教育经费支出，不超过工资薪金总额 8% 的部分，准予在计算应纳税所得额时扣除；超过部分，准予在以后纳税年度结转扣除
研发费用加计扣除（国税发〔2008〕116 号、财税〔2013〕70 号）	开发新技术、新产品、新工艺发生的研究开发费用可以在计算应纳税所得额时加计扣除 （一）研发费用计入当期损益未形成无形资产的，允许再按其当年研发费用实际发生额的 50%，直接抵扣当年的应纳税所得额 （二）研发费用形成无形资产的，按照该无形资产成本的 150% 在税前摊销。除法律另有规定外，摊销年限不得低于 10 年 企业从事《国家重点支持的高新技术领域》和国家发展改革委员会等部门公布的《当前优先发展的高技术产业化重点领域指南（2007 年度）》规定项目的研究开发活动，其在一个纳税年度中实际发生的下列费用支出，允许在计算应纳税所得额时按照规定实行加计扣除

优惠范围	主要措施
研发费用加计扣除（国税发〔2008〕116号、财税〔2013〕70号）	（一）新产品设计费、新工艺规程制定费以及与研发活动直接相关的技术图书资料费、资料翻译费 （二）从事研发活动直接消耗的材料、燃料和动力费用 （三）在职直接从事研发活动人员的工资、薪金、奖金、津贴、补贴 （四）专门用于研发活动的仪器、设备的折旧费或租赁费 （五）专门用于研发活动的软件、专利权、非专利技术等无形资产的摊销费用 （六）专门用于中间试验和产品试制的模具、工艺装备开发及制造费 （七）勘探开发技术的现场试验费 （八）研发成果的论证、评审、验收费用 一、企业从事研发活动发生的下列费用支出，可纳入税前加计扣除的研究开发费用范围 （一）企业依照国务院有关主管部门或者省级人民政府规定的范围和标准为在职直接从事研发活动人员缴纳的基本养老保险费、基本医疗保险费、失业保险费、工伤保险费、生育保险费和住房公积金 （二）专门用于研发活动的仪器、设备的运行维护、调整、检验、维修等费用 （三）不构成固定资产的样品、样机及一般测试手段购置费 （四）新药研制的临床试验费 （五）研发成果的鉴定费用
加速折旧（财税〔2014〕75号）	一、对生物药品制造业，专用设备制造业，铁路、船舶、航空航天和其他运输设备制造业，计算机、通信和其他电子设备制造业，仪器仪表制造业，信息传输、软件和信息技术服务业等6个行业的企业2014年1月1日后新购进的固定资产，可缩短折旧年限或采取加速折旧的方法 对上述6个行业的小型微利企业2014年1月1日后新购进的研发和生产经营共用的仪器、设备，单位价值不超过100万元的，允许一次性计入当期成本费用在计算应纳税所得额时扣除，不再分年度计算折旧；单位价值超过100万元的，可缩短折旧年限或采取加速折旧的方法 二、对所有行业企业2014年1月1日后新购进的专门用于研发的仪器、设备，单位价值不超过100万元的，允许一次性计入当期成本费用在计算应纳税所得额时扣除，不再分年度计算折旧；单位价值超过100万元的，可缩短折旧年限或采取加速折旧的方法 三、对所有行业企业持有的单位价值不超过5000元的固定资产，允许一次性计入当期成本费用在计算应纳税所得额时扣除，不再分年度计算折旧
技术转让（国税函〔2009〕212号、财税〔2010〕111号）	《企业所得税法》第二十七条第（四）项所称符合条件的技术转让所得免征、减征企业所得税，是指一个纳税年度内，居民企业技术转让所得不超过500万元的部分，免征企业所得税；超过500万元的部分，减半征收企业所得税 一、根据企业所得税法第二十七条第（四）项规定，享受减免企业所得税优惠的技术转让应符合以下条件： （一）享受优惠的技术转让主体是企业所得税法规定的居民企业 （二）技术转让属于财政部、国家税务总局规定的范围 （三）境内技术转让经省级以上科技部门认定 （四）向境外转让技术经省级以上商务部门认定 （五）国务院税务主管部门规定的其他条件 二、符合条件的技术转让所得应按以下方法计算： 技术转让所得=技术转让收入-技术转让成本-相关税费

优惠范围	主要措施
技术转让（国税函〔2009〕212号、财税〔2010〕111号）	技术转让收入是指当事人履行技术转让合同后获得的价款，不包括销售或转让设备、仪器、零部件、原材料等非技术性收入。不属于与技术转让项目密不可分的技术咨询、技术服务、技术培训等收入，不得计入技术转让收入 技术转让成本是指转让的无形资产的净值，即该无形资产的计税基础减除在资产使用期间按照规定计算的摊销扣除额后的余额 相关税费是指技术转让过程中实际发生的有关税费，包括除企业所得税和允许抵扣的增值税以外的各项税金及其附加、合同签订费用、律师费等相关费用及其他支出 三、享受技术转让所得减免企业所得税优惠的企业，应单独计算技术转让所得，并合理分摊企业的期间费用；没有单独计算的，不得享受技术转让所得企业所得税优惠 一、技术转让的范围，包括居民企业转让专利技术、计算机软件著作权、集成电路布图设计权、植物新品种、生物医药新品种，以及财政部和国家税务总局确定的其他技术 其中：专利技术，是指法律授予独占权的发明、实用新型和非简单改变产品图案的外观设计 二、本通知所称技术转让，是指居民企业转让其拥有符合本通知第一条规定技术的所有权或5年以上（含5年）全球独占许可使用权的行为 三、技术转让应签订技术转让合同。其中，境内的技术转让须经省级以上（含省级）科技部门认定登记，跨境的技术转让须经省级以上（含省级）商务部门认定登记，涉及财政经费支持产生技术的转让，需省级以上（含省级）科技部门审批 居民企业技术出口应由有关部门按照商务部、科技部发布的《中国禁止出口限制出口技术目录》（商务部、科技部令2008年第12号）进行审查。居民企业取得禁止出口和限制出口技术转让所得，不享受技术转让减免企业所得税优惠政策 四、居民企业从直接或间接持有股权之和达到100%的关联方取得的技术转让所得，不享受技术转让减免企业所得税优惠政策
创业投资（国税发〔2009〕87号）	一、创业投资企业是指依照《创业投资企业管理暂行办法》（国家发展和改革委员会等10部委令2005年第39号，以下简称《暂行办法》）和《外商投资创业投资企业管理规定》（商务部等5部委令2003年第2号）在中华人民共和国境内设立的专门从事创业投资活动的企业或其他经济组织 二、创业投资企业采取股权投资方式投资于未上市的中小高新技术企业2年（24个月）以上，凡符合以下条件的，可以按照其对中小高新技术企业投资额的70%，在股权持有满2年的当年抵扣该创业投资企业的应纳税所得额；当年不足抵扣的，可以在以后纳税年度结转抵扣 （一）经营范围符合《暂行办法》规定，且工商登记为"创业投资有限责任公司"、"创业投资股份有限公司"等专业性法人创业投资企业 （二）按照《暂行办法》规定的条件和程序完成备案，经备案管理部门年度检查核实，投资运作符合《暂行办法》的有关规定 （三）创业投资企业投资的中小高新技术企业，除应按照科技部、财政部、国家税务总局《关于印发〈高新技术企业认定管理办法〉的通知》（国科发火〔2008〕172号）和《关于印发〈高新技术企业认定管理工作指引〉的通知》（国科发火〔2008〕362号）的规定，通过高新技术企业认定以外，还应符合职工人数不超过500人，年销售（营业）额不超过2亿元，资产总额不超过2亿元的条件 2007年底前按原有规定取得高新技术企业资格的中小高新技术企业，且在2008年继续符合新的高新技术企业标准的，向其投资满24个月的计算，可自创业投资企业实际向其投资的时间起计算

优惠范围	主要措施
创业投资（国税发〔2009〕87号）	（四）财政部、国家税务总局规定的其他条件 三、中小企业接受创业投资之后，经认定符合高新技术企业标准的，应自其被认定为高新技术企业的年度起，计算创业投资企业的投资期限。该期限内中小企业接受创业投资后，企业规模超过中小企业标准，但仍符合高新技术企业标准的，不影响创业投资企业享受有关税收优惠
促进成果转化（财税字〔1999〕45号、国税发〔1999〕125号、国税函〔2007〕833号）	二、科研机构、高等学校服务于各业的技术成果转让、技术培训、技术咨询、技术服务、技术承包所取得的技术性服务收入暂免征收企业所得税 三、自1999年7月1日起，科研机构、高等学校转化职务科技成果以股份或出资比例等股权形式给予个人奖励，获奖人在取得股份、出资比例时，暂不缴纳个人所得税；取得按股份、出资比例分红或转让股权、出资比例所得时，应依法缴纳个人所得税。有关此项的具体操作规定，由国家税务总局另行制定 一、科研机构、高等学校转化职务科技成果以股份或出资比例等股权形式给予科技人员个人奖励，经主管税务机关审核后，暂不征收个人所得税 为了便于主管税务机关审核，奖励单位或获奖人应向主管税务机关提供有关部门根据国家科委和国家工商行政管理局联合制定的《关于以高新技术成果出资入股若干问题的规定》（国科发政字〔1997〕326号）和科学技术部和国家工商行政管理局联合制定的《〈关于以高新技术成果出资入股若干问题的规定〉实施办法》（国科发政字〔1998〕171号）出具的《出资入股高新技术成果认定书》、工商行政管理部门办理的企业登记手续及经工商行政管理机关登记注册的评估机构的技术成果价值评估报告和确认书。不提供上述资料的，不得享受暂不征收个人所得税优惠政策 二、在获奖人按股份、出资比例获得分红时，对其所得按"利息、股息、红利所得"应税项目征收个人所得税 三、获奖人转让股权、出资比例，对其所得按"财产转让所得"应税项目征收个人所得税，财产原值为零 四、享受上述优惠政策的科技人员必须是科研机构和高等学校的在编正式职工 一、《国家税务总局关于促进科技成果转化有关个人所得税问题的通知》（国税发〔1999〕125号）规定，科研机构、高等学校转化职务科技成果以股份或出资比例等股权形式给予个人奖励，经主管税务机关审核后，暂不征收个人所得税。此项审核权自2007年8月1日起停止执行 二、取消上述审核权后，主管税务机关应加强科研机构、高等学校转化职务科技成果以股份或出资比例等股权形式给予个人奖励暂不征收个人所得税的管理 三、科研机构、高等学校和获奖人不能提供上述资料，或者报送虚假资料，故意隐瞒有关情况的，获奖人不得享受暂不征收个人所得税的优惠政策，税务机关应按照税收征管法的有关规定对报送虚假资料，故意隐瞒有关情况的科研机构、高等学校和获奖人进行处理
职工教育经费（《企业所得税法实施条例》）	企业发生的职工教育经费支出，不超过工资薪金总额2.5%的部分，准予扣除；超过部分，准予在以后纳税年度结转扣除
专用设备税额抵免（《企业所得税法》）	企业购置用于环境保护、节能节水、安全生产等专用设备的投资额，可以按一定比例实行税额抵免
环保节能和技术转让（《企业所得税法》）	从事符合条件的环境保护、节能节水项目的所得，符合条件的技术转让所得，可以免征、减征企业所得税
技术改造国产设备投资抵免（财税字〔1999〕290号）	凡在我国境内投资于符合国家产业政策的技术改造项目的企业，其项目所需国产设备投资的40%可从企业技术改造项目设备购置当年比前一年新增的企业所得税中抵免

优惠范围	主要措施
个人科技方面的奖金（《个人所得税法》）	省级人民政府、国务院部委和中国人民解放军军以上单位，以及外国组织、国际组织颁发的科学、教育、技术、文化、卫生、体育、环境保护等方面的奖金，免纳个人所得税
科技工作者的奖金（国税函发〔1995〕351号、国税发〔1994〕118号、财税字〔1998〕118号、国税函〔1999〕525号、国税函〔1999〕525号）	对中国科学院的院士津贴，对中国科学院资深院士和中国工程院资深院士津贴，院士荣誉奖金，对教育部颁发的"特聘教授奖金"，免予征收个人所得税

（二）货物和劳务税

流转税优惠政策的优惠范围和具体优惠措施见表4-2。

表4-2 货物和劳务税优惠政策

优惠范围	具体优惠措施
科研仪器设备进口（《增值税暂行条例》）	下列项目免征增值税： （四）直接用于科学研究、科学试验和教学的进口仪器、设备
软件产品增值税（财税〔2011〕100号）	（一）增值税一般纳税人销售其自行开发生产的软件产品，按17%税率征收增值税后，对其增值税实际税负超过3%的部分实行即征即退政策 （二）增值税一般纳税人将进口软件产品进行本地化改造后对外销售，其销售的软件产品可享受本条第一款规定的增值税即征即退政策 本地化改造是指对进口软件产品进行重新设计、改进、转换等，单纯对进口软件产品进行汉字化处理不包括在内 （三）纳税人受托开发软件产品，著作权属于受托方的征收增值税，著作权属于委托方或属于双方共同拥有的不征收增值税；对经过国家版权局注册登记，纳税人在销售时一并转让著作权、所有权的，不征收增值税
动漫产业（财税〔2013〕98号）	对属于增值税一般纳税人的动漫企业销售其自主开发生产的动漫软件，按17%的税率征收增值税后，对其增值税实际税负超过3%的部分，实行即征即退政策。动漫软件出口免征增值税 注册在河北、山西、内蒙古、辽宁（含大连）、吉林、黑龙江、江西、山东（含青岛）、河南、湖南、广西、海南、重庆、四川、贵州、云南、西藏、陕西、甘肃、青海、宁夏、新疆的动漫企业，为开发动漫产品提供的动漫脚本编撰、形象设计、背景设计、动画设计、分镜、动画制作、摄制、描线、上色、画面合成、配音、配乐、音效合成、剪辑、字幕制作、压缩转码（面向网络动漫、手机动漫格式适配）服务，以及在境内转让动漫版权（包括动漫品牌、形象或者内容的授权及再授权），减按3%税率征收营业税
动漫企业进口动漫开发生产用品免征进口税收（财关税〔2011〕27号）	动漫企业自主开发、生产动漫直接产品，确需进口的商品可享受免征进口关税及进口环节增值税的政策

优惠范围	具体优惠措施
资源综合利用产品及劳务增值税优惠（财税〔2011〕115 号、财税〔2013〕23 号）	一、对销售自产的以建（构）筑废物、煤矸石为原料生产的建筑砂石骨料免征增值税 二、对垃圾处理、污泥处理处置劳务免征增值税 三、对销售下列自产货物实行增值税即征即退 100% 的政策（具体货物略） 四、对销售下列自产货物实行增值税即征即退 80% 的政策（具体货物略） 五、对销售下列自产货物实行增值税即征即退 50% 的政策（具体货物略）
促进成果转化（财税字〔1999〕45 号）	一、科研机构的技术转让收入继续免征营业税，对高等学校的技术转让收入自 1999 年 5 月 1 日起免征营业税
技术转让、技术开发等（财税字〔1999〕273 号）	（一）对单位和个人（包括外商投资企业、外商投资设立的研究开发中心、外国企业和外籍个人）从事技术转让、技术开发业务和与之相关的技术咨询、技术服务业务取得的收入，免征营业税 技术转让是指转让者将其拥有的专利和非专利技术的所有权或使用权有偿转让他人的行为 技术开发是指开发者接受他人委托，就新技术、新产品、新工艺或者新材料及其系统进行研究开发的行为 技术咨询是指就特定技术项目提供可行性论证、技术预测、专题技术调查、分析评价报告等 与技术转让、技术开发相关的技术咨询、技术服务业务是指转让方（或受托方）根据技术转让或开发合同的规定，为帮助受让方（或委托方）掌握所转让（或委托开发）的技术，而提供的技术咨询、技术服务业务。且这部分技术咨询、服务的价款与技术转让（或开发）的价款是开在同一张发票上的
乘用车消费税（财税〔2008〕105 号）	为促进节能减排，进一步完善消费税税制，经国务院批准，现将乘用车消费税政策做如下调整： 一、气缸容量（排气量，下同）在 1.0 升以下（含 1.0 升）的乘用车，税率由 3% 下调至 1%
重大技术装备进口（财关税〔2013〕14 号）	一、自 2013 年 4 月 1 日起，对符合规定条件的国内企业为生产国家支持发展的直流场设备、高速铁路信号系统、生活垃圾精分选成套系统装备、举高消防车、染色机、新型农业机械、太阳能电池设备、集成电路关键设备、新型平板显示器件生产设备、锂离子动力电池设备、电子元器件生产设备等装备（文件附件 1）而确有必要进口部分关键零部件、原材料（文件附件 2），免征关税和进口环节增值税 自 2013 年 4 月 1 日起，取消液压支架等装备进口关键零部件及原材料免税政策；调整直流输变电设备、交流输变电设备等装备的技术规格要求（文件附件 1）；调整六氟化硫断路器、串联补偿装置、PTA 工艺空气压缩机组、大型空分设备、刮板输送机、刮板转载机、混凝土泵车、等离子刻蚀机等装备的进口零部件清单（文件附件 2）
科学研究和教学、科技开发用品免征进口（财政部海关总署国家税务总局令第 44 号、财政部海关总署国家税务总局令第 45 号、财政部海关总署国家税务总局令第 63 号）	科学研究机构和学校，以科学研究和教学为目的，在合理数量范围内进口国内不能生产或者性能不能满足需要的科学研究和教学用品，免征进口关税和进口环节增值税、消费税。 下列科学研究、技术开发机构，在 2010 年 12 月 31 日前，在合理数量范围内进口国内不能生产或者性能不能满足需要的科技开发用品，免征进口关税和进口环节增值税、消费税： （一）科技部会同财政部、海关总署和国家税务总局核定的科技体制改革过程中转制为企业和进入企业的主要从事科学研究和技术开发工作的机构 （二）国家发展和改革委员会会同财政部、海关总署和国家税务总局核定的国家工程研究中心

续表

优惠范围	具体优惠措施
科学研究和教学、科技开发用品免征进口（财政部海关总署国家税务总局令第44号、财政部海关总署国家税务总局令第45号、财政部海关总署国家税务总局令第63号）	（三）国家发展和改革委员会会同财政部、海关总署、国家税务总局和科技部核定的企业技术中心 （四）科技部会同财政部、海关总署和国家税务总局核定的国家重点实验室和国家工程技术研究中心 （五）财政部会同国务院有关部门核定的其他科学研究、技术开发机构 一、对《科技开发用品免征进口税收暂行规定》作如下修改： （一）将第二条中的"在2010年12月31日前"修改为"在2015年12月31日前" （二）将附件《免税进口科技开发用品清单》中的第二项修改为："（二）为科学研究、技术开发提供必要条件的科研实验用设备（用于中试和生产的设备除外）" 二、对《科学研究和教学用品免征进口税收规定》作如下修改： 将附件《免税进口科学研究和教学用品清单》中的第二项修改为："（二）为科学研究和教学提供必要条件的科研实验用设备（用于中试和生产的设备除外）" 本决定自2011年1月1日起施行
科技类民办非企业（财关税〔2012〕54号）	自2013年1月1日起，对符合条件的科技类民办非企业单位以科学研究为目的，在合理数量范围内进口国内不能生产或者性能不能满足需要的科研用品，免征进口关税和进口环节增值税、消费税
科普事业（财税〔2003〕55号、财关税〔2012〕4号）	二、对科技馆、自然博物馆、对公众开放的天文馆（站、台）和气象台（站）、地震台（站）、高校和科研机构对公众开放的科普基地的门票收入，以及县及县以上（包括县级市、区、旗等）党政部门和科协开展的科普活动的门票收入免征营业税 四、对企事业单位、社会团体按照《捐赠法》的规定，通过中国境内非营利的社会团体、国家机关向科技馆、自然博物馆、对公众开放的天文馆（站、台）和气象台（站）、地震台（站）、高等院校和科研机构对公众开放的科普基地的捐赠，符合《中华人民共和国企业所得税暂行条例实施细则》第十二条规定的，在年度应纳税所得额的10%以内的部分，准予扣除。 经国务院批准，自2012年1月1日至2015年12月31日，对公众开放的科技馆、自然博物馆、天文馆（站、台）和气象台（站）、地震台（站）、高校和科研机构对外开放的科普基地，从境外购买自用科普影视作品播映权而进口的拷贝、工作带，免征进口关税，不征进口环节增值税；对上述科普单位以其他形式进口的自用影视作品，免征关税和进口环节增值税。进口科普影视作品的商品名称及税号见附件
为生产高新技术产品所需设备（财税字〔1999〕273号）	（一）对企业（包括外商投资企业、外国企业）为生产《国家高新技术产品目录》的产品而进口所需的自用设备及按照合同随设备进口的技术及配套件、备件，除按照国发〔1997〕37号文件规定《国内投资项目不予免税的进口商品目录》所列商品外，免征关税和进口环节增值税 （二）对企业（包括外商投资企业、外国企业）引进属于《国家高新技术产品目录》所列的先进技术，按合同规定向境外支付的软件费，免征关税和进口环节增值税 软件费是指进口货物的纳税义务人为在境内制造、使用、出版、发生或者播映该项货物的技术和内容，向境外卖方支付的专利费、商标费以及专有技术、计算机软件和资料等费用 （三）对列入科技部、外经贸部《中国高新技术商品出口目录》的产品，凡出口退税率未达到征税率的，经国家税务总局核准，产品出口后，可按征税率及现行出口退税管理规定办理退税

续表

优惠范围	具体优惠措施
国家大学科技园（财税〔2013〕118号）	自2013年1月1日至2015年12月31日，对符合条件的科技园对其向孵化企业出租场地、房屋以及提供孵化服务的收入，免征营业税。营业税改征增值税（以下简称营改增）后的营业税优惠政策处理问题由营改增试点过渡政策另行规定
科技企业孵化器（财税〔2013〕117号）	自2013年1月1日至2015年12月31日，对符合条件的孵化器对其向孵化企业出租场地、房屋以及提供孵化服务的收入，免征营业税。营业税改征增值税（以下简称营改增）后的营业税优惠政策处理问题由营改增试点过渡政策另行规定

（三）财产和行为税

表4-3 财产和行为税优惠政策

优惠范围	具体优惠措施
国家大学科技园（财税〔2013〕118号）	自2013年1月1日至2015年12月31日，对符合条件的科技园自用以及无偿或通过出租等方式提供给孵化企业使用的房产、土地，免征房产税和城镇土地使用税
科技企业孵化器（财税〔2013〕117号）	自2013年1月1日至2015年12月31日，对符合条件的孵化器自用以及无偿或通过出租等方式提供给孵化企业使用的房产、土地，免征房产税和城镇土地使用税

从2008年至今，税收优惠主要涉及企业研发费加计扣除、高新技术企业税收优惠、企业研发仪器设备加速折旧、教育费用税前列支、进口科研设备免税、科技企业孵化器税收优惠、创业投资税收优惠、科技成果股权确认、引导民间资本进入科技创新领域等。

税收激励是通过税收杠杆鼓励和支持企业技术创新的重要政策工具。本节重点监测与调研关注两项政策的落实情况：①企业研发费加计扣除政策；②高新技术企业税收优惠政策①（详见表4-4）。

表4-4 部分税收优惠政策支持情况

政　策	优惠企业	减免税金
加计扣除	18000家	208.7亿元
高新技术企业认定	35000家	687.7亿元

各省市均有企业落实了企业研发费加计扣除政策，2010年度享受政策的企业数和加计抵扣的应纳所得税额有较大幅度增长。据统计，目前全国37个省市

---

① 本部分资料来源于科技部政策法规司。

均有企业落实了研发费加计扣除政策。据对这 37 个省市的数据分析，如表 4-4 所示，2010 年度[1] 全国已享受加计扣除政策的企业数达到 1.8 万家（30 个省市合计数），较 2009 年度增长 30.49%（各省增幅的平均值）；税前加计抵扣（50%口径）企业应纳税所得额 7646.37 亿元（26 个省市合计数），较 2009 年度增长 47.47%（各省增幅的平均值），减免企业所得税约为 208.68 亿元（30 个省市合计数），平均每个省市减免税额 6.96 亿元。经济发达地区的政策落实情况较好，排前五位省市少缴税额占总量的 61%。据分析，享受政策企业数超过 1000 家的省市有 4 个，均分布在经济发达地区。其中，江苏省享受企业数最多，为 3633 家，占全国总数的 1/5；其他三地的情况分别为：浙江省 3291 家，上海市 2813 家，广东省 1256 家。从少缴税额数据看，排在前五位的依次为上海市 42.87 亿元、江苏省 30.5 亿元、深圳市 20.59 亿元、浙江省 18.51 亿元、广东省 15.01 亿元，五省市合计为 127.48 亿元，占全国总数的 61.09%。中西部地区中，政策落实总体情况相对较好的有四川、湖南和陕西等省市。这三省享受加计扣除政策的企业数分别为 451 家、416 家和 380 家，少缴税额分别为 8.04 亿元、5.68 亿元和 3.26 亿元。

高新技术企业认定总数及所得税减免额创新高，政策对推动区域经济转型升级起到了重要作用。截至 2010 年底，科技部门会同财政、税务部门按照新的标准和办法，共认定了约 3.5 万家[2]高新技术企业。2010 年度，全国高企因享受 15%税率优惠而减免的企业所得税为 687.71 亿元。根据对 37 个省市数据分析，2010 年度享受 15%税率优惠的高企数较上年增长了 43.8%（26 个省市增幅的平均值）；享受税率优惠的高企数超过 1000 家的有 6 个省市，依次为广东省 4321 家、北京市 2939 家、上海市 2743 家、浙江省 2364 家、江苏省 2278 家、福建省 1125 家，合计 15770 家，占全国高企总数一半以上；减免企业所得税额超过 10 亿元的有 15 个省市，其中江苏、广东、上海减免税额最多，依次为 101 亿元、95.06 亿元和 75.5 亿元。

---

[1] 在 2011 年兑现，由各地税务部门对本地区上一年度企业所得税汇算清缴后得出。
[2] 数据来源：《2010 火炬工作年度报告》，2011 年 9 月。

第五章

科技税收政策分析

　　科技型中小企业在一国技术进步和经济发展中起着非常重要的作用，对科技型中小企业给予税收优惠非常必要。本章第一节归纳了科技型中小企业可享受的税收优惠政策和存在的主要问题，提出制订《促进科技型中小企业发展的税收条例》，改变税收优惠环节、方式和机制，对个人取得技术创新相关的收入免征个人所得税，将转让无形资产纳入增值税课税范围等建议，促进科技型中小企业发展。

　　第二节剖析了我国风险投资业发展的总体趋势，总结了支持风险投资发展的税收政策现状，指出了其存在的深层次矛盾：对风险投资持有时间的税收激励不利于长期投资，税收优惠对风险投资的前端投资引导激励不足，风投机构税负不均衡，合伙制风投发展缓慢，对个人投资者的税收激励不够。

　　中关村示范区是深化改革先行区、开放创新引领区和创新创业集聚地，各项试点政策在建设创新型国家中发挥了重要作用，尤其税收试点政策这一间接手段极大地促进了科技园区发展。第三节指出了税收试点政策在实施过程中存在的障碍，并提出了相关政策建议。

　　2013 年 9 月，《关于中关村国家自主创新示范区有限合伙制创业投资企业法人合伙人企业所得税试点政策的通知》（财税〔2013〕71 号）等"新四条"政策发布，这是继"1+6"系列先行先试政策之后，中关村在创新创业政策领域的新突破。第四节初步评价了中关村示范区"新四条"试点政策，着重研究政策着力点、实施效果、存在问题等，围绕深化税收制度改革、为创新营造新的发展环境提出建议。

第一节　论促进科技型中小企业发展的税收政策

改革开放 30 多年来，我国的中小企业得到了迅速的发展，占企业总数 99% 的中小企业对国家 GDP 贡献超过 60%，税收超过 50%，提供了 70% 的进出口贸易和 80% 的城镇就业岗位。中小企业也是自主创新的重要力量，66% 的专利发明、82% 的新产品开发都来自于中小企业，中小企业已经成为繁荣经济、扩大就业、调整结构、推动创新和形成新产业的重要力量[①]。近年来，我国通过创新财政投入方式，综合运用政府资助、税收优惠、资本市场、创业投资、科技债券等方式加强了对科技型中小企业支持。《国民经济和社会发展第十二个五年规划纲要》中明确指出，落实和完善税收等优惠政策，减轻中小企业社会负担，激发中小企业创新活力，将利用税收手段支持科技型中小企业发展提高到国家战略层面。

一、税收政策介入科技型中小企业发展的必要性

科技型中小企业已成为我国经济领域最活跃的市场主体，是我国经济持续增长和技术创新的重要力量。目前，据不完全统计[②]，我国的科技型中小企业数量为 16 万家左右，但与发达国家相比，所占比例还是偏低，美国的科技型中小企业占中小企业的 10%，以色列的科技型中小企业占中小企业的 17%。[③] 相对于其他类型企业的自主创新，科技型中小企业有其自身的优势：创新风险相对较低，容易填补市场空隙，创新阻力较小。同时，科技型中小企业的创新活动也具有不确

① 万钢. 积极帮助科技型中小企业走出金融危机 [N]. 学习时报，2010-09-03.
② 我国没有专门对于科技型中小企业的统计口径和统计数据。
③ 科技部国际合作司. 驻外科技调研报告汇编 [M]. 2009.

定性、溢出效应和外部性特征，这就决定了它作为社会经济细胞中的一个脆弱群体，其技术创新必将面临许多依靠自身力量所无法解决的困难，而需要政府从宏观上提供政策环境支持。在一系列制度中，税收政策在增加科技型中小企业的创新投资收益、降低创新投资成本和减少经营风险等方面有着不可替代的作用。

对科技型中小企业给予税收上的减免优惠是各国政府扶持和保护其发展，促进科技创新和技术进步的通常做法，我国也不例外。自 1985 年《中共中央关于科学技术体制改革的决定》（中发〔1985〕6 号）实施以来，党中央、国务院出台了一系列旨在推动技术进步和发展高新技术产业的政策，如《关于促进科技成果转化的若干规定》（国办发〔1999〕29 号）、《中华人民共和国中小企业促进法》等，在制度设计上为财税政策提供了思路和方向。财政部、国家税务总局等相关部门也在税收政策上出台了相关配套措施，如《财政部税务总局关于贯彻落实〈中共中央、国务院关于加强技术创新、发展高科技，实现产业化的决定〉有关税收问题的通知》（财税字〔1999〕273 号），《财政部、国家税务总局关于企业所得税若干优惠政策的通知》（财税〔2008〕1 号）等，这一系列政策的出台对促进科技型中小企业的发展起到了十分积极的作用。

二、促进科技型中小企业发展的主要税收优惠

（一）所得税优惠政策

1. 企业所得税

（1）针对高新技术企业的税收优惠。国家需要重点扶持的高新技术企业，减按 15%的税率征收企业所得税；对经济特区和上海浦东新区内在 2008 年 1 月 1 日（含）之后完成登记注册的国家需要重点扶持的高新技术企业，在经济特区和上海浦东新区内取得的所得，自取得第一笔生产经营收入所属纳税年度起，第一年至第二年免征企业所得税，第三年至第五年按照 25%的法定税率减半征收企业所得税。

（2）针对软件及集成电路企业的税收优惠。①软件生产企业实行增值税即征即退政策所退还的税款，由企业用于研究开发软件产品和扩大再生产，不作为企业所得税应税收入，不予征收企业所得税。②我国境内新办软件生产企业、集成电路设计企业、生产线宽小于 0.8 微米（含）集成电路产品的生产企业经认定后，自获利年度起，第一年和第二年免征企业所得税，第三年至第五年减半征收

企业所得税。③国家规划布局内的重点软件生产企业，如当年未享受免税优惠的，减按 10% 的税率征收企业所得税。④软件生产企业的职工培训费用，可按实际发生额在计算应纳税所得额时扣除。⑤投资额超过 80 亿元人民币或集成电路线宽小于 0.25 微米的集成电路生产企业，可以减按 15% 的税率缴纳企业所得税，其中经营期在 15 年以上的，从开始获利的年度起，第一年至第五年免征企业所得税，第六年至第十年减半征收企业所得税。

（3）针对技术先进型服务企业的税收优惠。自 2010 年 7 月 1 日起至 2013 年 12 月 31 日止，在北京、天津、上海、重庆、大连、深圳、广州、武汉、哈尔滨、成都、南京、西安、济南、杭州、合肥、南昌、长沙、大庆、苏州、无锡、厦门等 21 个中国服务外包示范城市实行以下企业所得税优惠政策：①对经认定的技术先进型服务企业，减按 15% 的税率征收企业所得税。②经认定的技术先进型服务企业发生的职工教育经费支出，不超过工资薪金总额 8% 的部分，准予在计算应纳税所得额时扣除；超过部分，准予在以后纳税年度结转扣除。①

（4）创业投资企业税收优惠。创业投资企业采取股权投资方式投资于未上市的中小高新技术企业 2 年（24 个月）以上，凡符合以下条件的，可以按照其对中小高新技术企业投资额的 70%，在股权持有满 2 年的当年抵扣该创业投资企业的应纳税所得额；当年不足抵扣的，可以在以后纳税年度结转抵扣。①经营范围符合《创业投资企业管理暂行办法》（国家发展和改革委员会等 10 部委令〔2005〕39 号，以下简称《暂行办法》）规定，且工商登记为"创业投资有限责任公司"、"创业投资股份有限公司"等专业性法人创业投资企业。②按照《暂行办法》规定的条件和程序完成备案，经备案管理部门年度检查核实，投资运作符合《暂行办法》的有关规定。③创业投资企业投资的中小高新技术企业，除应按照科技部、财政部、国家税务总局《关于印发〈高新技术企业认定管理办法〉的通知》（国科发火〔2008〕172 号）和《关于印发〈高新技术企业认定管理工作指引〉的通知》（国科发火〔2008〕362 号）的规定，通过高新技术企业认定以外，还应符合职工人数不超过 500 人，年销售（营业）额不超过 2 亿元，资产总额不超过 2 亿元的条件。

---

① 财政部　国家税务总局　商务部　科技部　国家发展改革委《关于技术先进型服务企业有关企业所得税政策问题的通知》（财税〔2010〕65 号）。

（5）研发费用加计扣除。企业为开发新技术、新产品、新工艺发生的研究开发费用，未形成无形资产计入当期损益的，在按照规定据实扣除的基础上，按照研究开发费用的50%加计扣除；形成无形资产的，按照无形资产成本的150%摊销。

（6）固定资产加速折旧。①企业的固定资产由于技术进步等原因，确需加速折旧的，可以缩短折旧年限或者采取加速折旧的方法。可以采取缩短折旧年限或者采取加速折旧的方法的固定资产，包括：由于技术进步，产品更新换代较快的固定资产；常年处于强震动、高腐蚀状态的固定资产。采取缩短折旧年限方法的，最低折旧年限不得低于《中华人民共和国企业所得税法实施条例》第六十条规定折旧年限的60%；采取加速折旧方法的，可以采取双倍余额递减法或者年数总和法。②企业在2006年1月1日以后新购进的用于研究开发的仪器和设备，单位价值在30万元以下的，可一次或分次计入成本费用；企业用于研究开发的仪器和设备，单位价值在30万元以上的，允许其采取双倍余额递减法或年数总和法实行加速折旧。

2. 个人所得税

省级人民政府、国务院部委和中国人民解放军军以上单位，以及外国组织、国际组织颁发的科学、教育、技术、文化、卫生、体育、环境保护等方面的奖金，免纳个人所得税。

（二）流转税优惠政策

1. 增值税

（1）直接用于科学研究、科学试验和教学的进口仪器、设备，免征增值税。

（2）增值税一般纳税人随同计算机网络、计算机硬件和机器设备等一并销售其自行开发生产的嵌入式软件，如果能够分别核算嵌入式软件与计算机硬件、机器设备等的销售额，可以享受软件产品增值税优惠政策。凡不能分别核算销售额的，不予退税。

2. 营业税

（1）示范城市离岸服务外包业务。自2010年7月1日起至2013年12月31日，对注册在北京、天津、大连、哈尔滨、大庆、上海、南京、苏州、无锡、杭州、合肥、南昌、厦门、济南、武汉、长沙、广州、深圳、重庆、成都、西安等21个中国服务外包示范城市的企业从事离岸服务外包业务取得的收入免征营业税。从事离岸服务外包业务取得的收入，是指上述企业根据境外单位与其签订的委托合同，由本企业或其直接转包的企业为境外提供本通知附件规定的信息技术外包服务（ITO）、技术性业务流程外包服务（BPO）或技术性知识流程外包服务（KPO），从上述境外单位取得的收入[①]。

（2）"四技"收入。对单位和个人（包括外商投资企业、外商投资设立的研究开发中心、外国企业和外籍个人）从事技术转让、技术开发业务和与之相关的技术咨询、技术服务业务取得的收入，免征营业税。此项政策实施效果较好，以在创业板上市的神州泰岳为例，其2009年1~6月免征营业税金额1193.41万元，占当期利润总额的比例8.89%[②]，税收优惠有力促进了企业的快速发展，大大加快了其上市步伐。

3. 进出口环节

中小企业投资建设属于国家鼓励发展的内外资项目，其投资总额内进口的自用设备，以及随设备进口的技术和配套件、备件，免征关税和进口环节增值税。

三、科技型中小企业现行税收政策存在问题及完善建议

（一）有关税收政策存在的主要问题

（1）现行税收优惠并未惠及所有科技型中小企业。首先，从企业所得税角度，目前部分科技型中小企业，尤其是初创期科技型中小企业，难以满足被认定为高新技术企业的条件和要求，从而无法享受到相关的税收优惠待遇[③]。对研发费用加计扣除的研发活动仅限于《国家重点支持的高新技术领域》和《当前优先发展的高技术产业化重点领域指南（2007年度)》所规定的项目，该规定为科技型中小企业研发费用加计扣除的适用设定了较高门槛，范围有限。其次，从增值税优惠来看，只有软件和集成电路行业享受增值税优惠，而其他高科技行业（例如国家重点支持的高新技术领域，包括电子信息技术、生物与新医药技术、航空

---

① 财政部　国家税务总局　商务部《关于示范城市离岸服务外包业务免征营业税的通知》（财税〔2010〕64号）。

② 根据北京神州泰岳软件股份有限公司《首次公开发行股票并在创业板上市招股说明书》内相关数据计算而得。2006年度、2007年度、2008年度、2009年1~6月，该公司及子公司增值税退税、免征营业税和政府补助收入占利润总额的比例分别为38.85%、25.41%、16.28%、14.42%。

③ 目前，《关于完善中关村国家自主创新示范区高新技术企业认定管理试点工作的通知》（国科发火〔2011〕90号）加大了对初创期科技型企业的支持力度，但是仅限于中关村国家自主创新示范区内的企业，且不享受税收优惠。

航天技术、新材料技术、高技术服务业、新能源及节能技术、资源与环境技术、高新技术改造传统产业）享受不到该优惠。总体上看，不能很好地实现税收优惠支持整个高新技术产业发展的初衷。例如，某专门从事 LED 照明的科技型中小企业，其属于国家鼓励发展的战略性新兴产业范畴，但缺乏相应的支持政策，如税收优惠能够给予倾斜，则可以节约企业运营成本，加快其发展。

（2）税收优惠环节、方式与机制有待优化。在优惠环节上，现行的优惠政策偏重于技术成果的使用和新产品的生产，对风险程度较高的技术研究开发本身则未予足够重视。大部分科技型中小企业在创业初期基本上都没有利润，享受不到企业所得税减免优惠，待几年实现了经济效益，可能过了税收优惠期。对企业提取风险准备金、技术开发准备金和新产品试制准备金等的税前扣除方面没有专门的税收优惠规定，抑制了企业进行研发投入的积极性。同时缺乏对初创期企业融资的税收优惠。初创企业因盈利前景不明朗，风险大，融资非常困难，因此有必要利用特殊的税收优惠吸引天使投资和风险投资以促进创新创业。在优惠方式上，主要是减免税、低税率等直接优惠，这种优惠主要针对科研开发活动全过程后一段的扶持，即属于后补助，对事前的科研开发活动本身或科研开发活动过程在税收上的支持力度不够。此外，现行优惠政策缺乏绩效考核和评价机制，忽视对减免税运用效果的检验与反馈，没有形成税收优惠的可持续性机制。例如，澳大利亚工党政府对国家创新体系开展系统评估，包括专门针对 R&D 经费减税政策的评估，分析了减税政策存在的问题。澳大利亚政府在下一年财政预算中给予积极回应，规定年营业额小于 2000 万澳元（原政策规定为年营业额小于 500 万澳元）的公司在申报税收时，可享受 R&D 经费 45% 的返还税收信用。即如果企业亏损，其 R&D 经费的退税额度可以现金形式返还，同时不设定可享受 R&D 经费减税的上限（原政策设定的上限是 100 万澳元）[①]。

（3）个人所得税优惠范围偏窄。人才是科技型中小企业创新的决定性因素，个人所得税法仅有对省级人民政府、国务院部委和中国人民解放军以上单位及外国组织颁发的科学奖金免征个人所得税，而对省级以下政府及企业颁发的重大成就奖、科技进步奖仍征收个人所得税，不利于激发科技型中小企业的科技人才技术创新，而且还导致一些研究人员把注意力局限在政府性项目和科研活动中，不

---

① 驻澳大利亚使馆. 利用税收优惠政策，激励企业研发投入［R］. 2009.

利于营造产学研结合的技术创新体系。其次，现行政策中科研机构、高等学校转化职务科技成果以股份或出资比例等股权形式给予个人奖励，获奖人在取得股份、出资比例时，暂不缴纳个人所得税；取得按股份、出资比例分红或转让股权、出资比例所得时，应依法缴纳个人所得税，削弱了科技人员的创新意愿，也打击了对科技成果进行转化的热情。

（4）增值税制约科技型中小企业技术创新。我国增值税虽然已经由生产型变为消费型增值税，但是大部分科技型中小企业主要靠智力劳动，比一般企业的资本有机构成高，其无形资产和开发过程中的智力投入占企业产品成本的绝大部分，产品的原材料、动力成本等所占的比例低，加之增值税实行凭发票抵扣制度，能抵扣的当期进项税额十分有限，同时引进和购买专有或者专利技术的支出也不能享受增值税抵扣，其结果造成增值税税负较重，影响科技型企业研究开发的积极性。

（二）政策建议

（1）制定《促进科技型中小企业发展的税收条例》。应该按照《中华人民共和国中小企业促进法》和《国家中长期科学和技术发展纲要（2006~2020年)》的相关要求，规范税收促进科技型中小企业发展的行为，建议研究制订我国《促进科技型中小企业发展的税收条例》，将现行税法中涉及的优惠条款及亟待完善的相关政策和支持措施在条例中进行明确，以条例形式发布，统筹协调，发挥政策协同效应，为促进科技型企业成长构建良好的制度安排。

（2）改变税收优惠环节、方式和机制。首先在税收优惠环节上，加大对事前的科研开发活动本身或事中的科研开发活动的优惠。其次在税收优惠方式上，建议采取国外普遍采用的投资税收抵免、费用扣除、特定准备金的提取等间接优惠，准许科技型中小企业按照收入的一定比例设立风险准备金、技术开发准备金、新产品试制准备金以及亏损准备金等，用于研发和技术更新，允许准备金在所得税前扣除。对于初创期的中小企业，采取投资税收抵免等激励措施降低风险投资的成本，鼓励天使投资和风险投资介入。在税收优惠机制上，推行税式支出管理，建立税收优惠政策的评价机制，提高税收政策的实际效率。可以对税式支出的成本（即因税收优惠而造成的税收收入损失）进行估计，然后按科技税式支出统一账目进行严格规范的税式支出预算，并对受惠对象的成果进行鉴定，对其经济与社会效益进行预测和考核，然后提出评估分析报告，作为决策部门适时调整税收政策的参考和依据。

（3）对个人取得技术创新相关的收入免征个人所得税。自主创新的根本在于人才，建议对符合条件的科技人员因在研究开发中做出突出贡献而获得企业发放的科研奖金和科技发明的提成收入免征个人所得税，以鼓励各类科技人才开展科研创新的创造性；对知识产权转让收入或特许权使用费收入享受与稿酬同等税收待遇或更优惠待遇；对研究开发人员以技术入股取得的股权收益包括红利和转让收入及股票期权转让收入免征个人所得税，提高科技人员科技成果转化的积极性。

（4）将转让无形资产纳入增值税课税范围。充分考虑科技型中小企业研发投入大而原材料消耗少的行业特点，允许增值税抵扣外购的专利权和非专利技术等无形资产，以减轻企业税收负担，促进企业加大研发投入，在此建议将转让无形资产纳入增值税的课征范围。将无形资产纳入增值税征收范围后，对转让无形资产的课征设定合理征收率计算其应纳税额，而在转让时按基本税率开具增值税专用发票。这样处理的原因在于无形资产的开发所耗用的原辅材料很少，资产的增值率较高，如果按基本税率征收，税负太重，不利于无形资产的开发；如果按实际征收额抵扣，可能会弱化企业购买无形资产的积极性。这样虽然形成征收、抵扣倒挂，减少了财政收入，但对于促进科技型中小企业发展而言是值得的。以某科技型中小企业为例，其外购某无形资产支出 X，取得转让某无形资产收入 Y。按现行规定，企业承担成本（X＋Y×5%）。如果按笔者的设想，缴纳（Y×征收率－X×17%）增值税，企业承担成本为（X×83%＋Y×征收率），企业减少成本 X×17%＋Y×（5%－征收率）。需要说明的是，无形资产不是普通的商品，它的形成需要一定的条件，如专利就要求国家专利局办理的专利证书。因此，纳税人想利用无形资产虚开增值税专用发票，实现偷逃税的可能性也很小。

（5）加强对科技型中小企业的纳税辅导，完善相关配套政策。优化税收管理服务体系，对科技型中小企业免费办理税务登记、进行纳税培训、提供税务咨询服务等；积极推行税务代理制度，尽量减少纳税人因不了解政策而造成的纳税申报失误，降低科技型中小企业涉税成本。另外，为了促进科技型中小企业健康发展，财政政策、税收政策、投资融资政策等应当互相配套，形成合力。

第二节 我国风险投资税收政策体系研究

国内外经验证明，风险投资① 是促进高新技术产业发展、培育中小企业成长的有力工具。各国（地区）政府都重视从实际情况出发，制定引导风险投资的政策，尤其是利用税收政策工具，促进风险投资发展，发展高技术。研究促进风险投资发展的税收政策，也是贯彻落实《国民经济和社会发展"十二五"发展规划纲要》和《"十二五"时期税收发展规划纲要》的重要举措，为转变经济发展方式和建设创新型国家提供重要支撑。

一、税收政策是引导和扶持风险投资发展的重要制度

（一）税收政策是影响风险投资的重要变量

从风险投资发展的历史来看，税收政策严重影响着风险投资的发展。以美国为例，1969 年资本利得税的提高是美国风险投资业在整个 20 世纪 70 年代陷入低迷的重要因素。1978 年和 1981 年两次减免资本利得税后，风险投资规模都有大幅度上升。尽管 1986 年资本利得税重新提高后，风险投资在 1987 年承付资本的规模不减反增，但如果从这期间美国风险投资的增速来看，它不但低于 20 世纪 80 年代前期美国风险投资的增速，也低于同期世界上其他国家风险投资的增速。因此，1986 年资本利得税的提高对风险投资仍产生了消极影响。同时，美国对公司型企业实行双重征税，而合伙企业不仅企业本身免税，且收益分配到合伙人后缴税利率也较低，因此激励了美国创投业界倾向于按有限合伙设立创投基金。英国从 20 世纪 80 年代起，就为推进风险投资业实行了以税收减让为核心的《企业扩大计划》，对新创办的高技术小企业，免征资本税，公司税税率从 1983 财政年度起，由 38%降至 30%，印花税税率由 2%降为 1%，起征点由 2.5 万英镑提高到 3 万英镑，并取消投资收入附加税，这一计划大大促进了风险投资在英国

---

① 风险投资，又称创业投资，按照美国风险投资协会定义，指由专业机构提供的投资于极具增长潜力的创业企业并参与其管理的权益性投资。本文对创业投资和风险投资不加区分，视为同一概念。

蓬勃发展。

就我国而言，税收激励与政府资助是我国政府介入风险投资最为常用的政策工具。税收激励与政府资助对风险投资机构的投资行为都有激励作用，2010年风险投资调查显示，28.90%的创业风险投资机构享受到政府资金的支持，28.60%享受到所得税减免政策优惠，25.10%在信息交流方面得到了政府支持，9.5%在人员培训方面获得了政府帮助（见图5-1），可见税收政策对促进我国风险投资业的发展起着重要的促进作用。

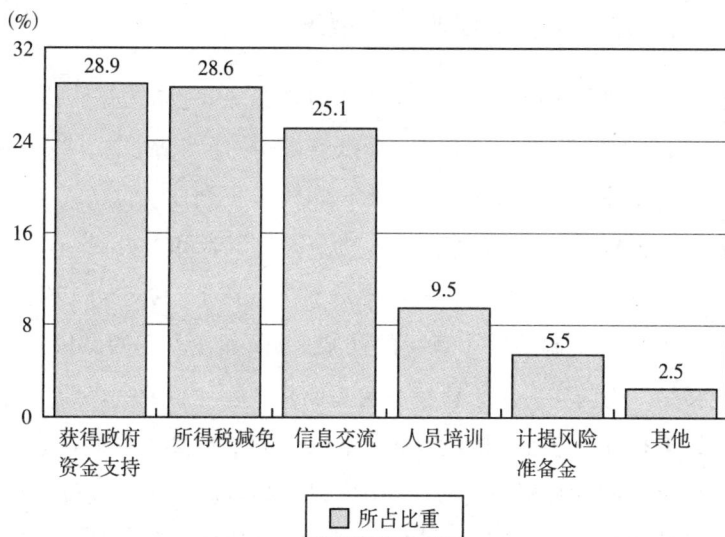

图5-1 创业风险投资机构可以享受到的政府扶持政策

（二）我国风险投资业发展的总体趋势与宏观税负

作为新兴经济体中表现较为突出的国家，2010年我国GDP持续保持了10.3%的高速增长。由于经济的快速增长，以创业板为代表的资本市场价格高涨，资本流动性更加充裕，同时，政府加大了经济结构调整力度与对资本流向的引导。在此背景下，我国创业风险投资业发展迅猛，无论是风险投资机构数量，还是管理资本总量，均出现了大幅提升，达到历史最高水平。2010年，风险投资机构数达到720家，较2009年增加144家，增幅25%；风险投资管理资金总量达到2406.6亿元，增幅达49.9%，其中，来自于当年新募基金的资本量为281亿元，通过增资扩股、单笔资金委托管理等方式增加的管理资本占新增资本的

69.4%，平均基金规模达到 3.3 亿元，较上年增加 20.1%[①]。

2010 年中国创业风险投资调查[②]结果显示，72.8%的创业风险投资机构税收负担在 20%以下，23.0%的风投机构税收负担在 20%~30%，4.2%的风投机构承担着 30%以上的高税收负担，与上年相比，我国风险投资行业整体税收负担有所增加，但高税收负担风投机构占比下降，绝大部分风投机构税收占比分布于 30%以下，税收环境较为宽松，但仍有一些地区税收优惠政策并未有效落实，影响风投行业发展。

二、我国风险投资相关税收政策概况

风险投资行业的发展中最重要的组成部分就是风险投资机构（包括风险投资管理机构[③]）和个人投资者。在我国风险投资机构的组织形式主要有两种：一种是公司制的风险投资企业；另一种是合伙制风险投资企业（合伙人包括法人合伙人和自然人合伙人）。风险投资机构是连接个人投资者和被投资企业（也称为创业企业）之间的桥梁，通常被称为风险投资基金。《国务院办公厅转发科技部等部门关于建立风险投资机制的若干意见的通知》（国办发〔1999〕105 号）中对风险投资的定义是"指向主要属于科技型的高成长性创业企业提供股权资本，并为其提供经营管理和咨询服务，以期在被投资企业发展成熟后，通过股权转让获取中长期资本增值收益的投资行为。"从中可以明显看出，风险投资的收益主要包括两部分：转让收益（资本利得）和持有收益（股息红利），其涉及的税种主要是所得税。根据风险投资机构的性质和投资于风险投资机构的主体不同，税收政策主要包含在以下几个方面。如表 5-1 所示。

1. 风险投资机构自身的税收政策

风险投资机构自身的税收政策主要分为两类。一类是公司制的风险投资企业，其是法人企业，是独立的纳税主体，按照《企业所得税法》及其实施条例规定，资本利得并入企业所得，按企业适用税率纳税，其投资于创业企业获得的股

---

① 王元，张晓原，赵明鹏. 中国创业风险投资发展报告 [M]. 北京：经济管理出版社，2011.

② 2011 年 2~5 月，科技部、商务部、国家开发银行联合开展了第 9 次"全国创业风险投资调查"，相关数据纳入国家统计局专项统计。

③ 风险投资管理机构是指由职业投资管理人组建的为投资者提供投资管理服务的公司制企业或有限合伙制企业，在风险投资业界，许多风险投资机构委托投资管理机构进行管理。

表 5-1 风险投资收入适用税率归纳

	资本利得		股息红利	
	来源于公司制风险投资机构	来源于合伙制风险投资机构	来源于公司制风险投资机构	来源于合伙制风险投资机构
公司制风险投资机构	按企业适用税率		免税	按企业适用税率
合伙制风险投资机构	不作为独立的纳税主体纳税。合伙人为自然人的，缴纳个人所得税。合伙人为法人或其他组织的，缴纳企业所得税。			
个人投资者	20%	20%	20%	5%~35%
法人投资者	按企业适用税率	按企业适用税率	免税	按企业适用税率

息红利免税[①]。在税收优惠方面，根据财政部和国家税务总局《关于促进创业投资企业有关税收政策的通知》(财税〔2007〕31号)，创业投资企业采取股权投资方式投资于未上市中小高新技术企业两年以上（含两年），符合条件者，可按其对中小高新技术企业投资额的70%抵扣该创业投资企业的应纳税所得额。为了落实风险投资的税收优惠政策，2009年国家税务总局颁布了《关于实施创业投资企业所得税优惠问题的通知》(国税发〔2009〕87号)，重新明确了相关条件和程序。

另一类是有限合伙制的风险投资企业，其不作为独立的纳税主体纳税，但根据《财政部 国家税务总局关于合伙企业合伙人所得税问题的通知》(财税〔2008〕159号)和《财政部 国家税务总局关于印发〈关于个人独资企业和合伙企业投资者征收个人所得税的规定〉的通知》(财税〔2000〕91号)的相关规定，合伙企业合伙人是自然人的，缴纳个人所得税；合伙人是法人和其他组织的，缴纳企业所得税，合伙企业生产经营所得和其他所得采取"先分后税"的原则。

2. 个人投资者的税收政策

个人投资者根据其投资的对象不同又分为两种情形。一是如果其投资于公司制的风险投资企业，按照《个人所得税法》相关规定，资本利得和股息红利均适用20%的个人所得税；二是如果其投资于有限合伙制的风险投资企业，生产经营所得均先分后税，适用5%~35%超额累进的个体工商户所得税（年应纳税所得额10万元以上部分适用35%的税率），资本利得依然按20%的税率征收个人所得税。

---

①《企业所得税法》第二十六条第二款：符合条件的居民企业之间的股息、红利等权益性投资收益为免税收入。《企业所得税法实施条例》第八十三条：企业所得税法第二十六条第（二）项所称符合条件的居民企业之间的股息、红利等权益性投资收益，是指居民企业直接投资于其他居民企业取得的投资收益。

3. 法人投资者的税收政策

企业法人作为投资者，如果投资于公司制的风险投资企业，居民企业之间的股息红利免税，资本利得并入企业所得，按企业适用税率纳税。如果投资于有限合伙制的风险投资企业，所有所得先分后税，企业法人获得的股息红利所得和资本利得均并入企业所得，按企业适用税率纳税。

三、风险投资税收政策存在的深层次矛盾

（一）对风险投资持有时间的税收激励不利于长期投资

实践表明，持股时间对实际投资行为具有负面效应，从一定程度反映了当前风险投资的行为偏短，大多数风险投资投资于 Pre-IPO 项目，是"保险投资"。从税收政策分析，现行规定虽然要求用于申报应纳税所得抵扣额度的"对中小高新技术企业投资额"的投资期限为 2 年以上（含 2 年），但由于抵扣额度并不与投资期限直接挂钩，因而不利于激励对企业进行长期投资的积极性。为了在存续期内能够进行多轮投资，以便多次申报所得税抵扣额度，风险投资企业将尽可能选择满 2 年就可退出的投资项目。对投资周期往往要 5 年及以上的处于创业早期特别是种子期企业，风险投资机构的积极性就可能不高[①]。

（二）税收优惠对风险投资的前端投资引导激励不足

目前，有关投资未上市的中小高新技术企业的投资抵扣税收优惠是用于引导风投前端投资的主要税收政策，但激励范围和作用有限。以 2010 年为例，风险投资对种子期和起步期的投资金额仅占 27.6%，尤其是对种子期阶段的投资出现较大下滑，投资金额降低至 10.2%（详见表 5-2）。

表 5-2　中国创业风险投资项目所处阶段的总体分布

单位：%

成长阶段 \ 年份	2004	2005	2006	2007	2008	2009	2010
种子期	4.50	5.20	30.20	12.70	9.40	19.90	10.2
起步期	12.30	20.00	11.50	8.90	19.00	12.80	17.4
成长（扩张）期	44.80	46.80	39.40	38.20	38.50	45.00	49.2
成熟（过渡）期	38.40	26.30	14.60	35.20	26.50	18.50	20.2
重建期	0.00	1.70	4.30	5.00	6.60	3.70	3.00

---

① 刘健钧. 促进创业投资企业发展税收政策评述 [J]. 财务与会计，2007（6）：16.

这主要是因为：一方面受惠的风投企业仅包括按照发改委、科技部、财政部等10部委令《创业投资企业管理暂行办法》备案了的创投公司，大量的有限合伙创投和未备案的创投公司都不在受惠范围之列，降低了优惠政策的激励范围。另一方面，受惠的投资对象仅包括通过高新技术企业新认定办法的中小高新技术企业。虽然有利于对中小高新技术企业的集中支持，但由于新认定办法在国家重点支持的高新技术领域以及研发和成长性等指标方面有明确的定位，并且国家重点领域可能滞后于市场的变化，因此中小高新技术企业仅是大量中小创新型企业的一小部分。

（三）风投机构税负不均衡，合伙制风投发展缓慢

根据上文分析，风投机构税收宏观税负在20%左右，其中最重要的原因是按有限合伙注册的风投机构占全国风投机构数量仅为1/10左右，因为有限合伙风投机构的所得税税负一般高达35%，而考虑到税收优惠的影响，公司制风投机构所得税税负低于25%。国际经验也表明，有限合伙企业作为"收入通道"的非纳税主体，具有税收优势。但是目前所得税制度的局限，特别是有限合伙人应税所得未分类征收。此外，法人有限合伙人股息收入存在重复征税且无任何投资税收优惠，同时有限合伙风投不能享受。当风投公司享受投资于中小高新技术企业70%投资额抵扣的优惠政策，使得合伙人税负相对较重，制约了有限合伙风投的快速发展[①]。

（四）对个人投资者的税收激励不够

现行政策规定，个人投资者从非上市公司取得的股息收入和转让非上市公司股票的收益都按次适用20%税率，从上市公司或证券投资基金取得的股息收入则减按50%征入应税收入并适用20%税率，转让上市公司股票或证券投资基金的所得收入免税。而相比较而言，自然人有限合伙人从合伙企业分得的收入无差别地统一归为"个人生产经营所得"，每一纳税年度按照5%~35%的超额累进税率缴纳个人所得税，而自然人有限合伙人10万元年净收入较易实现，因此其股权投资收益一般适用35%这一最高档税率，很明显地个人投资者的税负较高，税收激励程度不够。同时，各地个人投资者的实际税负也存在着较大差异，地方对个人所得税存在各种类似"先征后返"现象，这势必将造成严重的税负不公，影响税

---

① 薛薇.完善我国创业风险投资所得税制度的建议［R］.调研报告，2009（100）：3.

收激励效应的正常发挥。

四、相关政策建议

一是缩小风险投资机构不同组织形式的税收政策差距。首先，给予有限合伙制风险投资机构与公司制风险投资机构相同的投资抵扣税收优惠。无论备案与否，都允许有限合伙风投和未备案风投可以享受对未上市中小高新技术企业投资的70%投资抵扣税收优惠。其次，建议免征公司制风险投资机构的企业所得税，而只对其投资者征收所得税，这样就能与合伙制风险投资机构一样避免重复征税问题①。

二是研究制定鼓励前端投资和长期投资的普惠性优惠政策。目前政策局限于对未上市中小高新技术企业的投资，而缺乏实现对所有前端投资的普惠性优惠，建议对投资于"未上市科技型中小企业"2年以上的长期股权投资都给予优惠，这也是国际惯例②。同时为了鼓励风险投资的长期投资行为，建议根据投资年限的不同，设定递减形式的税率或者递增形式的抵扣额，例如资本利得的优惠按持有时间设计，比如5年以下的，按普通税率，持有时间超过5年的，可实行减半征收；或者股权投资持有时间超过两年开始抵免，第一次为20%，以后每增加持有1年增加抵免10%。

三是出台相关的个人投资者的个人所得税优惠政策。自然人作为有限合伙人，并不参与风险投资基金的经营管理，其收益从本质上来说不同于个人工商户的生产经营所得，更类似于投资者的投资收益，应根据《个人所得税法》规定，按照"利息、股息、红利所得"或"财产转让所得"适用20%的个人所得税税率，而不是按照"个体工商业户生产经营所得"对待③。建议比照个人投资股票或者证券投资基金的税收优惠政策，对于个人投资者从创业基金机构获取的股息红利收入减半征收个人所得税，资本利得收入免征个人所得税。

---

① 李玮，任强. 进一步完善我国创业投资税收政策 [J]. 涉外税务，2010 (8)：35.

② 美国长期资本利得税率至2003年5月降低到不超过15%；并且，如果自然人纳税主体的普通所得税率为10%或15%，长期资本利得免税。

③ 李敏. 促进中国创业风险投资行业发展的税收政策研究 [J]. 社会科学战线，2010 (7)：263.

第三节　中关村示范区税收试点政策
跟踪及推广研究

中共十八大报告指出，形成有利于结构优化、社会公平的税收制度；实施创新驱动发展战略，着力构建以企业为主体、市场为导向、产学研相结合的技术创新体系。目前支持创新的各类政策中，对税收优惠等间接支持的重视程度和实施力度不断提高。从国际经济形势看，世界经济增长已明显减缓，美国经济增速开始下滑，欧洲经济增长乏力，日本经济更加低迷。在这种情形下，美国、英国、日本、德国、韩国等发达国家都立足于企业作为技术创新主体在促进经济长期发展中的重要引领作用，通过税收优惠、融资支持和研发支持等手段提高创新能力，促进科技成果转化，推动科技和经济紧密结合。以美国为例，2009 年后已采取了 18 项减税措施。2009 年 3 月 13 日，国务院批复建设中关村国家自主创新示范区，要求把中关村建设成为具有全球影响力的科技创新中心。为进一步促进示范区发展，国务院原则同意中关村"1+6"鼓励科技创新和产业化系列先行先试改革政策①。相关部门出台了一系列的税收试点政策，主要针对科技成果转化、高新技术产业发展的关键环节，依托示范区基础开展先行先试，实现局部突破，为创新型国家建设探索和积累经验。

一、中关村示范区税收试点政策突破点及执行情况

（一）政策突破点

2010 年 10 月，财政部和国家税务总局相继下发了《对中关村科技园区建设国家自主创新示范区有关研究开发费用加计扣除试点政策的通知》（财税〔2010〕81 号）、《对中关村科技园区建设国家自主创新示范区有关职工教育经费税前扣除试点政策的通知》（财税〔2010〕82 号）、《对中关村科技园区建设国家自主创新

---

① 所谓"1+6"政策，是指搭建一个首都创新资源平台和 6 项支持中关村深化实施先行先试改革政策，包括：股权激励、税收优惠、中央级事业单位科技成果处置权和收益权改革、高新技术企业认定、科研经费管理改革和建设全国场外交易市场。

示范区有关股权奖励个人所得税试点政策的通知》（财税〔2010〕83号），力图通过机制创新，推动科技成果转化和产业发展。上述政策的主要内容与突破点详见表5-3。

表5-3 中关村示范区税收试点政策突破点

序号	政策文件	主要内容	突破点
1	《对中关村科技园区建设国家自主创新示范区有关研究开发费用加计扣除试点政策的通知》（财税〔2010〕81号）	企业在示范区内从事《国家重点支持的高新技术领域》、国家发展和改革委员会等部门公布的《当前优先发展的高技术产业化重点领域指南（2007年度）》和中关村国家自主创新示范区当前重点发展的高新技术领域规定项目的研究开发活动，其在一个纳税年度中实际发生的下列费用支出，允许在计算应纳税所得额时按照规定实行加计扣除。（一）新产品设计费、新工艺规程制定费以及与研发活动直接相关的技术图书资料费、资料翻译费。（二）从事研发活动直接消耗的材料、燃料和动力费用。（三）在职直接从事研发活动人员的工资、薪金、奖金、津贴、补贴，以及依照国务院有关主管部门或者北京市人民政府规定的范围和标准为在职直接从事研发活动人员缴纳的基本养老保险费、基本医疗保险费、失业保险费、工伤保险费、生育保险费和住房公积金。（四）专门用于研发活动的仪器、设备的折旧费或租赁费以及运行维护、调整、检验、维修等费用。（五）专门用于研发活动的软件、专利权、非专利技术等无形资产的摊销费用。（六）专门用于中间试验和产品试制的不构成固定资产的模具、工艺装备开发及制造费，以及不构成固定资产的样品、样机及一般测试手段购置费。（七）勘探开发技术的现场试验费，新药研制的临床试验费。（八）研发成果的论证、鉴定、评审、验收费用	（一）可加计扣除的研发费用的研发活动范围有所扩大：财税81号文在《企业研究开发费用税前扣除管理办法（试行）》（国税发〔2008〕116号）的基础上将中关村国家自主创新示范区当前重点发展的高新技术领域规定项目的研发活动加入其中，扩大了研发费用对应的技术领域范围（二）允许加计扣除的研发费用的范围有所增加：除了财税116号文规定的研发费用，财税81号文新增加了以下：符合规定的"五险一金"费用；专门用于研发活动的仪器、设备的运行维护、维修等费用；不构成固定资产的样品、样机及一般测试手段购置费；新药研制的临床试验费等
2	《对中关村科技园区建设国家自主创新示范区有关职工教育经费税前扣除试点政策的通知》（财税〔2010〕82号）	自2010年1月1日起至2011年12月31日止，对示范区内的科技创新创业企业发生的职工教育经费支出，不超过工资薪金总额8%的部分，准予在计算应纳税所得额时扣除；超过部分，准予在以后纳税年度结转扣除	《中华人民共和国企业所得税法实施条例》规定企业发生的职工教育经费支出，不超过工资薪金总额2.5%的部分，准予扣除；超过部分，准予在以后纳税年度结转扣除。而财税82号文则规定职工教育经费支出，不超过工资薪金总额8%的部分，准予在计算应纳税所得额时扣除，这有利于提高企业对于职工教育经费的投入的积极性

续表

序号	政策文件	主要内容	突破点
3	《对中关村科技园区建设国家自主创新示范区有关股权奖励个人所得税试点政策的通知》（财税〔2010〕83号）	对示范区内科技创新创业企业转化科技成果，以股份或出资比例等股权形式给予本企业相关技术人员的奖励，技术人员一次缴纳税款有困难的，经主管税务机关审核，可分期缴纳个人所得税，但最长不得超过5年	股权激励相关个人所得税缴纳期限延长：现行的《个人所得税法》和《国家税务总局关于股权激励有关个人所得税问题的通知》（国税函〔2009〕461号）规定，纳税义务人因其受雇期间的表现或者业绩，从其雇主以不同形式取得的折扣或者补贴，属于该个人因雇取得的工资、薪金所得，需要依法缴纳个人所得税。工资、薪金所得应纳的税款，按月计征，由扣缴义务人或者纳税人在次月十五日内缴入国库。对于个人认购股票等有价证券而从雇主取得的折扣或者补贴，在计算缴纳个人所得税时，因一次收入较多，全部计入当月工资、薪金所得计算缴纳个人所得税有困难的，可在报经当地主管税务机关批准后，自其实际认购股票等有价证券的当月起，在不超过6个月的期限内平均分月计入工资、薪金所得计算缴纳个人所得税。由此可见，尽管当前法律法规对于股权激励所得应缴纳的个人所得税给予了特殊规定，但其力度远远不及财税83号文

（二）政策执行情况

2010年共有556家企业享受示范区研发费用加计扣除试点政策，新增归集项目加计扣除额5.34亿元，享受所得税优惠共计8010万元[①]。2010年共有53家企业享受示范区职工教育经费税前扣除政策，超过工资总额2.5%的税前扣除金额4414万元，享受所得税优惠共计662.1万元。据调研所掌握的情况，还没有企业享受获得股权激励的技术人员应该缴纳的个人所得税允许其最长延期5年的政策优惠。因为财税83号文规定，实施股权奖励的企业须为高新技术企业，且北京市在税收试点政策的管理办法《关于贯彻落实国家支持中关村科技园建设国家自主创新示范区试点税收政策的通知》（京财税〔2010〕2948号）中又进一步缩小实施主体的范围为参加"中关村股权和分红激励试点"的企业。据统计，股

---

① 数据来源：中关村科技园区管委会。

权激励试点企业中仅有 4 家采取了股权奖励方式，但 3 家应不属于高新技术企业而不能享受，股权激励方式都为"科技成果入股"①，1 家高新技术企业奖励实施时间超出政策规定期限而未能享受。

二、税收试点政策实施过程中存在的问题

虽然示范区税收试点政策已经取得了初步成效，但是现行政策并不能完全适应创新创业要求，在实践中仍然存在一些问题，亟须改进和完善。

（一）政策实施期限较短，实施的地域范围过窄

示范区税收政策试点的执行期限是 2010 年 1 月 1 日至 2011 年 12 月 31 日，由于政策实施期限较短，政策效果还未充分体现。同时，上述税收政策仅限于中关村，武汉东湖和上海张江示范区并未享受。

（二）政策执行成本较高，企业受惠面小

一是申请程序较为复杂，申请成本较高。首先，申请税收优惠政策，需要准备大量材料。以申请研究开发费用加计扣除政策为例，申请之前，企业必须去主管税务部门办理备案；同时报送多达 11 份材料②。其次，企业需要面对税务局、科委、中关村管委会等多个政府机构，文件审批需要一定时间，影响了企业申请的积极性，导致优惠政策效果未能充分显现③。

二是企业受惠面较小。据对中关村 96 家企业调查，75%企业当期发生的职工教育经费占职工工资薪金总额低于 2.5%，这表明提高允许税前扣除职工教育经费支出的比例仅有少部分企业可能享受税收优惠。

（三）对科研人员的税收激励有待加强

财税 83 号文对示范区内科技创新创业企业转化科技成果，以股份或出资比例等股权形式给予本企业相关技术人员的奖励，技术人员一次缴纳税款有困难的，经主管税务机关审核，可分期缴纳个人所得税，但最长不得超过 5 年。但是，《财政部国家税务总局关于促进科技成果转化有关税收政策的通知》（财税字

---

① 即将科技成果入股取得的股权奖励给核心技术人员。
② 企业自主、委托、合作研究开发项目计划书和研究开发费预算，自主、委托、合作研究开发专门机构或项目组的编制情况和专业人员名单，市级科技部门出具的《企业研究开发项目鉴定意见书》等。
③ 中关村课题组. 中关村国家自主创新示范区创新试点政策追踪与评估研究［R］. 科技部研究报告（内部），2012：71-91.

〔1999〕45 号）提出，科研机构、高等学校转化职务科技成果以股份或出资比例等股权形式给予个人奖励，获奖人在取得股份、出资比例时，暂不缴纳个人所得税；取得按股份、出资比例分红或转让股权、出资比例所得时，应依法缴纳个人所得税。比较上述规定可以发现，由于研发人员所在单位性质不一样，导致企业研发人员与科研机构和高校研发人员的税收待遇不一样，有悖于税收公平原则。

（四）对初创期科技企业激励有限

目前的税收激励政策虽然面向所有企业，但是享受政策的主要是成长期和成熟期企业，而对于初创期企业的支持力度有限。仅就研发费用加计扣除政策而言，调研中，科技型小微企业为申请此项政策需花费许多额外成本，但由于加计扣除额往往不高，优惠力度不大，可获得的税收减免额无论在当期还是未来都非常有限。同时很多小微企业处于亏损或微利阶段，虽然加计扣除不足抵扣部分可以向后结转，但仅有 5 年。因此，小微企业无法当期受益，申请积极性较差。从国际实践看，创新型中小企业的创新主体地位和融资困难等情况较为普遍，因此许多国家如加拿大、英国、日本、韩国、法国、澳大利亚等，专门针对中小企业给予了更加优惠的税收待遇，以弥补财政资助的不足①。其中，许多国家对中小企业给予了更高比例抵扣或抵免，并对不足抵扣或抵免的部分给予现金形式的税收返还。

（五）对研发投资的激励需加大执行力度

研发投入比较大，风险比较高，外部性较强，需要政府通过税收手段进行激励。目前的财税 81 号文在执行过程中主要存在以下问题：一是政策本身存在的问题：允许加计扣除的研发项目范围较窄；允许加计扣除的研发费用范围较窄；同时在政策执行过程中，缺乏规范的操作指引，如对加计扣除申报材料及格式无统一规定，增加了企业操作难度与操作成本。二是地方科技、税务部门层面：地方科技部门与税务部门未就研发项目认定形成有效的协调机制，税务部门对研发项目认定缺乏专业性，项目范围认定困难，可能带来相应的税收风险；地方科技、税务部门对研发费用加计扣除政策宣传不到位，企业、税收人员对政策的了解不足，不利于政策的落实。三是企业层面：首先小企业、民营企业政策敏感性差，对加计扣除政策关注度不够，影响其享受优惠政策；部分企业已享受免税、

---

① 薛薇. 对我国科技型中小企业税收政策的建议〔R〕. 科技部研究报告（内部），2012：7–10.

低税率，降低了对加计扣除政策的敏感性，如高新技术企业等。其次，企业科研管理不到位、会计核算不规范，导致难以享受加计扣除政策。最后，企业基于加计扣除的成本效益分析、基于税务部门审查加计扣除费用带来其他税务问题等因素的考虑，自愿放弃享受政策。

（六）税收试点政策的跟踪评价缺乏

目前对税收试点政策缺乏管理，尤其是缺乏对试点政策的绩效考评机制，降低了政策预期与效果。我国在制定和执行试点政策时，应在满足税收收入要求、效率、公平、简单的基本条件下①，特别实施考虑某项特定税收优惠政策将会影响其他政策，以及实施成本最小化等因素，提高试点政策的有效性。

三、进一步促进示范区发展的税收政策建议

为加快实施创新驱动发展战略，发挥示范区的集成效应和示范效应，优化创新创业环境，建议一是在总结中关村示范区税收试点政策经验基础上，进一步完善并将相关政策推广至其他区域；二是继续研究出台在中关村先行先试的其他税收政策，发挥试验优势。

（一）延长相关政策的执行期限，推广至其他示范区，提高税收试点政策与其他政策协调性

由于许多试点政策到 2010 年底才陆续出台，实际上许多企业只有一年享受时间，政策效应没有凸显，因此建议延长中关村示范区税收试点政策的执行时间，同时在完善三项税收试点政策基础上，推广至武汉东湖和上海张江示范区。此外为鼓励创新，中关村出台了除税收政策外的其他政策，但是各项政策之间缺乏协调，如对享受股权奖励的个人制定了延期纳税的试点优惠政策，但无人申请享受；又如示范区注册满半年不满一年的企业，符合一定的条件，可以申请认定高新技术企业，发蓝底证书，但不享受税收优惠。建议进一步提高税收试点政策与其他政策的协调性。

（二）对股权奖励个人所得税取消五年限制

目前，示范区企业给予技术人员的股权激励，可分期五年缴纳个人所得税。

---

① OECD. Taxation of SMEs Key Issues and Policy Considerations: Key Issues and Policy Considerations [R]. OECD Tax Policy Studies, 2009 (18): 83-104.

对于在五年内无法转让或者很难转让所得股权奖励的技术人员，在缴纳个人所得税方面仍存在一定困难。而在国外，对进行技术入股的科研人员，其在技术入股时不用缴纳个人所得税，而是直到之后出售这些股份时，才就其取得的股份转让收入全额缴纳个人所得税①。因此建议取消五年限制，对于获得股权奖励的技术人员，在发生股权转让行为且取得股权转让收益时缴纳个人所得税，如果不发生转让行为，则不缴纳个人所得税。

（三）完善试点政策的配套措施

为贯彻落实中关村示范区税收试点政策，北京市财政局、地税局、国税局、科委和中关村管委会联合下发了《关于贯彻落实国家支持中关村科技园区建设国家自主创新示范区试点税收政策的通知》（京财税〔2010〕2948号），制定了具体管理办法和工作要求，对这三项政策顺利实施提供了保障。但在具体执行中，一些企业仍反映政策不易操作、程序复杂，为此，应简化有关程序，完善管理办法，缩短审批时间，为企业落实政策创造良好的外部条件。

（四）税务和科技部门建立协调工作机制，加强税收政策宣传

相关管理部门之间实行信息共享，做好协调配合。企业在收集、整理、提交有关资料过程中，存在着大量重复的行为，不仅加大了企业的工作量，而且影响了申报的速度。建议建立相应执行层次的税务部门和科技部门联合工作机制，实施信息共享，统一数据统计口径，减少重复工作。同时对企业及时进行相关培训，增强对政策的了解和把握。有些企业反映，对政策理解不透彻，对如何处理某些事项不太明确，建议加大税收政策宣传，开展相关培训工作，使企业及时了解和掌握纳税申报及其他操作的具体办法。

（五）进一步研究提出其他税收试点政策

为进一步发挥示范区的示范引领带头作用，建议从以下方面研究出台相关创新税收政策并在中关村示范区率先试点。

（1）加大对创业企业的支持力度。首先，可对示范区内新创立的企业，自取得第一笔生产经营收入的纳税年度起，1~3年免征企业所得税，4~6年减半征收企业所得税。其次，建议加计扣除政策增加有利于创新型中小企业的特别优惠条款，可将加计扣除政策与科技型中小企业技术创新等国家科技计划联动起来，对

---

① 薛薇. 对我国科技型中小企业税收政策的建议〔R〕. 科技部研究报告（内部），2012：7-10.

于享受加计扣除政策的中小企业，优先给予国家计划立项支持。在优惠方式上，可借鉴国外经验，对符合一定条件的中小企业给予比例更高的税收抵扣，并对不足抵扣的部分给予现金形式的税收返还，对亏损的中小微企业适当延长结转时间；对享受加计扣除的中小微企业，按其享受加计扣除额给予一定资金的扶持等。

（2）提高对初创期企业融资便利的激励。初创期企业普遍存在融资难问题，为了鼓励金融机构向初创期企业提供金融服务：一是建议放宽对法人制创业投资企业税收优惠政策中关于"中小高新技术企业"的界定，将投资于中小微科技企业的创业投资企业也纳入税收优惠范围，扩大政策覆盖面。二是建议对有限合伙制创业投资企业的法人合伙人给予优惠。目前有限合伙为美英等发达国家创业投资企业普遍采用的组织形式，也越来越多地被国内创业投资企业采用，给予其税收优惠政策，有利于壮大有限合伙制创业投资企业的资金规模，有利于引导有限合伙制创业投资企业更多地投资中小微科技企业。三是研究制定促进天使投资发展的税收优惠政策。借鉴 OECD 有关国家鼓励天使投资的做法，研究制定有关对私人投资者投资非上市公司的相关个人所得税和资本所得税及损失税前弥补的相关优惠政策。四是对示范区内的创业投资机构等金融机构提取的风险准备金，允许在税前扣除，拓宽初创企业融资渠道。五是建议财税部门在初创企业贷款核销标准上进一步予以统一，对于符合财政部《金融企业呆账核销办法》核销条件的贷款，建议税务部门允许商业银行作税前抵扣。

（3）允许提取技术研发准备金的税收激励。韩国从 1972 年开始实行技术开发准备金制度，即普通企业可按照销售收入总额的 3%（技术密集型企业为 4%，生产资料企业为 5%）在税前提取技术研发基金，该技术研发准备金可在税前扣除，主要用于高新技术的研发活动[①]。可借鉴韩国经验，对于示范区内经营一定期限以上的创新创业型企业，允许其从销售收入中提取一定比例的技术研发准备金，准予准备金在所得税前据实扣除，以弥补科研开发可能失败造成的损失。同时，规定准备金必须在规定时间内用于研究开发活动，以提高技术研发准备金的使用效率。

（4）研究出台增值税优惠政策。一是可对示范区内一般纳税人销售其自行开

---

① 李大明，尹磊. 支持自主创新：税收政策之比较——以韩国、印度、新加坡和中国台湾地区为例 [J]. 涉外税务，2006（10）：37.

发生产的纳入政府首购自主创新产品目录的产品,按17%的法定税率征收增值税后,对实际税负超过一定比例的部分实行即征即退[1]。二是对首台(套)重大技术装备、示范项目实行增值税先征后退政策,支持重大技术装备国产化。

(5)构建税收试点政策评价机制。为确保税收试点政策发挥出最佳效应,防止先行先试方向的失控,应该建立税收试点政策评价机制,加强管理,提高试点政策的实际效率。可考虑建立税收试点政策的评价机制,健全对试点政策实施情况和效果的评价方法,形成一套跟踪管理、评估分析及绩效考核机制,并根据高新技术产业发展的变化趋势进行完善,有针对性地向全国其他地区推广[2],最大限度地激励创新。

第四节　中关村示范区"新四条"政策初步评价

当前,我国正由要素驱动、外延粗犷式发展步入依靠创新驱动、内生集约式发展的新阶段。全球竞争日趋激烈,竞争的深度和广度正在不断拓展,其关键和核心就是科技创新,而科技创新依赖于聚集和整合创新要素与创新资源。同时,全面深化改革既给健全有利于创新的税收体制提出了新要求,也为完善税收政策提供了新机遇。2013年9月,《关于中关村国家自主创新示范区有限合伙制创业投资企业法人合伙人企业所得税试点政策的通知》(财税〔2013〕71号)、《关于中关村国家自主创新示范区技术转让企业所得税试点政策的通知》(财税〔2013〕72号)、《关于中关村国家自主创新示范区企业转增股本个人所得税试点政策的通知》(财税〔2013〕73号)及《关于在中关村国家自主创新示范区开展高新技术企业认定中文化产业支撑技术等领域范围试点的通知》(国科发高〔2013〕595号)发布,启动了新一轮的试点政策。这是继"1+6"系列先行先试政策之后,中关村在创新创业政策领域的新突破,政策落实对于进一步优化中关村创新创业环境,更好发挥先行先试的示范作用,具有重要意义。2015年6月,《关于推广

① 王玺,姜朋.鼓励自主创新的税收优惠政策探析[J].税务研究,2010(8):12-15.
② 张明喜.促进企业自主创新的税收政策研究[J].中国科技论坛,2009(12):28-31.

中关村国家自主创新示范区税收试点政策有关问题的通知》（财税〔2015〕62号）将有限合伙制创业投资企业法人合伙人企业所得税政策、技术转让所得企业所得税政策、企业转增股本个人所得税政策推广至中关村等所有国家自主创新示范区、合芜蚌自主创新综合试验区和绵阳科技城。

一、有限合伙制创投法人合伙人企业所得税试点政策

（一）政策突破点

2008 年，我国新《企业所得税法》及其实施条例明确规定："创业投资企业采取股权投资方式投资于未上市的中小高新技术企业 2 年以上的，可以按照其投资额的 70%在股权持有满 2 年的当年抵扣该创业投资企业的应纳税所得额；当年不足抵扣的，可以在以后纳税年度结转抵扣。"其中，创业投资企业是指依照《创业投资企业管理暂行办法》（国家发展和改革委员会等 10 部委令 2005 年第 39 号）和《外商投资创业投资企业管理规定》（商务部等 5 部委令 2003 年第 2 号）在我国设立的专门从事创业投资活动的企业或其他经济组织。2009 年，《关于实施创业投资企业所得税优惠问题的通知》（国税发〔2009〕87 号）对政策实施细则进行了规定。在试点之前，可以享受投资额 70%抵扣优惠的创业投资企业仅包括在有关部门备案的公司制的创业投资企业，有限合伙制的创业投资企业不能享受该优惠。这就导致了企业法人以公司股东身份和以有限合伙企业有限合伙人身份进行创业风险投资在税收待遇上的不公平。目前在中关村示范区试点的"有限合伙制创投法人合伙人企业所得税"试点政策从根本上解决了上述对企业法人创业投资人的税负不公平问题。

（二）实施进展

据对北京市国税局和地税局调研，试点政策从发布以来，还没有有限合伙制创业投资企业办理备案手续并享受相应税收优惠。

据北京市金融局数据，截至 2014 年底，备案的创业投资企业仅有 13 家为合伙制①（其中 2 个基金，其他都为资产管理中心）；据中关村管委会网站，截至

---

① 分别为：北京科桥创业投资中心、北京明石信远创业投资中心、北京麒麟华夏创业投资中心、北京银汉兴业创业投资中心、北京华创盛景创业投资中心、北京启明创科创业投资中心、北京海风联投资中心、北京中技富坤创业投资中心、北京基石创业投资基金、北京服务新首钢股权创业投资企业、北京中关村瞪羚创业投资中心、北京航天科工军民融合科技成果转化创业投资基金、北京国泰嘉泽创业投资中心。

2015 年 1 月底，84 家中关村创业投资风险补贴合作伙伴（都是资产管理企业）中有限合作制的创业投资企业共 11 家①，占 15.5%。总体看，创业投资资产管理企业目前以公司制为主，但无论何种组织形式，有的仅管理其股东或合伙人的投资，有的还会发起设立其他创投基金，这些创业投资基金又可采取公司制或有限合伙制，都属于可能享受该项试点政策的对象。但有限合作制基金到底有多少个或占所有创投基金的比例有多少，目前尚未有公开数据或其他可获得的调查数据。

（三）面临的主要问题

1. 现有政策本身存在的主要问题

试点政策允许企业法人有限合伙人享受 70% 税前扣除优惠，但是享受该项试点政策的门槛仍然太高。

一是优惠政策仅允许备案的创业投资公司和有限合伙创业投资企业的法人合伙人享受优惠，未备案的创投企业、有限合伙创投的自然人合伙人以及其他具有相同投资行为的个人投资者都不在受惠范围之列。以有限合伙的自然人合伙人为例，北京红土鑫州、启斌投资咨询和华创盛景等许多有限合作制创业投资企业反映，出于投资人偏好、项目投资和退出时个人股东的手续办理较为便利等原因，有限合伙人中个人 LP 居多，但试点政策仅允许法人合伙人享受 70% 投资额抵扣的优惠。

此外，根据《创业投资企业管理暂行办法》的备案规定，创业投资企业的名称必须带有"创业投资"的字样，因此名称中带有"风险投资"字样的创业投资企业无法备案，但"创业投资"和"风险投资"并没有本质区别。

二是投资对象必须为中小高新技术企业，但我国高新技术企业税收优惠主要是针对快速成长的高科技企业，有成立 3 年以上、成长性指标等诸多认定条件，而创业投资所投资的大量科技型中小企业很难符合高新技术企业的认定条件。

2. 政策执行中存在的主要问题

一是企业对政策的知晓程度不足。调研中发现，许多具备享受试点政策的创业投资企业对政策不了解。比如，北京芳晟投资管理中心的财务人员并不清楚只

---

① 分别为：北京微创投投资中心、北京盛景嘉城创业投资中心、北京清科创业投资管理中心、北京启斌投资咨询中心、北京龙磐投资管理咨询中心、北京基石创业投资管理中心、北京华金金惠科技投资中心、北京华创盛景投资中心、北京红土鑫洲创业投资中心、北京汉能嘉宏投资管理中心、北京汉联资本管理中心。

要投资对象符合条件就可以申请优惠，而是一直以为只有项目退出获得收益时才能申请；北京红土鑫洲创业投资中心的财务人员也表示对试点政策不清楚。

二是基层税务部门对政策理解仍有不到位情况。比如，北京红土鑫洲创业投资反映，其所属基层税务部门并未告知创投有关税收试点政策；启迪创投反映，其所属基础税务部门在审核申请材料时只看被投资企业当年是否符合中小高新技术企业的条件，但有被投资企业在投资时是中小企业2年后由于发展特别快就不再满足中小企业条件的情况；中关村创投则反映，税务部门审核申请时对于投资时不是高新技术企业的情况不予认可。但根据《关于实施创业投资企业所得税优惠问题的通知》（国税发〔2009〕87号），只要创投企业投资时被投资企业符合中小企业条件，2年后经过了高新技术企业认定，就属于符合投资条件的中小高新技术企业。

三是创投企业备案管理部门发生变化，但优惠政策规定的备案管理部门仍然未变，给政策执行带来一定困难。根据《企业所得税法》、《关于实施创业投资企业所得税优惠问题的通知》（国税发〔2009〕87号），享受优惠的内资创业投资企业需按照《创业投资企业管理暂行办法》（国家发展和改革委员会等10部委令2005年第39号）规定的条件和程序完成备案。根据《创业投资企业管理暂行办法》第四条，"创业投资企业的备案管理部门分国务院管理部门和省级（含副省级城市）管理部门两级"，其中"国务院管理部门为国家发展和改革委员会，省级（含副省级城市）管理部门由同级人民政府确定，报国务院管理部门备案后履行相应的备案管理职责"。据调研，北京市金融局是北京市履行备案管理职责的管理部门。

从2014年开始，根据新修订的《证券投资基金法》、《中央编办关于私募股权基金管理职责分工的通知》（中央编办发〔2013〕22号）、《中编办关于私募股权基金管理职责分工的通知》及中国证监会有个规定，创业投资基金在内的私募股权基金在募集完备后均应向中国证券投资基金业协会办理私募基金管理人登记和私募基金备案。

目前据调研，北京市创业投资企业或管理的基金，有的仅在北京市金融局备案，有的已经在中国证券投资基金协会备案；但据北京市地税企业所得税调研，目前其仅审核在北京市金融局备案的创业投资企业。

3. 大量成立时间较短的创业投资企业尚未满足优惠条件

据调研，许多创业投资企业成立时间不长，目前项目投资期还未达到 2 年。比如，北京芳晟投资管理中心、北京红土鑫洲创业投资中心都是 2011 年才成立，第一期基金所投资项目多数都在 2014 年才满 2 年，符合条件的投资也得等到 2015 年 5 月前的企业所得税汇算清缴时才能申请试点政策优惠。

（四）建议

1. 提高政策宣传针对性，建立专门服务窗口，明确备案要求

第一，建议专门针对有限合伙创业投资企业开展多种形式的政策宣传工作，如联合中国证券投资基金协会、创业投资协会、股权投资协会等网络机构共同开展，以提高政策在创投企业中的知晓度。

第二，在试点期间，建议在北京市国税、地税的办事大厅专门设立针对创业投资企业的服务和申请窗口，以提高政策解释的准确性，统一政策执行标准，也提高企业优惠申请效率。

第三，建议北京市有关部门对优惠适用的创业投资企业备案事宜进行解释说明，明确备案管理部门。

2. 扩大现有创业投资 70% 抵扣优惠允许的被投资企业范围到科技型中小企业

为保证中小规模和科技性，关于科技型中小企业的具体条件，建议分为以下两类。一是规模性指标。建议在充分调研和测算的基础上，通过企业成立时间、总资产、职工人数等指标保证被投资企业的初创性和中小规模。二是创新性指标。建议通过研发费用占总收入比重、研发人员占职工总数比重等研发相关指标保证被投资企业的创新性；同时设计"免评条款"，即如果企业在获得投资时或 2 年以内认定为高新技术企业，或者取得国家科技型中小企业技术创新基金及其他国家级科技计划项目的资助，只要满足投资时有关中小企业标准即可。创新性指标不应过多，应遵循简单、操作性强等原则。

3. 增加现有创业投资 70% 抵扣优惠政策的普惠性

将该政策的优惠对象扩大至符合条件的有限合伙创投企业的所有有限合伙人、个人和企业投资者。但为保证不同投资方式的"税收中性"，建议采取以下具体措施：

第一，允许符合条件的有限合伙制创业投资企业可将投资所得或损失全部按照"流经原则"直接分配给合伙人，再由有限合伙人按照所得性质缴纳相应的所

得税，并享受投资额 70% 抵扣优惠。

第二，在我国个人所得税现行分类征收制度下，自然人投资者符合条件的投资额仅可抵扣适用 20% 税率的个人所得，不足抵扣部分可无限期向后结转。

第三，对符合条件的创业投资公司，试点个人股东的股息所得免税，或对公司分配股息给予免税，以消除双重征税。

二、技术转让企业所得税试点政策

（一）政策突破点

主要突破点在于通过重新定义符合条件的技术交易行为进一步扩大政策优惠面，具体做法是将原不符合优惠条件的行为纳入优惠范围内。根据《关于中关村国家自主创新示范区技术转让企业所得税试点政策的通知》（财税〔2013〕72号）明确将 5 年以上非独占许可使用权转让纳入技术转让所得税优惠政策试点，即一个纳税年度内技术转让所得不超过 500 万元的部分免征企业所得税，超过 500 万元的部分减半征收企业所得税，以解决高校院所和企业将科技成果以"非独占许可使用权"方式转让和投资入股，无法享受技术转让企业所得税优惠政策的问题，进一步加大对技术转让的支持力度。

（二）实施进展

1. 技术转让活动

北京技术市场管理办公室对 2014 年北京技术转让登记合同的统计显示，当年北京技术转让合同登记数为 1296 项，合同金额 64.76 亿元。从技术卖方角度分析，企业法人占比最大，从技术构成分析看，专利转让合同金额占比最高，达到 65.79%，未包含在技术转让企业所得税优惠范畴内的技术秘密占 21.71%（见图 5-2）。

2014 年，北京技术转让活动并不活跃，技术转让合同数和交易额都出现大幅下降，分别下降了 17.5% 和 72.9%。技术秘密和专利占比有所提高，分别上升了 8.2 个和 26.7 个百分点。技术秘密在技术转让合同中所占比重始终处于较高的水平，但并不能享受税收优惠。

2. 税收优惠

北京市地税局统计数据显示，2013 年度 10 家企业享受技术转让优惠政策，减免税额约 1.42 亿元；北京市国税局数据显示，2013 年示范区内居民企业享受

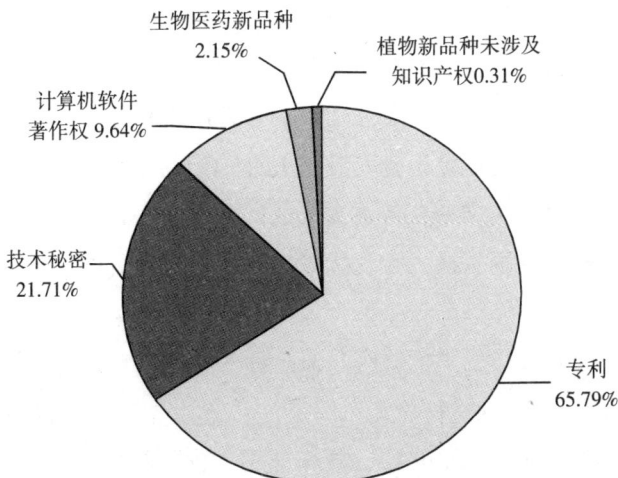

图 5-2 不同技术类型的技术转让合同额分布（2014 年）
资料来源：北京技术市场管理办公室。

技术转让企业所得税试点政策的有 6 户，减免所得额 1.34 亿元，按 25%税率计算减征企业所得税 0.34 亿元。按北京市地税局统计数据与国税局相同口径，则 2013 年度中关村示范区享受技术转让所得税优惠的居民企业共计 16 家，减免税额 1.76 亿元。

（三）面临的主要问题

1. 政策优惠覆盖面小，与企业技术转让规律不符合

虽然试点政策增加了"5 年以上非独占许可"，但是优惠覆盖面依然很小，难以起到对技术转让行为的激励作用，关键问题是政策目标与政策内容不一致。技术转让所得税优惠政策的目的是鼓励技术快速商业化应用并实现技术外溢，并非仅鼓励技术所有权在市场中的交换。但政策本身主要鼓励的是技术所有权的完全让渡，即便增加了"5 年以上独占许可"的内容，也是要求企业给技术一点时间的排他使用权让渡，政策只照顾到技术所有权或准所有权的转移，并没有关注技术的应用效果。

具体而言，当前政策中符合条件的技术转移与市场行为之间存在较大差距，既体现在技术转让方式中，也体现在技术转让内容上。北京技术转让中专利实施许可转让合同额是专利权转让和专利申请权转让的 2.9 倍；北京市涉及知识产权的技术输出合同中，技术秘密占比达到 41.18%，高于专利技术、计算机软件著作权、集成电路布图设计权、植物新品种、生物医药新品种等形式。

103

从实际享受税收优惠政策的企业数量和减免税额看，试点政策实施以来，享受优惠的企业仅为 16 家居民企业，仅占中关村 3029 家技术卖方企业的 0.53%。1.76 亿元的税收减免额，即使按免征 25% 的企业所得税计算，相应的交易额也仅为 7 亿元，占北京技术转让登记合同额的 12.15%。

2. 政策可操作性差，部分优惠内容无法认定

试点政策的转让范围包括"专利技术、计算机软件著作权、集成电路布图设计权、植物新品种、生物医药新品种"等技术。但是实际执行过程中，以上技术无法全部得到有效确认，如"生物医药新品种"表述并不明确，目前我国并未对"生物医药新品种"的概念进行界定；国家食品药品监督管理总局公开信息显示，"2013 年全年批准新药临床 148 件，新药证书 4 件，批准文号 66 件，新药证书及批准文号 45 件，其中生物制品注册分类中的 1 类批准生产 1 个品种，批准临床 4 个品种。"[①] 如以此数据为依据，认为"新药证书"中的生物制品注册分类即为"生物医药新品种"，则 2013 年全年新出现的符合条件的仅 1 个批准生产的品种。

3. 配套措施不足，登记合同未根据政策调整

试点政策的突破点是将"5 年以上（含 5 年）全球独占许可"改为"5 年以上非独占许可"，不再限制全球独占。从知识产权许可的惯例看，并不存在全球独占许可的概念，通常许可只限定在某区域内独占，试点政策符合实际操作。但是，税收优惠执行过程中并无法实施，其中最主要的原因是居民企业享受优惠政策所要提供的技术合同中并无"5 年独占许可"[②]。因此，并无企业因"5 年以上独占许可"享受技术转让企业所得税优惠。

（四）建议

1. 扩大合格技术转让范围

适应市场特征，进一步扩大政策适用范围，取消非独占许可的年限限制，并将企业转让专有技术、技术秘密等纳入政策优惠范围。

2. 明确相关概念

对生物医药新品种的概念予以界定，并结合当前实际，在新药证书之外，允

---

① 2013 年度食品药品监管统计年报。

② 科技部和北京市均提供了技术转让的合同范本，其中缺乏有关许可年限的内容，实际合同中大多数也未标明许可年限。

许临床批件转让享受税收优惠。

3. 完善试点政策配套措施

提高政策可执行性，加快调整技术转让登记合同格式，在科技部《专利实施许可合同》以及北京市《专利实施许可合同》中体现试点政策的变化，提高税务部门征管的便捷性，有效落实优惠政策。

三、企业转增股本个人所得税试点政策

（一）政策突破点

1. 获转增股本的股东 5 年内分期缴纳个人所得税

财税〔2013〕73 号文规定，对中关村中小高新技术企业以未分配利润、盈余公积、资本公积向个人股东转增股本有关个人所得税，可最长不超过 5 年分期缴纳；但在我国其他企业转增股本税收政策中，应按照"利息、股息、红利所得"项目，适用 20%税率征收个人所得税，并无优惠。

2. 明确支持对象为获得股本的中小高新技术企业"个人股东"

财税〔2013〕73 号文规定，享受分期纳税优惠的是获得股本的中小高新技术企业"个人股东"，中小高新技术企业指注册在示范区内实行查账征收的、经认定取得高新技术企业资格，且年销售额和资产总额均不超过 2 亿元、从业人数不超过 500 人的企业。

3. 转让股权净收益为负时可不予追征

财税〔2013〕73 号文规定，在股东转让该部分股权之前，企业依法宣告破产，股东进行相关权益处置后没有取得收益或收益小于初始投资额的，经主管税务机关审核，尚未缴纳的个人所得税可不予追征。

（二）实施进展

1. 示范区企业转增股本总体情况

中小企业是示范区创新发展的重要力量，也是经济发展的重要源泉。据初步统计，示范区 30 余户中小高新技术企业在股改环节以"未分配利润"、"资本公积"、"盈余公积"向个人股东转增股本近 10 亿元。

2. 进展情况

截至 2014 年底，共有 10 户企业到主管税务机关办理转增股本个人所得税备案，转增股本总金额 1.15 亿元，涉及企业个人股东 85 人，应纳税总额 2293.9

万元。

（三）面临的主要问题

1. 试点政策对实施主体限制较为严格

财税〔2013〕73 号文规定，享受政策优惠的企业须为中小高新技术企业，《关于中关村国家自主创新示范区企业转增股本个人所得税试点政策的通知》（京财税〔2013〕2298 号）进一步明确实施主体的范围为：①注册登记在示范区内；②实行查账征收的方式；③取得高新技术企业认定资格；④上年度的销售额不超过 2 亿元；⑤上年末的资产总额不超过 2 亿元；⑥从业人数不超过 500 人。据调研，满足上述条件的企业和个人股东数量较少。

2. 试点政策对转增股本个税优惠力度有限

中关村国家自主创新示范区内中小高新技术企业在 2013 年 1 月 1 日至 2015 年 12 月 31 日期间，以未分配利润、盈余公积、资本公积向个人股东转增股本时，个人股东一次缴纳个人所得税确有困难的，可向主管税务机关提出分期缴纳税款审核申请，经主管税务机关审核符合转增股本分期缴纳个人所得税规定的个人股东，可分期缴纳个人所得税，但最长不得超过 5 年。若个人股东在 5 年内未取得分红或转让股权，即在没有取得现金收入的情况下，仍可能面临纳税困难问题，即便分期缴纳，优惠力度也非常有限。

同时，从历史脉络分析，对转增股本的课税力度呈加大趋势。早在 1997 年，《国家税务总局关于股份制企业转增股本和派发红股征免个人所得税的通知》（国税发〔1997〕198 号）明确规定，股份制企业用资本公积金转增股本不属于股息、红利性质的分配，对个人取得的转增股本数额，不作为个人所得，不征收个人所得税。《国家税务总局关于原城市信用社在转制为城市合作银行过程中个人股增值所得应纳个人所得税的批复》（国税函〔1998〕289 号）第二条规定，国税发〔1997〕198 号文件中所称的资本公积金是指股份制企业股票溢价发行收入所形成的资本公积金。《国家税务总局关于进一步加强高收入者个人所得税征收管理的通知》（国税发〔2010〕54 号）再次明确，加强企业转增注册资本和股本管理，对以未分配利润、盈余公积和除股票溢价发行外的其他资本公积转增注册资本和股本的，要按照"利息、股息、红利所得"项目，依据现行政策规定计征个人所得税。而财税〔2013〕73 号文规定，转增股本税收政策中，均按照"利息、股息、红利所得"项目，适用 20% 税率征收个人所得税。

3. 试点政策未涉及历史遗留问题

财税〔2013〕73号文件对2013年以前转增股本且未完税的情形未予提及，在文件规定时间前完成股改的企业（包括部分上市公司）表示，现在宏观经济形势尚不明朗，企业正处在转型升级的关键时期，如果不妥善解决政策衔接问题，将对企业健康发展产生负面影响。由于存在质疑政策执行不力的声音，税务机关也存在较大执法风险，因此处理历史遗留问题是贯彻财税〔2013〕73号文件的关键。

（四）建议

1. 取消中小高新技术企业主体限制

建议继续延长财税〔2013〕73号文执行期限，并制定适合普通科技企业特别是小微企业特点的转增股本个税优惠方案，取消中小高新技术企业限制，放宽为高新技术企业和科技型中小企业。

2. 推迟纳税时点至股东获得分红或转让股权时

建议个人股东获得中小高新技术企业以未分配利润、盈余公积、资本公积向个人股东转增股本的股权时，暂不缴纳税款；该部分税款在股东获得分红或转让股权时一并缴纳，税款由企业代扣代缴。

股东取得股权的分红时，企业应依法按照"利息、股息、红利"项目计算扣缴个人所得税，并将税后部分优先用于扣缴转增股本按"利息、股息、红利"项目计算确定的应纳税额。

股东转让该部分股权时，对转让收入超过其原值的部分，按照"财产转让所得"项目适用的征免规定计算缴纳个人所得税；税后部分优先用于缴纳转增股本按照"利息、股息、红利"项目计算确定的应纳税款尚未缴纳的部分。

3. 妥善解决历史遗留问题

根据财税〔2013〕73号文件精神，着眼中关村企业的长远发展，建议对于2013年以前发生转增股本且纳税有困难的企业，凡在2013年度末符合中小高新条件的，按财税〔2013〕73号文件规定享受分期纳税的优惠政策，即自2013年1月1日起5年内缴纳转增股本应纳的个人所得税；对于不符合中小高新条件的企业，不享受分期纳税的优惠，但不予处罚，由企业按规定补税。

4. 以资本（股票）溢价形成的资本公积转增股本均免税

现行政策规定，企业以资本公积（除股票溢价发行形成的资本公积外）向个人股东转增股本的，计征个人所得税。将资本溢价转增资本，个人投资者拥有的股权价值提高，但是拥有的股权比例并未发生变化，即股权没有发生实质转移。从征管实践而言，以资本溢价转增资本，个人投资者未取得任何现金所得。在交易主体缺乏纳税资金的情况下，如果予以征税，势必会导致税收影响正常、自主的经济活动而丧失税收中性立场（如个人有可能需要转让部分公司股权以取得纳税资金）。如果参照企业所得税的处理，既不确认所得，又不增加投资的计税基础，待纳税人未来转让股权时，仅允许扣除个人的初始投资，增值部分缴纳个人所得税，则较为合理。

建议个人取得以资本（股票）溢价形成的资本公积转增资本时，个人取得上市公司和其他股份有限公司以资本（股票）溢价发行收入形成的资本公积转增股本时，均不作为应税所得，不征收个人所得税。

四、高企认定中文化产业支撑技术等领域范围试点政策

（一）政策突破点

科技部、财政部、国家税务总局于 2013 年 9 月发布《关于在中关村国家自主创新示范区开展高新技术企业认定中文化产业支撑技术等领域范围试点的通知》（国科发高〔2013〕595 号），科技部、财政部、国家税务总局于 2014 年 1 月发布《关于在中关村国家自主创新示范区完善高新技术企业认定中文化产业支撑技术等领域范围的通知》（国科发火〔2014〕20 号），主要对《高新技术企业认定管理办法》（国科发火〔2008〕172 号）、《高新技术企业认定管理工作指引》（国科发火〔2008〕362 号）和《关于完善中关村国家自主创新示范区高新技术企业认定管理试点工作的通知》（国科发火〔2011〕90 号）在申请条件上进行了突破。

1. 加大对文化产业创新的支持力度

国科发高〔2013〕595 号文提出，对中关村国家自主创新示范区从事文化产业支撑技术等领域的企业，按规定认定为高新技术企业的，减按 15% 税率征收企业所得税。

2. 拓展文化产业支撑技术的外延

根据 2008 年国家颁布的《高新技术企业认定管理办法》（国科发〔2008〕172号）及《关于完善中关村国家自主创新示范区高新技术企业认定管理试点工作的通知》（国科发〔2011〕90 号）的规定，文化企业申请高新资格技术领域限于：

领域一"电子信息技术"中的"广播电视技术"；领域五"高技术服务业"中的"文化创意产业支撑技术"。其中，"文化创意产业支撑技术"具体为"终端播放技术、后台服务和运营管理平台支撑技术、内容制作技术（虚拟现实、三维重构等）、移动通信服务技术等"。

根据国科发〔2014〕20号文规定，中关村园区文化企业可以申请高新的技术范围在电子信息技术、新材料技术、高技术服务业、高新技术改造传统产业均有多项新增领域。比如，在"新材料技术"中增加了"文化艺术新材料"，具体包括：文化载体和介质新材料制备技术；艺术专用新材料制备技术；影视场景和舞台专用新材料的加工生产技术；文化产品印刷新材料制备技术；文物保护新材料制备技术。在"高新技术改造传统产业"这一领域中增加了"传统文化产业改造技术"，具体包括：数字电影、电视、广播、出版技术；乐器制造技术；印刷技术。此外，文件还将"高技术服务业"领域中"文化创意产业支撑技术"的外延也进行了扩充。

（二）实施进展

1. 示范区高新技术企业总体情况

示范区高新技术企业成为企业创新的重要力量和经济发展的重要支撑。截至2014年底，北京市共有高新技术企业10404家，数量居全国首位，其中中关村约占80%。

2. 试点政策实施情况

截至2014年底，文化产业支撑技术高新技术企业累计共计1616家，但是无法获得文化产业支撑技术等领域范围补充的数据。

（三）面临的主要问题

1. 试点政策设计没有考虑文化科技融合企业的特征

文化科技融合企业有别于一般科技企业，其有以下几个重要特征：一是其知识产权通常表现为著作权、版权、商标权等；二是文化产业是一门"内容为王"的产业，研发内容主要为原创或创意；三是研发人员一般为美工、策划类，通常不具有工程技术、自然科学和生命科学等领域的技术知识和经验。

2. 政策设计的缺陷导致政策难以执行

由于文化产业支撑技术等领域范围试点政策设计的缺陷，导致在操作层面难以执行。

（四）建议

1. 近期内可对文化高企认定标准进行完善

近期，可对文化高新技术企业认定的相关标准进行调整和完善，例如拓宽核心自主知识产权范畴，改变文化企业研发投入的归集办法，放宽文化企业研发人员的认定范围（将具有大学专科以上学历的或通过从事文化创意产品开发或技术服务的专业人员均可认定为研发人员）。

2. 从长远看，系统设计文化科技融合企业认定标准和支持政策

北京市文化创意产业发展迅猛[①]，特别是中关村出现了科技与文化产业融合、文化企业技术含量和附加值高的发展趋势，为进一步支持科技和文化相融合、促进文化产业发展，从长远看，建议打破原有拓宽国家重点支持高新技术领域的范畴或思维路径，根据文化科技融合企业的特点，参照动漫企业、技术先进型服务企业的认定办法和支持政策，系统设计文化科技融合企业的认定和支持办法，并在中关村进行试点。

---

① 据统计，2014 年，北京文化创意产业初步核算实现增加值 2794.3 亿元，占全市 GDP 的比重提高到 13.1%。北京市规模以上文化创意产业实现收入 11029.0 亿元。数据来源：北京市统计局　国家统计局北京调查总队。

> 它起先支持了技术革命的发展，继而加剧了可能引发冲突的技术经济领域和社会制度领域之间的互不协调。当这两个领域之间的协调建立起来时，金融资本又成为展开期的推动力；而当一场技术革命行将结束，它又有助于催生下一场革命。
>
> ——卡萝塔·佩蕾丝

第六章

科技金融

　　历次科技革命和产业变革的实践表明，科技创新和金融创新紧密结合是社会生产方式变革的重要引擎。促进科技和金融结合，不断创新财政支出方式，引导银行等金融机构加大对科技型中小企业的信贷支持，加大多层次资本市场对科技型企业的支持力度，引导民间资本参与自主创新。本章第一节归纳科技金融相关研究的最新进展，并且从理论层面回答了企业技术创新需要金融支持的原因。基于工作实际，系统总结了近年来我国金融支持企业技术创新的主要实践，剖析了金融支持企业技术创新面临的主要问题，并进行原因分析。第二节对国家自主创新示范区科技金融试点政策进行了跟踪和评价研究，剖析政策的突破点，总结政策的执行效果。研究发现，支持创业投资政策的引导效应不明显，科技型中小企业融资障碍较大，多层次资本市场建设相对滞后，科技保险功能未充分发挥。最后提出制定对天使投资和科技信贷的扶持政策，完善知识产权质押融资的政策环境，推动科技担保体系网络化发展等政策建议。第三节归纳总结促进科技金融发展的财政支持方式现状，指出了存在的主要问题。建议整合国家级科技金融专项资金，创新财政资金的投入方式，完善科技金融相关的税收政策，探索构建科技金融支撑平台的投入机制。第四节剖析了促进早前期投融资的支持措施和特点：财政资助更加关注产学研结合和发挥市场力量，公私合作帮助科技型企业启动，间接支持与直接支持相结合解决初创期困境，创新初创期企业信贷支持模式等，提出健全科研经费分配机制、完善创业投资引导基金运作模式、提高政策性金融机构对创新支持的聚焦度、引导民间资本加大对早期创新创业的支持力度等政策建议。

第一节 我国金融支持技术创新的最新进展与探讨

中共中央、国务院在《关于深化科技体制改革 加快国家创新体系建设的意见》中明确提出：促进科技和金融结合，创新金融服务科技的方式和途径。近年来，科技部会同人民银行、银监会、证监会、保监会，在财政、税务、国资等部门的支持下，与北京、上海等 16 个地方密切配合，积极开展促进科技和金融结合试点工作，探索科技资源与金融资源对接的新机制，努力创造环境条件，将金融资本和民间投资吸引、聚集到科技创新领域，进一步优化配置创新要素，为实施创新驱动发展战略提供重要支撑。

一、科技金融相关研究的最新进展

近些年来，国内外学者从不同的研究视角，对科技金融展开分析和研究。国外学者一方面研究了金融创新对技术创新的影响与作用，代表性的研究如：Aghion（2005）等分析了金融约束对引进国外先进创新技术的影响；Chou 和 Chin（2006）认为金融产品的创新有助于技术创新的加速推进；Luigi B.，Fabio S.和 Alessandro S.（2008）提出，金融资本尤其是银行业，对产业科技创新具有重要的促进作用；Stulz（2000）、Alessandra 和 Stoneman（2008）、Ang（2010）等学者从银行信贷市场、多层次资本市场、风险投资等角度，从理论和实证层面分析了各金融市场发展对科技创新的作用。另一方面，研究技术创新对金融创新与发展的作用机理及其影响，代表性的研究如 Schinckus C.（2008）从电子信息技术领域出发，研究了技术变革对金融的影响，认为以电子信息技术为代表的技术变革推动了金融创新的快速发展，提高了金融机构与金融市场的运作效率。

近几年来国内学者对科技金融研究非常活跃，文献数量也较多，为研究需要和节省篇幅，笔者在回广睿（2012），陆燕春、朋振江（2013）对我国科技金融理论研究回顾与综述基础上，主要分析了近两年的研究成果。近两年来学者们主要围绕等科技金融内涵与界定、不同的研究领域和研究重点、科技金融体系构成、科技金融运行机制、科技金融效率测度、现状与问题等方面展开研究，具有代表性的研究主要有：王宇伟、范从来（2012）分析了我国科技金融实现方式选择，国内科技金融领域普遍存在对创新初期的企业支持不足的现象，通过合理的制度安排实现创新者和各类科技金融机构之间的风险分担和收益共享来解决；邓天佐、张俊芳（2012）从科技金融结合的背景、促进科技金融结合的目标与任务、科技金融的主要特征及表现、我国科技金融工作的特点及亟待解决的问题等方面对我国科技金融整体框架进行分析；崔兵（2013）从理论和实践层面对政府在科技金融发展中的作用进行研究；肖泽磊、张镁予（2013）把苏州科技金融实践归纳总结为政府引导型，对该类区域科技金融服务体系建设展开分析；张明喜（2013）示范区科技金融试点政策跟踪研究，剖析政策的突破点，总结政策的执行效果；杜琰琰、束兰根（2013）从机构类型、产品特征、运作模式等方面对美国风险贷款进行梳理，为我国商业银行开展科技金融业务提供学习借鉴；赵旭（2013）分析了商业银行和创投引导基金在科技金融中的功能定位和现状分析；明明（2013）研究金融促进科技进步的功能和效果，并在国际经验研究的基础上，对总量和结构数据进行实证检验，研究了金融发展与科技进步的关系，分析了不同类型金融机构支持科技进步的效果；韩一萌（2013）金融创新背景下科技金融发展路径探析，建议以市场为导向，积极推动科技金融服务平台的建设，增强金融中介机构的投融资服务能力，加强诚信体系建设，降低科技金融市场的整体风险；吴翌琳、谷彬（2013）基于创新调查与企业财务数据的对接，实证分析中关村科技金融改革的现状与问题，系统论述了中关村科技金融服务体系的协同发展模式与启示；赵天一（2013）结合战略性新兴产业成长规律，深入分析科技金融的内涵及其与技术创新的关系，从公共科技金融、混合科技金融和市场科技金融的角度设计战略性新兴产业科技金融支持路径。

　　上述研究都有质量较高、数据可信的代表之作，为科技金融的研究提供了良好的营养基础。本书主要基于工作实际，较为全面掌握了全国科技金融结合创新的实践现状，尤其是最近两年的工作进展，通过针对性的调研，提出了目前存在的主要问题，进行原因分析，并且从理论层面回答了企业技术创新需要金融支持的原因，弥补了现有文献的不足。

二、企业技术创新需要金融支持

（一）科技企业不同发展阶段需要相应的金融支持

科技企业发展的阶段性特征十分明显，大致可以分为初创期、成长期、发展期和成熟期，各个阶段有不同的融资需求。科技企业大多是技术人员创办，初创期最需要起步资本，这个阶段需要天使投资、风险投资的介入。成长期以开发产品和进入市场为主要任务，最需要创业投资和生产条件，这个阶段需要创业投资和小额贷款的进入。发展期从创新链向产业链转变，以商业模式的创新为主要任务，对于营销、经营和市场融资的人才需求大幅度增加，需要得到银行信贷、PE的帮助。成熟期以完善企业治理结构为主要任务，实现可持续发展为主要需求，需要运用资本市场、并购基金等。

（二）各种商业模式需要不同金融支持

科技企业最具特征的就是掌握了一项或者多项先进技术，开发市场适用的产品，同时机制灵活、反应迅速，很好地实现技术和市场的有机结合。对于高端装备制造类企业，可以获得抵押贷款、租赁融资的支持；对于以互联网为代表的轻资产企业，能够通过风险投资、知识产权质押贷款等融资；对于科技企业"走出去"，通过贸易融资、出口信贷、信用保险、境外项目融资等渠道融资。

（三）各个创新阶段需要适应的金融支持

在研发阶段，投入主要是以企业投入和政府研发投入为主。在成果转化阶段，主要依靠企业投入、风险投资和创业投资。在产业化阶段，一般的市场性金融开始介入，银行信贷、资本市场等逐渐成为主流，包括民间资本的进入。

（四）金融促进技术创新的科技资源配置功能

除了上述融资功能以外，金融在促进技术创新方面还有资源配置功能。如在项目选择上，金融通过有专业技能且受到收益激励的金融家挑选出最具市场前景的潜在项目，能够充分发挥市场在资源配置中的基础性作用。在资源整合上，为科技型企业提供包括产业链整合、市场开拓、规范公司治理、提升管理技能等方面的增值服务。同时通过特定的风险收益结构安排，分散金融家的投资风险和企业家的创业风险①。此外，通过监督激励，促使金融家以自利的方式促进科技成果转化和产业化，充分发挥企业技术创新的主观能动性。

三、近年来我国金融支持企业技术创新的主要实践

（一）科技金融工作与投入机制逐步建立，政策环境不断优化

一是科技金融工作机制建设稳步推进。各级科技部门和金融部门等创新合作方式，建立多层次工作机制。科技部与"一行三会"建立部行（会）合作机制，与国家开发银行、中国银行、招商银行、深圳证券交易所、中国国际金融有限公司等建立合作关系；地方科技部门、国家高新区与金融部门建立合作机制，如广东省科技厅与国家开发银行、招商银行、中国出口信用保险公司等多家金融机构的分支机构开展了全面合作，乌鲁木齐市科技局与多家银行、产权交易所和担保机构建立了银政企合作平台。

二是科技金融投入机制逐步建立。北京、宁夏、贵州、江苏、云南、四川等地深化科技计划和经费管理改革，设立科技金融计划（专项）、贷款风险补偿资金、成果转化资金等，安排专项资金用于科技金融工作。如贵阳市在科技计划体系中特别增设了"科技金融计划"，主要用于设立科技创业投资引导基金、科技成果转化基金、科技信贷专营和配套机构的引导资金以及科技金融专项补助等方面，2011 年专项资金 3000 万元，2012 年增至 4381 万元。成都高新区设立涵盖天使投资风险补助、创业投资基金、股份制改造补贴、上市奖励、贷款利息补贴、贷款担保费补贴等专项资金，构建为不同成长阶段科技企业提供不同融资工具组合的"梯形融资模式"。

三是政策环境不断优化。2011 年以来，中央层面出台了一系列科技金融政策②。各地为使中央层面的政策落地，结合地方科技资源和金融资源条件和特点，制定大量政策，不断优化科技和金融结合环境。如苏州就密集推出十几项政策，范围涵盖银行、资本市场、保险业、中介服务体系等各个方面；陕西省以立法形

---

① 企业技术创新由于存在外部不确定性，技术创新项目本身难度大、复杂性强，创新者又受到自身能力的局限，使得技术创新项目整体上呈现出较高的风险；金融市场的发展，使投资者可以通过资产组合来分散这种风险，从而使他们能够选择更加专业化的技术项目进行投资。

② 如《关于促进科技和金融结合 加快实施自主创新战略的若干意见》等，具体政策详见《中国科技金融发展报告（2012）》。

式在省科学技术进步条例中明确科技金融相关内容。

（二）科技金融各领域进展突出

一是创业投资保持健康态势，天使投资快速崛起。2012 年，创业风险投资各类机构数达 1183 家，管理资本总量达 3312.9 亿元，当年投资 318.5 亿元。科技型中小企业创业投资引导基金累计投入 20.6 亿元，通过阶段参股方式，投入资金 12.09 亿元参股 46 家主要投资科技型中小企业的创业投资企业，累计募集资金 77.4 亿元，带动地方设立各类创投引导基金规模超过 260 亿元，间接带动社会资本规模超过 1400 亿元。天使投资正在逐步成为推动创业的重要力量，各类天使投资平台、天使投资基金、天使投资协会以及天使投资人表现活跃。各地纷纷设立天使投资引导基金，弥补和分担对早期和前端投资风险。如江苏省天使投资专项首期 2 亿元，主要向已投资种子期或初创期科技型小微企业的天使投资机构，提供不超过首轮投资额 30% 的风险准备金，并要求地方按照 20% 给予配套；长沙高新区设立规模 1 亿元的湖南省麓谷天使投资基金。

二是政策性金融和专营机构创新支持力度加大，银行业金融机构服务方式不断完善。截至 2012 年底，国家开发银行累计发放科技贷款 2674 亿元，余额达到 1880 亿元；中国进出口银行科技企业贷款余额达到 447 亿元；中国农业发展银行科技贷款余额达到 200 亿元。科技支行、科技小额贷款公司等专营机构迅速增加。据不完全统计，目前 16 个试点地区设立了 60 余家科技支行，贷款余额近 300 亿元；江苏省批准设立科技小贷公司 44 家，实现了省辖市和省级以上高新区两个"全覆盖"，已开业的 33 家科技小贷公司累计为 2171 户中小企业发放贷款 209 亿元。中国农业银行江苏分行根据新兴产业不同行业、不同阶段、不同客户的风险特点和金融需求，有针对性地创新金融产品和服务方式。光大银行推出股权服务全程通业务，采用"商业银行＋托管银行＋投资银行"模式，以股权服务平台为中心，通过"股权融资＋股权转让＋股权托管"三大服务层次，基于企业的生命周期特点对银行传统信贷、股权服务、投资银行服务等资源进行整合，并提供相应的综合金融服务。

三是资本市场加码支持科技企业。在开设中小板、创业板的基础上，科技部门与证券监管部门，优化科技成果入股制度环境，制定《关于支持科技成果出资入股确认股权的指导意见》，积极推动科技成果入股企业上市和新三板试点扩容，全国股份转让系统现有挂牌公司达 262 家，且全部为科技企业①。2012 年以来，挂牌公司定向发行 28 次，发行 2.06 亿股，融资金额 8.997 亿元。创业板市场稳步发展，335 家上市公司中高新技术企业 328 家，其中 296 家公司拥有与主营产品相关的核心专利技术 7132 件，138 家公司承担火炬计划项目，32 家为国家创新试点企业。2007~2012 年，共发行 12 只中小企业集合债，融资额 48.02 亿元；发行 75 只中小企业集合票据，融资额 195.14 亿元。2012 年 5 月，上海和深圳证券交易所出台中小企业私募债券业务试点办法，全年发行 79 只中小企业私募债，融资额 88.23 亿元。同年 6 月，苏州高新区成功发行全国首只科技型中小企业集合票据。

四是科技保险取得新突破。科技保险对高新技术产业的支持规模继续扩大，2012 年科技保险服务科技企业 5600 余家，风险保障金额达 7300 多亿元。中国人保财险在苏州设立全国首家科技保险支公司，阳光财险、国泰财险、太平财险等六家保险公司联合交通银行苏州分行成立第一个科技型中小企业贷款保证保险共保体，银行、保险、保险经纪等金融机构联手提供创新的集成金融服务。贷款保证责任保险、自主创新产品的首台首套保险等新险种成为发展方向。中关村自主创新产品首台（套）保险机制逐步建立，2012 年又设计关键技术知识产权抵押贷款保证保险和专利执行保险两个险种，进一步满足科技企业的风险需求。同时中关村还开展了中小企业信用保险及贸易融资试点，已累计提供超过 200 亿元的信用保险额度和 10 亿元的贸易融资额度。上海、江苏、宁波等地试点开展小额贷款保证保险，取得了较好效果。2013 年上半年，保险业共帮助 6.6 万户小微企业获得 368.1 亿元贷款资金；保单质押贷款余额达 1001 亿元，主要用于小微企业资金周转，有效盘活了存量资金，满足了小微企业的需要。

（三）科技金融综合创新不断涌现

一是综合金融模式推出新业务，如中国银行深圳分行的选择权贷款、大部分银行开展中小企业财务顾问业务、深圳高新投推出的担保换期权、连城资产评估的"评估+担保"模式、东方集成"仪器经销+科技租赁"等。

二是业务链条细化分工，银行在内部设立专门的中小企业金融部门和投资银行部门（团队）、成都高新区实施的统借统还等助贷方法、数银在线等规范的贷

---

① 数据截至 2013 年 7 月 31 日。

款中介等助贷机构。

三是产品设计的精细化和结构化，以知识产权为代表的抵质押物品种增加，2012 年我国专利、商标、版权全年分别实现质押融资 141 亿元、214.6 亿元和 27.51 亿元；杭州系列"中小企业集合债权信托基金"的行业细分、中小企业集合票据中的"风险—收益"分层和引入保护措施等。

（四）科技金融服务平台快速发展

科技金融服务平台主要包括科技金融服务中心、科技金融信息服务平台、科技专家咨询服务系统、科技金融专业投融资机构等。目前全国已有 26 家不同类型的科技金融服务中心，面向科技型中小企业提供投融资服务；在国家科技支撑计划的支持下，成都、武汉、天津等地正在联合组建面向科技型中小企业的科技金融信息服务平台；2009 年科技部、银监会启动科技专家参与科技型中小企业信贷项目评审工作，并建立银行科技型中小企业信贷项目科技专家咨询系统，目前专家咨询系统共有 2695 名科技专家，中国银行、农业银行、交通银行、北京银行、江苏银行等金融机构的下属科技支行已经向系统内专家开展多项咨询；中关村科技园区、苏州高新区、无锡高新区等地分别成立了专业投资科技型中小企业的投融资机构；中新力合、阿里金融、全球网、融资城等社会中小微企业融资平台蓬勃发展。

（五）科技金融区域特色逐渐凸显

北京中关村建设"全国科技金融创新中心"，九部委会同北京市政府联合出台《关于中关村国家自主创新示范区建设国家科技金融创新中心的意见》，对建设的指导思想、原则、目标及具体工作部署予以明确，针对科技企业多元化的有效融资需求，探索形成"一个基础、六项机制、十条渠道"的科技金融体系。武汉东湖高新区打造"资本特区"，从加大政策引导、集聚金融资源、加强平台建设、完善市场体系、推动金融创新等方面着手。上海杨浦建设"科技金融功能区"，通过制定科技金融发展规划，发挥资源优势，加快要素市场集聚，建设服务体系，取得积极成效。

四、金融支持技术创新面临的主要问题与原因分析

（一）现有金融体系有待进一步健全

目前，科技企业融资过多依赖以银行信贷为主的间接融资，银行信贷融资属

于风险厌恶型，而众多的科技企业风险大，难以达到银行的传统信贷门槛，金融市场组织、产品、服务与科技企业成长规律不匹配。同时，由于受相关税收政策的不完善、将国有创投纳入一般性经营资产管理等诸多因素影响，导致我国创业风险投资过度集中于企业中后期投资，对初创期和成长期的科技型中小企业的投资不足。此外，境内资本市场上市门槛未充分考虑创新创业特征，导致部分高科技、新兴产业、新商业模式企业难以获得直接融资。

（二）财政科技投入对金融资本的职能作用没有充分发挥

综合来看，财政资金引导金融资本和民间投资的作用主要体现在以下方面：一是投资的杠杆放大作用；二是政府增信作用；三是降低科技企业融资成本；四是为金融机构分担风险。目前财政科技投入主要布局在国家科技计划，并且支持方式大多为无偿资助，这种组织机制和投入方式对银行等金融资本的引导不够，缺乏增信手段，分散风险较弱，职能作用没有充分发挥。

（三）科技金融服务平台能力较弱

由于对企业亟须的科技金融平台建设投入严重不足，对市场化运作的服务平台缺乏有效引导，现有的科技企业孵化器、大学科技园、生产力促进中心等机构为企业提供全方位服务的商业综合解决方案能力较弱，从而导致面向科技企业的担保与再担保体系、信用体系、科技成果投融资信息服务体系等中间环节缺失，覆盖面较窄，服务功能弱化。

（四）科技企业信用体系有待完善

部分科技企业习惯于作坊式生产，满足于自有资金的缓慢积累，不善于利用金融的力量整合资源。一方面是融资成本较高，许多科技企业不愿意与金融机构打交道；另一方面是大多数科技企业财务管理制度不健全且缺乏透明度，信用意识淡薄，金融机构所掌握的科技企业信息不规范、不充分而导致不敢支持。归根结底是科技企业信用体系较为薄弱。

（五）科技金融人才队伍缺乏

科技金融对人才要求非常高，作为一个合格的科技金融人才，不仅需要具备敏感的商业天分，而且需要具备发现科技项目潜在商业价值的能力。从我国发展科技金融的过程来看，与筹集资金相比，缺乏一支懂科技、懂金融、懂企业运作的科技金融人才队伍，这更是科技金融业成长速度过慢的主要瓶颈。

五、政策建议

(一) 建立多元化、多层次、多渠道的科技投融资体系

企业是技术创新的主体，科技成果转化和应用的主体，也是科技投入的主体，亟须建立紧密围绕科技企业需求的投融资体系。深入推进金融体制改革，创新金融组织，大力发展科技银（支）行，引导商业银行开发适合科技企业特点的信贷产品，加大金融业支持科技的信贷投放；扩大科技企业直接融资规模，规范和引导创业投资向前端和早期投资；拓宽社会融资渠道，创新金融工具，通过配套服务满足企业技术创新的多样化投融资需求。

(二) 利用财政资金盘活金融资源

增加科技金融引导性投入，通过设立创业投资子基金、贷款风险补偿等方式，带动增量资源参与科技成果转化；扩大科技型中小企业创新基金规模，通过研发资助、贷款贴息、资本金投入等方式支持企业技术创新活动；探索新的财政引导方式，利用后补助、贷款贴息、保费补贴、风险补偿、以奖代补等手段，创新国有资本运营管理，盘活存量资源，带动金融资本和民间投资支持企业技术创新。

(三) 健全综合性科技金融服务平台

健全综合性科技金融服务平台，创新信息网络建设，扩大金融服务的覆盖面；增加科技金融服务平台建设引导性投入，依托生产力促进中心、科技企业孵化器、大学科技园、金融机构等，搭建多元化、多种类、多形式的科技金融服务平台；建立激励机制，培育和规范中介服务机构，提升专业服务能力，充分发挥其技术创新服务功能和投融资平台作用。

(四) 推进科技企业信用体系建设

深入开展科技金融政策的宣传和培训，提高科技企业对融资的认识；鼓励科技企业完善公司治理与财务结构，加快企业改制与上市进程；依托国家高新区开展科技型企业信用体系建设试点，建立健全适合科技企业特点的信用征集体系、信用评级制度和信息共享机制，营造良好的科技企业金融服务生态环境。

(五) 培育科技金融人才队伍

人才是创新第一资源。培养打造科技金融复合人才，不仅要遵循科技创新自身规律，也需要熟悉各种金融工具；不仅要了解银行金融工具特点，认识了解风

险投资工具特色，也要学习知道保险等众多金融工具特质；不仅要善于使用直接政府投入，也要学会运用间接政府投入；不仅能够利用政府资源，更要学习充实利用市场机制的知识，增长调动集聚各种科技创新要素与资源的才干与能力，熟悉与各类金融工具对接的技巧。可行便捷的途径之一是金融机构多招聘有工科背景的人才，使他们能够在银行体系内发挥作用，更好地推动金融创新，服务于科技创新。

第二节　示范区科技金融试点政策跟踪及推广研究

中共十八大确立创新驱动发展战略，对科技工作提出新的更高要求。实施好创新驱动发展战略，强化科技金融结合是"十分关键的一招"。历次科技革命和产业变革的实践表明，科技创新和金融创新紧密结合是社会生产方式变革的重要引擎。2009~2010 年，国务院先后批复北京中关村、武汉东湖和上海张江建设国家自主创新示范区（以下简称示范区）。示范区推行了一系列由中央部门、所在省（直辖市）制定的创新试点政策，尤其在科技金融方面，不断优化科技和金融结合的环境，搭建科技金融服务平台，加强信用体系建设，创新服务模式和产品，引导金融资本和其他社会资本加大对科技创新的投入，在创业投资、科技贷款与担保、上市融资以及科技保险等方面，进行了富有成效的探索。

本节重点跟踪评价了 30 余项科技金融政策[①]，这些试点政策是对现行制度的修订、调整和突破，跟踪评价和研究分析这些政策并及时总结成功经验和发现问题，提出未来完善方向和推广建议，为相关部门和地方出台支持示范区建设发展的新举措提供支撑。

一、科技金融研究的最新进展

国外学者对科技金融的研究，首见于 Schumpeter（1912）在《经济发展理论》

---

① 由于受研究对象和研究时间的限制，这些政策可能并不完整，但是总体上能够反映全貌和趋势。最新颁布实施和完善的政策留待下一阶段跟踪和深入研究。

一书中，演示了货币、信贷和利率等金融变量对经济发展和创新的重要影响，他特别强调，功能齐全的银行可以识别并支持那些可以成功地应用新技术和生产工艺的企业，由此促进技术创新。Gurley（1960）等认识到银行系统（包括商业银行与中央银行）对于一国经济发展的影响。Saint-Paul（1992）从金融发展的角度分析，金融市场的风险将增加经济主体的风险，但会在更高的水平上提高生产力，促进技术进步。King 和 Levine（1993）发现当通过选择最有前途的企业和项目，增加信贷资金，在提供了分散风险工具和加强信息披露时，可以促进技术创新。Bencivenga（1995）探讨了二级资本市场交易的流动性为技术创新提供重要作用。Levine（2000）等的实证研究表明，金融对长期经济增长的贡献在于提高全要素生产率，而不是增加资本存量。Chou（2001）等分析了金融产品（服务）创新对技术创新的不同影响。佩蕾丝（2002）通过研究人类历史发生的五次科学技术革命后发现，每一次科技革命的扩散过程中，金融和信贷系统都发挥了关键作用，特别是金融资本的出现对科技创新和扩散具有深远的影响。Aghion（2005）等分析了引进国外先进创新技术中金融约束对其的重要影响。Chou 和 Chin（2006）提出，金融产品的不断创新，可以加速推进技术创新。

国内学者对科技金融的研究逐渐增多，回广睿等（2012）对近10年来关于科技金融问题研究文献的收集，从金融对科技的贡献及科技金融的内涵、机制与体系、路径与模式、效益与风险以及我国科技金融的现状与问题等方面进行了研究综述。本文在此基础上，总结归纳了近两年来具有代表性的研究。王宇伟、范从来（2012）指出国内科技金融领域普遍存在对创新初期的企业支持不足的现象，通过合理的制度安排实现创新者和各类科技金融机构之间的风险分担和收益共享，是解决这一问题的关键。赵稚薇（2012）实证研究表明，政策性科技投入对技术创新的作用效率有显著的正向作用，科技贷款的作用效率为正但不显著，而创业风险投资则对技术创新效率有显著的抑制作用。高蕾（2012）对科技金融发展的国际态势及经验进行了系统总结，并结合我国实际提出政策建议。邓天佐、张俊芳（2012）探讨剖析了我国科技和金融结合的内涵、规律、特点及表现形式，总结了我国科技金融结合近期发展的态势与现状，并对现阶段科技金融工作的特点以及亟待解决的问题提出几点建议。张明喜（2012）归纳了促进科技金融发展的财政支持方式现状，指出了存在的主要问题：科技金融引导资金投入量不足，科技金融投入方式不够灵活，间接投入存在漏洞，科技金融发展的支撑条件有待健全。中国人民银行武汉分行课题组（2013）剖析当前武汉市科技金融模式中几个比较突出的现象和国内典型模式的基础上，提出了完善武汉科技金融结合模式的建议。刘思培（2013）研究指出，商誉权作为现代商主体外在形象的一项重要内容，其在以人格权属性为基础的同时，也具备财产权的重要属性，这一特殊财产权中人格和财产的双重内涵界定，使得商誉权的资本化增值成为科技金融创新的重要内容。

上述研究剖析了金融创新对科技创新的作用机理，有学者还对科技金融进行了实证分析，值得学习借鉴。但本文主要基于在国家自主创新示范区开展的科技金融试点政策，并且指出目前存在的问题及未来的政策建议，从而弥补上述研究的不足。

二、示范区科技金融政策着力点

示范区推行了一系列由中央部门、所在省（直辖市）制定的科技金融试点政策（见表6-4）。

（一）创业风险投资

第一，设立创业投资引导基金，采取跟进投资、参股等方式，直接或间接投资于重点发展领域内的高新技术企业。第二，针对创业投资机构，对其实际投资额、建（购）房补贴，对其缴纳的所得税和营业税地方分成部分进行奖励，根据实际投资本金损失的一定比例给予风险补偿，以及参照同期银行贷款基准利率的一定比例给予收益补贴。第三，对创业投资企业高级管理人员和核心人员实行年薪制、股权、期权等激励措施。第四，对科技型中小企业利用股权投资基金融资，给予中小企业建（购租）房补贴，并对其缴纳的增值税和企业所得税地方留成部分进行奖励。

（二）科技信贷与科技担保

第一，对试点企业给予信用评级费用补贴、贷款贴息，对试点银行发放的科技型中小企业贷款部分不良贷款处置所发生的实际损失，给予风险补偿。第二，加快知识产权质押贷款工作，通过建立培育引导机制、信用激励机制、风险补偿机制、组合融资机制和风险分担机制（担保换利润分红、期权等）引导知识产权质押贷款工作。第三，科技担保方面，给予企业贷款贴息和担保费补贴，给予担保机构担保补贴、损失补偿、落户奖励、购（租）房补贴和财税奖励。第四，促进科技型中小企业金融服务专营机构和小贷公司发展，采取落户奖励、建（购租）房补贴、风险补偿、业务增量补贴、财税奖励等手段。

（三）多层次资本市场

示范区主要根据中小企业改制、上市挂牌、公司并购和股权收购等不同阶段给予相应的财政扶持，同时从工商登记、优化上市环境、培育上市资源、完善政策体系等方面全方位支持多层次市场建设。

（四）科技保险

第一，在信用保险方面，采取给予企业资信调查费补贴和企业保费补贴，同时对获得贷款并按期还本付息的试点企业给予贷款贴息，对试点保险机构每年新增承保额度给予奖励等措施。第二，在首台（套）科技保险方面，已认定的中关村首台（套）重大技术装备试验、示范项目实行保险费资助，对新技术新产品（服务）实行保险费资助。第三，在其他科技保险方面，主要采取对科技企业采取保费补贴方式予以支持。

（五）科技金融顶层设计、金融机构及人才

第一，加强对促进科技和金融工作的顶层设计，通过健全科技与金融相结合的服务平台、完善科技金融信用服务体系、加强对科技金融服务的组织协调等方面促进科技和金融结合工作。第二，设立专项资金，鼓励金融机构发展，采取落户奖励、建（购租）房补贴、并购交易中介费用补贴、业务奖励、风险补偿、所得税和营业税地方留成部分奖励等方式，引进和鼓励新设金融机构，促进股权投资、担保、小额贷款公司等金融机构发展，并且支持金融机构开展科技金融创新服务。第三，加快金融人才集聚，主要从租房补贴、个人所得税地方留成部分奖励、子女入托及义务教育优待等方面，对金融人才给予优惠待遇。

三、政策执行与效果

（一）创业风险投资

示范区是其所在省市科技资源最为密集和活跃的区域，因而也是其所在省市创业风险投资最集中和活跃的区域。相比上年，2011 年示范区创业风险投资在机构数目、管理资本、投资项目数和投资额上，都有较大幅度增加。中关村示范区内还形成了独特的股权投资模式，如中关村发展集团探索以股权投资为主的科技成果产业化新体系，发挥国有资本对科技创新的引领带动作用，建设多层次资

源要素为支撑的融资平台，支持科技成果转化。如表 6-1 所示。

表 6-1 示范区创业风险投资情况

项 目	北京市		武汉市		上海市		安徽省	
	2010 年	2011 年	2010 年	2011 年	2010 年	2011 年	2010 年	2011 年
创业风险投资机构数（家）	40	49	43	46	70	82	25	46
创业风险投资管理资本总额（亿元）	223.4	474.1	77.1	192.2	306.8	394.1	66.5	102.7
投资项目数（个）	64	57	80	96	45	158	60	78
投资金额（亿元）	18.03	44.92	6.79	11.02	17.98	31.99	12.97	19.49

资料来源：《中国创业风险投资发展报告 2011》、《中国创业风险投资发展报告 2012》和中国创业风险投资信息系统。

（二）科技贷款

参与北京市科技信贷补偿计划的银行共 23 家，支持 258 家企业，发放贷款 295 笔，贷款折合人民币约 260 亿元。18 家银行在中关村设立了专门为科技企业服务的信贷专营机构或特色支行，北京银行和中国建设银行设立了中关村分行。以中关村科技担保公司为平台，已累计为企业提供贷款担保 641 亿元，其中 2012 年新增担保 120 亿元；累计组织 149 家/次中小企业发行直接融资产品，融资额共计 27.7 亿元；各银行在中关村内累计发放知识产权质押贷款 97.6 亿元；中关村小额贷款公司累计发放贷款 33.4 亿元；杭州银行推出针对中关村代办挂牌企业的股权质押贷款，累计为 38 家/次企业发放贷款 6.6 亿元。

武汉东湖截至 2011 年底，累计成功为 37 家企业办理 60 笔股权质押融资，实现直接和间接融资总金额逾 55 亿元。依托生产力促进中心等平台发展中小企业集合贷，集合贷款已支持 50 多家企业，发放贷款达 8.75 亿元。武汉东湖拥有光谷担保、中融担保、银乾担保等担保公司总数达 9 家，注册资本总额超过 15 亿元，2011 年中小企业累计获得担保贷款超过 60 亿元。

上海市金融机构进一步加强了对小微企业扶持力度，呈现了银行贷款、小额贷款、融资担保金额和户数俱增的良好态势。2012 年 3 月底全市小企业贷款余额 5635 亿元，增幅 1.2%，微型企业贷款余额 825 亿元，增幅 6.8%，银行业对小微企业贷款超过全市企业贷款的增幅。已开业的 75 家小额贷款公司 3 月底小额贷款余额 120.29 亿元，其中小企业贷款余额 59.94 亿元，增幅 10.92%，科技企业贷款余额 31.87 亿元，贷款户数 598 家，增幅 0.87%。融资性担保余额 436.8

亿元，其中科技企业担保余额 24.61%。2013 年 1 月，上海市共有 27 家科技企业通过科技金融服务平台，获得总额达 1.46 亿元的银行贷款。其中参加科技履约责任贷的企业有 20 家，获得贷款 6100 万元；参加科技成果转化信用贷的有 4 家，获得贷款 8000 万元。此外还有小巨人信用贷、创新基金微小贷等多种贷款方式。如表 6-2 所示。

表 6-2　上海市小额贷款公司贷款统计情况

项目名称＼时间	2011 年 12 月	2012 年 3 月	增加额	增幅(%)
贷款余额（亿元）	112.09	120.29	8.2	7.32
放贷企业数（家）	4833	5053	220	4.55
其中：1. 小企业贷款余额（亿元）	54.04	59.94	5.9	10.92
小企业贷款占总贷款比例（%）	48.21	49.83	1.62	3.36
小企业贷款户数（家）	1603	1710	107	6.67
2. 科技企业贷款余额（亿元）	29.43	31.87	2.44	8.30
科技企业贷款户数（家）	537	581	44	8.20
科技企业贷款占总贷款比例（%）	26.26	26.49	0.23	0.87
已开业小额贷款公司数（家）	72	75	3	4.17

注：本表统计范围为上海市经审核批准并已开业的小额贷款公司，数据来源于上海市金融办，截止时间为 2012 年 3 月 31 日。

（三）多层次资本市场

中关村上市公司群体加速壮大，"中关村板块"效应增强，目前创业板上市企业 53 家，中小板上市企业 38 家。上海市中小企业在 IPO 方面有较好表现，目前创业板上市企业数 28 家，中小板上市企业 27 家；2011 年上海股权托管交易中心启动，截至 2012 年底，挂牌企业 48 家，成交额超过 1 亿元。东湖高新区企业上市取得新突破，截至 2012 年 4 月底，东湖高新区上市公司 31 家，其中国内上市公司 25 家，海外上市公司 6 家，形成了境内境外、主板、中小板、创业板多途径上市的格局，利用资本市场累计融资 374.22 亿元，其中股票融资 294.07 亿元，债券融资 80.15 亿元。

中关村代办试点工作进展顺利，为建设统一监管下的全国场外交易市场积累了经验，奠定了基础。2012 年 9 月，武汉东湖、上海张江和天津滨海三个国家高新区被纳入新三板试点范围，截至 2013 年 3 月，挂牌企业达到 205 家。2012 年 1~10 月，挂牌企业通过定向增资获得 8.2 亿元融资。如表 6-3 所示。

表6-3 示范区所在省市上市或挂牌情况统计

单位：家

板块 \ 区域	北京市	上海市	湖北省
创业板	53	28	11
中小板	38	27	10
主板	129	181	65
新三板	179	8	10

注：截止时间为2013年3月4日。

（四）科技保险

中关村信用保险及贸易融资试点工作进展顺利，累计为65家/次企业提供近200亿元的信用保险和10亿元的贸易融资贷款。武汉市共有400家（次）高新技术企业购买了科技保险产品，累计缴纳科技保险保费约6500万元，企业享受约500亿元的科技保险保额服务。上海市2012年科技保险保额3.05亿元，参保企业83亿元，并且推出科技型中小企业履约保证保险贷款，截至2012年10月底，履约贷款已经受理企业申请319家/次，放款企业193家共获得贷款6.3亿元，其中48家企业为首次贷款。

中关村首台（套）重大技术装备示范项目保险补偿机制自2010年实施以来，通过给企业生产销售的首台（套）重大技术装备提供保险保障，在风险转移、促进产品推广运用、项目资金融资、技术专利保护等方面发挥了重要作用，取得了较好的效果。越来越多的企业对首台（套）保险机制表示认同。2012年又设计出台了首台（套）重大技术装备关键技术知识产权抵押贷款保证保险和首台（套）重大技术装备专利执行保险两个险种，进一步满足科技企业的风险需求，保障科技企业利益。

四、问题及政策建议

（一）支持创业投资政策的引导效应不明显，建议出台对天使投资的扶持政策

目前创投机构尤其是引导基金支持的创投机构仍然集中于成熟和后端项目，许多处于初创期的科技型中小企业仍然得不到资金支持；同时天使投资以及进行早期投资的机构数量仍然匮乏。建议一方面加大针对天使投资和早期投资引导基金的设立工作，引导和促进社会资金加大对初创期企业的投资力度；另一方面可

借鉴 OECD 有关国家鼓励天使投资的经验，研究制定有关对私人投资者投资非上市公司的个人所得税及损失税前弥补的相关优惠政策。

（二）科技型中小企业融资障碍较大，建议制定科技信贷的扶持政策

由于科技型中小企业缺乏抵质押物、技术风险大、成长性难以把握、管理成本高，传统银行信贷模式难以为科技型中小企业提供融资服务，同时缺乏银行授信尽职免责的操作细则和风险分担机制。在政策层面，提出以下建议：第一，在示范区率先建立符合银行支持科技型中小微企业发展的监管制度，推进利率市场化改革，落实中小微企业客户经理"尽职免责"制度；第二，制定支持科技支行发展的相关政策，开展示范区内的社区银行试点工作；第三，在示范区内对科技小额贷款公司进行扩大经营范围试点，完善小额贷款融资和服务方式，开展小额贷款公司扩大融资倍数和资金来源试点；第四，试点开展对科技成果转化贷款的风险补偿机制，建立示范区、银行、担保机构对科技成果转化贷款的风险分担机制。

（三）知识产权质押贷款受制于退出渠道，建议完善知识产权质押融资的政策环境

目前对于企业质押的专利、技术等无形资产，出现未还款情况时，银行等机构对无形资产进行处置渠道较为狭窄，有关知识产权估价、交易等尚未解决。建议首先完善知识产权质押融资的政策环境，构建从知识产权评估、金融服务到交易处置等全程投融资服务体系，加强知识产权质押融资政策的宣传普及，设立质押贷款贴息专项资金，降低企业融资成本；其次示范区制定出台知识产权质押融资的财政扶持政策，尤其是建立科技计划成果形成的知识产权质押融资给予财政补助的新机制。

（四）科技担保"小、弱、散、难"，建议推动科技担保体系网络化发展

专业化的科技担保公司普遍规模较小，发展不均衡，政策扶持不到位，担保层级低、覆盖面窄、担保资金总量不足。建议构建中央和地方共同出资的担保机制，中央财政与地方政府（示范区）、民间资金合资共建区域性担保子公司和向地方科技担保公司注资方式的方式，着力提升区域科技担保能力；在示范区开展科技担保公司风险补偿、代偿优惠、放大倍数等试点，提升担保机构抗风险能力。

（五）多层次资本市场相对滞后，建议加快推进全国场外交易市场建设

多层次资本市场体系建设相对滞后，支持科技型中小企业发展的潜力远未发挥。由于中小板、创业板市场实际进入门槛仍然较高，发行审核速度偏慢，创业板市场对自主创新企业和战略性新兴产业支持不足，代办股份转让系统扩大试点相关配套政策不完善。建议尽快加快代办股份转让试点配套制度建设，细化股权认定的相关政策，推动一批科技成果入股的企业上市融资；以区域性柜台交易为基础，加快全国性统一监管的场外交易市场建设，完善市场监管、准入与退出、信息披露等基础性制度建设，构建统一的交易规则、监管、上市标准、操作流程、业务模式等，形成相互合作的场外市场层级的内部结构，引入做市商等多种交易方式，形成"1＋N"场外交易市场分布格局；同时充分发挥技术产权交易机构的作用，促进科技成果转化。

（六）科技保险功能未充分发挥，建议不断丰富科技保险内涵

目前示范区对科技保险的引导和激励缺乏有效手段，各类险种对创新核心环节的风险分散功能不强，科技企业保险意识亟待提高，部分补贴不能及时到位，科技保险涉及的多个部门、地方之间还未建立有效顺畅的沟通协作机制。建议推广中关村首台（套）保险机制和融资保障类保险产品，充分利用保险工具支持科技企业新产品研发、生产、市场拓展、融资、进出口以及科技人员激励保障等方面作用，提高企业的风险管理水平，培育和发展科技保险市场；制定出台在国家科技重大专项、国家科技计划经费中列支科技保险费和对首台（套）产品实施用户保费补贴的相关政策；在示范区开展保险资金用于基础设施建设、战略性新兴产业培育和重大产业化项目投资试点。

（七）信用体系尚待完善，建议开展示范区信用体系建设

示范区信用体系有待完善，建议在加强信用环境和金融生态建设的基础上，推广中关村信用体系建设经验，依托示范区建立科技型中小企业信用体系，优化区域投融资环境；发挥信用担保、信用评级和信用调查等信用中介的作用，利用中小企业信用担保资金等政策，提升科技型中小企业信用水平。

促进科技和金融结合，是党中央、国务院的重大部署，是深化科技体制改革、实现创新驱动发展的重要着力点，是科技工作和金融工作的共同使命。促进科技和金融深入结合，既需要顶层设计，更需要真抓实干，需要在实践中持续积累和创造。在各方面的共同努力下，科技金融结合的内涵将不断丰富、外延将不断拓展，科技金融在实施创新驱动发展战略中的重要作用将进一步得到彰显。如表6-4所示。

表6-4 国家自主创新示范区主要科技金融试点政策一览

序号	内　　容
1	《东湖国家自主创新示范区鼓励担保机构从事融资性担保业务实施办法》（武政〔2010〕43号）
2	《东湖国家自主创新示范区关于促进科技保险发展的实施办法》（武新管〔2011〕194号）
3	《东湖国家自主创新示范区关于促进科技型中小企业金融服务专营机构发展的实施办法》（武新管〔2011〕190号）
4	《东湖国家自主创新示范区关于促进融资性担保公司发展的实施办法》（武新管〔2011〕191号）
5	《东湖国家自主创新示范区关于打造资本特区专项资金管理办法》（武新管〔2011〕189号）
6	《东湖国家自主创新示范区关于鼓励科技型中小企业利用股权投资基金融资的实施办法》（武新管〔2011〕195号）
7	《东湖国家自主创新示范区关于鼓励天使基金设立和发展的实施办法》（武新管〔2011〕199号）
8	《东湖国家自主创新示范区关于集聚金融人才的实施办法》（武新管〔2011〕198号）
9	《鼓励东湖国家自主创新示范区创业投资企业发展实施办法》（武政〔2010〕44号）
10	《关于加快推进中关村国家自主创新示范区知识产权质押贷款工作的意见》（中示区组发〔2010〕19号）
11	《关于印发〈上海市科技型中小企业信贷风险补偿暂行办法〉的通知》（沪财企〔2012〕24号）
12	《关于中关村国家自主创新示范区建设国家科技金融创新中心的意见》（京政发〔2012〕23号）
13	《中关村国家自主创新示范区创业投资风险补贴资金管理办法》（中科园发〔2011〕10号）
14	《中关村国家自主创新示范区企业担保融资扶持资金管理办法》（中科园发〔2011〕40号）
15	《中关村国家自主创新示范区新技术新产品（服务）应用推广专项资金管理办法》（中科园发〔2012〕62号）
16	《中关村国家自主创新示范区信用保险及贸易融资扶持资金管理办法》（中科园发〔2010〕42号）
17	《中关村国家自主创新示范区支持企业改制上市资助资金管理办法》（中科园发〔2011〕31号）
18	《中关村科技园区创业投资发展资金管理办法》（中科园发〔2007〕34号）
19	《中关村科技园区企业改制上市资助资金管理办法》（中科园发〔2007〕29号）
20	《东湖国家自主创新示范区关于促进小额贷款公司发展的实施办法》（武新管〔2011〕197号）
21	《东湖国家自主创新示范区关于鼓励天使基金设立和发展的实施办法》（武新管〔2011〕199号）
22	《东湖国家自主创新示范区关于融资补贴风险补偿专项资金管理暂行办法》（武新管〔2011〕156号）
23	《东湖国家自主创新示范区关于支持金融中介服务机构发展的实施办法》（武新管〔2011〕193号）
24	《东湖国家自主创新示范区开展企业信用贷款试点工作的实施办法（试行）》（武政办〔2010〕117号）
25	《东湖国家自主创新示范区开展信用保险及贸易融资试点工作实施办法》（武新管〔2011〕192号）
26	《关于扩大中关村信用贷款试点的意见》（中示区组发〔2009〕4号）
27	《关于推动科技金融服务创新 促进科技企业发展的实施意见》（沪府发〔2011〕84号）
28	《关于印发〈本市鼓励中小企业开展股权托管交易有关财政专项扶持办法〉的通知》（沪财企〔2012〕45号）
29	《关于印发〈上海市知识产权质押评估实施办法（试行）〉和〈上海市知识产权质押评估技术规范（试行）〉的通知》（沪财会〔2010〕52号）
30	《合芜蚌自主创新综合试验区专利权质押贷款试点工作实施办法（试行）》（皖政办〔2009〕129号）
31	《上海市人民政府办公厅转发市金融办等七部门关于本市促进知识产权质押融资工作实施意见的通知》（沪府办发〔2009〕26号）
32	《上海市人民政府关于本市推进股权托管交易市场建设的若干意见》（沪府发〔2011〕99号）

续表

序号	内　　容
33	《武汉市科技创业投资引导基金管理暂行办法》（武科〔2008〕190号）
34	《武汉市人民政府关于加强企业上市工作的意见》（武政〔2011〕43号）
35	《武汉市人民政府关于印发东湖国家自主创新示范区科技金融创新实施方案的通知》（武政〔2010〕53号）
36	《武汉市人民政府关于支持武汉东湖新技术开发区打造资本特区的意见》（武政〔2011〕44号）
37	《中关村国家自主创新示范区并购支持资金管理办法》（中科园发〔2011〕33号）
38	《中关村国家自主创新示范区科技型中小企业信用贷款扶持资金管理办法》（中科园发〔2010〕38号）

第三节　促进科技金融发展的财税支持方式研究

科技金融是指通过创新财政科技投入方式，引导和促进银行业、证券业、保险业金融机构及创业投资等各类资本，创新金融产品，改进服务模式，搭建服务平台，实现科技创新链条与金融资本链条的有机结合，为初创期到成熟期各发展阶段的科技企业提供融资支持和金融服务的一系列政策和制度的系统安排。加强科技与金融的结合，不仅有利于发挥科技对经济社会发展的支撑作用，也有利于金融创新和金融的持续发展。中共十七届五中全会明确提出，促进科技和金融结合，这对于加快推进自主创新，培育发展战略性新兴产业，支撑和引领经济发展方式转变，全面建设创新型国家具有重要意义。

一、促进科技金融发展财税支持现状

科技和金融的结合，是我国改革开放30多年来科技界工作的一个主题和重点。1985年《中共中央关于科学技术体制改革的决定》提出设立创业投资、开办科技贷款以来，我国科技和金融结合工作已经走过了25年历程，科技和金融结合的实践得到不断丰富与发展，科技金融政策体系正在初步形成，科技和金融结合工作的内涵不断丰富，地方科技和金融结合创新活跃。这些成绩的取得与财税支持紧密相关。目前，我国促进科技金融发展的财税支持方式主要有：

（一）无偿资助

主要用于以自有资金为主投资的技术创新及技术改造项目，改善中小企业发展环境项目，以及科技型中小企业技术创新项目的研究开发及中试阶段。这种投入方式还可以延伸为补助、创业资助、政府报销等多种形式，是科技金融专项资金中最为常见的一种资助方式。实践证明，无偿资助方式所产生的社会效益较好，具有扩大就业优势。但无偿资助的金额一般较少，资助条件较为严格。

（二）贷款贴息

主要用于符合国家和产业政策导向、科技含量高、市场前景好、具有一定水平、规模和效益，且银行贷款已到位的新产品开发、技术改造等项目。这种投入方式可以减少企业资金成本，改善财务状况，对处于新产品开发初期或从事技术改造的企业来说具有重大意义。贷款贴息方式所产生的经济效益较好，资金放大效应明显，吸引聚集资金能力较强。但贷款贴息以企业获取银行贷款为条件，对资信较低无法获取银行贷款却又急需资金的中小企业而言，通过这种方式难以得到扶持。

（三）资本金投入

一种是资本金直接投入，主要以财政资金作为资本投入到特定的企业或项目，一般主要投入初具规模、快速成长的科技创新企业，或用于高起点、具有较广创新内涵、较高创新水平并有后续创新潜力、预计投产后具有较大市场需求、有望形成新兴产业的项目。例如创业投资引导基金支持方式中的跟进投资，它主要对创业投资机构选定投资的企业，财政科技资金与创业投资机构共同投资，并在一定的期限内退出。这种投入方式以引导其他资本投入为主要目的，数额一般不超过企业注册资本的一定比例，可以依法转让，或者采取合作经营的方式在规定期限内依法收回投资。资本金投入方式可以更好地体现政府权益，明晰责任和义务，从企业的发展中政府获得收益。但由于要求起点较高，一般企业或项目很难达到。

另一种是资本金间接投入，即通常所说的阶段参股，指财政科技资金向创业投资企业进行股权投资，并在约定的期限内退出，主要用于基金投资。比如国家科技成果转化引导基金与符合条件的投资机构共同发起设立创业投资子基金，为转化科技成果的企业提供股权投资。

（四）风险补偿

在创业投资领域，按创业投资机构或企业实际投资额的一定比例给予无偿风险补助，主要用于种子期、初创期阶段的企业和创业投资机构，支持具有潜能的高新技术企业及其产品的研究开发，加快高新技术成果产业化。在科技成果转化领域，财政部对合作银行发放成果转化贷款给予一定的风险补偿。

（五）后补助

后补助（包括绩效奖励、以奖代补）是一种激励性转移支付，主要体现在对完成特定的政府工作目标和任务，是财政资金奖励或者补偿，属于一种事后的激励性措施。比如《国家科技成果转化引导基金暂行管理办法》规定，对于为转化科技成果做出突出贡献的企业、科研机构、高等院校和科技中介服务机构，转化基金可给予一次性资金奖励。

（六）融资担保

主要用于支持中小企业信用担保体系建设，引导和吸纳社会资本，扩大中小企业融资渠道，为企业创造良好的融资环境；或者根据信贷征信机构提供的信用报告，对历史信用记录良好的创业投资企业，采取提供融资担保方式，支持其通过债权融资增强投资能力。

（七）间接投入——税收优惠

一是对创业投资企业采取股权投资方式投资于未上市中小高新技术企业两年以上，可以按照其投资额的70%，在股权持有满2年的当年抵扣该创业投资企业的应纳税所得额；当年不足抵扣还可以在以后的纳税年度结转抵扣。二是对中小企业信用担保再担保机构从事担保业务的收入，3年内免征营业税；中小企业信用担保机构按照规定比例计提的担保赔偿准备、未到期责任准备，允许在企业所得税税前扣除。

二、存在的主要问题

（一）科技金融引导资金投入量不足

科技企业在成果转化初期和规模化融资初期都面临着很大的障碍，目前对"成长瓶颈"性融资主要只能依靠金融形式投入，传统意义上的科技财政资金远不能解决问题。中央部门和大多数地区还未设立科技金融专项资金，其他可以用于科技金融事业和领域的资金量也较小，不能形成有力的风险分散和共担机制，因而也不能有效引导和调动金融资本的积极性。

（二）科技金融投入方式不够灵活

科技金融引导资金运作不能简单套用传统科技资助方式，虽然不同层面开展的多种投入方式的探索为推动资金链条与创新链条之间的匹配发挥了重要作用，同时地方政府科技资金中虽都设有名目繁多的产业化投入资金，但资助方式创新不足，故效果不大。从总体来看，科技金融的投入方式仍以无偿拨款为主，投入方式较为单一的局面没有得到根本转变。对于无偿拨款以外的其他方式的应用仍处在探索阶段，不同投入方式所涉及的各参与主体的利益划分、风险分担、财政资金安全的保障等问题也还需要进一步研究和明确。

（三）间接投入存在漏洞

目前，我国支持科技金融工作的各类政策措施尚不完善，制约了工作的进一步开展，在间接投入即税收政策方面表现得较为突出，如我国银行目前的税制结构是以营业税与企业所得税为主体的双主体结构，营业税对贷款供求双方行为的扭曲效应明显，降低了融资市场效率；银行与担保公司共同承担不良贷款的分担机制设计，在实际操作中，当出现不良贷款风险时，对银行损失风险认定程序较为复杂，银行坏账无法核销；有限合伙制创业投资机构的重复征税，税负较重，制约了有限合伙创投的发展。

（四）科技金融发展的支撑条件有待健全

在国家创新体系建设中，科技金融需要政府、金融机构、企业和社会中介组织的共同参与，尤其需要在政府推动下市场化运作。目前，政府科技创新产业化引导投入还缺乏专业化的科技投融资机构（平台），科技企业的知识产权登记、保护、转让等体系建设滞后，以及服务于科技成果定价、评估、转移的信息、财务、法律、咨询、策划等中介机构发育尚不完善，金融系统难以依法对其进行抵（质）押融资。

三、政策建议

推进科技金融工作核心问题是，解决科技企业融资问题，促进科技成果产业化，这需要整合科技金融资源，优化科技金融环境，引导金融资源向科技领域集聚，完善科技金融有机结合的体制机制，深入推进科技金融试点工作，加强风险防范。在财税支持中，重点把握以下几个方面：

（一）整合国家级科技金融专项资金

整合各种国家级科技金融专项资金，促进形成多元化、多层次、多渠道的科技投融资体系。具体包括：一是扩大科技型中小企业创业投资引导基金的规模，设立一批面向科技型中小企业开展投资的创业投资机构，引导创业投资机构投资于初创期科技型中小企业；二是鼓励并支持地方设立创业投资引导基金，通过阶段参股和风险补偿等多种方式扶持创业投资机构，促进政府引导、市场化运作的创业投资发展；三是建立国家科技成果转化引导基金，通过建立创业投资子基金、贷款风险补偿等方式，带动民间资金和银行信贷资金支持科技型中小企业开展科技成果转化及产业化活动；四是建立科技项目银行贷款风险补偿基金，鼓励银行向科技项目发放贷款；五是建立自主创新产品首台（套）风险补贴资金，引导保险机构为应用首台（套）自主创新产品提供风险保障。

（二）创新财政资金的投入方式

在强化各级、各部门财政科技投入的协同整合运用的同时，加强财政资金和金融手段的协调配合，综合运用资金资助、产业投资、风险补偿、贷款贴息、税收激励以及后补助等多种方式，吸引社会资金有效参与到各级科技计划、科技成果转化、创业孵化等科技创新发展的各个领域。在重大专项以及产业化目标明确的科技项目中，积极探索财政资金的多种投入方式；对于基础性和公益性研究，以及重大共性关键技术研究、开发、集成等公共科技活动，采取前补助、后补助等支持方式，发挥政府资金主导作用；对于具有明确的、可考核的产品目标和产业化目标、成果边界清晰的重大专项项目（课题）引入市场机制，积极探索贷款贴息、创业投资等其他支持方式；支撑计划启动贷款贴息资助方式，鼓励企业使用银行贷款；完善与银行等金融机构的合作，探索科技部门与金融机构联动的项目推荐机制；加强对科技型中小企业担保的政策支持，扩大科技型中小企业贷款规模；推广科技保险，开发科技保险新险种，研究保险资金支持科技的新模式。

（三）完善科技金融相关的税收政策

首先，建议银行对科技型中小企业的贷款业务给予税收优惠，解决科技型中小企业融资难困境；其次，规范税务部门对银行坏账的核销程序，完善服务，提高效率；再次，减轻创业投资有限合伙人的所得税税负，出台鼓励前端投资和长期投资的普惠性优惠政策，研究制定创业投资家的个人所得税优惠政策，促进创业投资业健康有序发展；最后，尽快开征创业板市场资本利得税，抑制资本市场投机，缩小股市贫富两极分化。

（四）探索构建科技金融支撑平台的投入机制

加大对科技金融支撑平台建设的投入力度，提升科技金融整合资源的能力。

一是建立符合监管条件的科技型中小企业贷款平台；二是建立一批服务于国家高新区科技型中小企业，提供小额、快速、便捷信贷服务的科技小额贷款公司；三是打造一批具有综合金融服务能力的示范性科技金融集团，培育科技与金融结合重点企业；四是支持一批集估价、咨询、法律、财务等多种功能为一体的科技金融中介服务机构；五是建立一批科技型中小企业信用建设示范区，优化区域投融资环境；六是建议科技部以及相关省市设立"科技金融促进中心"，负责具体承担科技金融合作的有关操作事项；七是依托技术转移示范机构、技术市场、技术转移中心、科技开发中心与科技成果转化中心，建立全国性技术产权交易机构联盟，开发相应的信息化、网络化的技术交易支持系统与展示平台，并在此基础上，研究设立区域性的科技型中小企业股权交易中心，建立科技成果的公示公告机制，对应用类科技计划项目成果，应探索"强制"进场交易制度，推动重大科技成果直接进入市场。

促进科技和金融结合工作，既是科技创新成果财富化的关键，也是我国能否抢占新一轮产业革命先机的要害所在。我们要着力运用财税工具，引导和放大金融资源，参与科技创新活动，充分依托已有的科技资源和金融资源禀赋，发挥财政资金的杠杆作用，努力实现科技和金融结合的新突破。

第四节　促进早前期投融资的德国经验及启示

20世纪90年代以来，在关系未来技术进步和经济增长动力的高科技产业和知识密集型服务业方面，德国创新乏力，与美国和日本的差距不断加大。这种局面引起了德国政府、科技界和产业界的反思，德国的基础研究居于领先水平，对应用研究也提供了大量支持，但是科研体制中存在产学研结合障碍，政府实施政策主要采取自上而下的模式，对企业主动性的创新需求关注不够，对产业技术前沿领域的把握不如企业灵敏。在这种认识下，德国开始改革科技政策和金融政策，重视应用基础研究和早前期研发项目的融资支持。中小企业日益成为德国经济的"发动机"和"创新源"，2012年德国有1307家中小企业位列世界"隐形冠军"，而美国有 366 家，日本为 220 家[①]；中小企业对德国的就业、职业培训、海外贸易和投资也做出了突出贡献。

一、财政资助更加关注产学研结合和发挥市场力量

德国科技政策改革方向之一就是从对大学和公立科研机构以及企业单独采取支持措施转变到促进产学研联合，更加关注中小企业技术创新融资服务的需求端，根据中小企业需求和既有资助环节的缺口，为中小企业量身定做支持政策，提高实用性。德国将以前实施的相关中小企业创新资助政策进行整合，推出了中小企业创新核心计划（ZIM）。ZIM 主要资助中小企业和与中小企业合作的科研机构，2012 年支出 4.45 亿欧元，2013 年支出 4.93 亿欧元。

该项目的资助不设行业和技术领域限制，采取开放领域的方式以充分尊重市场创新的需求，调动各类中小企业创新的积极性和主动性；但在资助标准方面，依据企业规模、所处区域和类型不同，设置差异化的资助比例，体现支持政策导向作用。

ZIM 主要包括两大类：一类是独立项目（ZIM-SOLO），对单家企业产品开发或生产工艺创新过程进行资助；另一类是合作项目（ZIM-KOOP），这类项目鼓励企业之间、企业与研究机构之间开展紧密合作，加速技术知识向商业应用的转化，包括两个子类，即协作项目和合作网络项目。ZIM 分别由不同的中介机构负责项目管理，具体见表 6-5。

表 6-5　ZIM 的主要类型和管理机构

项目大类	ZIM-SOLO	ZIM-KOOP	
项目亚类	独立项目	协作项目	合作网络项目
项目特征	单家企业承担的研发项目	多个企业承担的项目或一家企业与研究机构共同承担的项目	通过共同网络管理和合作研发实施的项目
项目管理机构	EuroNorm GmbH，VDI/VDE Innovation+Technik GmbH	AiF Projekt GmbH	VDI/VDE Innovation + Technik GmbH
主要项目种类	EP：在企业中单个的研发项目 DL：企业创新咨询和支持项目	KU：至少两家企业之间协作开展的研发项目 KF：至少一家企业和至少一家研究机构协作开展的研发项目 VP：KF 项目的特殊类型，是	网络必须由至少 6 家中小企业组成，也可以包括研究机构、高等教育机构、其他企业和其他组织

[①] 西蒙-库彻伙伴战略与营销咨询公司，2013 年。

续表

项目大类	ZIM-SOLO	ZIM-KOOP	
项目亚类	独立项目	协作项目	合作网络项目
主要项目种类		至少两家企业和至少两家研究机构之间开展的跨技术领域的合作研发项目 KA：把研发合同委托一家研究机构的企业研发项目 DL：企业创新咨询和支持项目	

考虑机构大小、项目种类、所处区域的不同，ZIM 设置了差异化的资助比例，资助的形式是无偿补助，具体见表 6-6。

表 6-6　ZIM 的资助标准

	EP	KA	KU	KF/VP
小型企业①				
联邦德国地区	40%	40%	45%	45%
新州和柏林	45%	45%	50%	50%
中型企业				
联邦德国地区	35%	35%	40%	40%
新州和柏林	45%②（35%）	45%③（35%）	45%	45%
其他中型企业（雇员人数不超过 500 人）				
联邦德国地区	25%	25%	30%	30%
新州和柏林	25%	25%	35%	35%
研究机构				
全德范围	100%④（90%）			

对于合作网络，采取分期资助和递减方式，第 1、2、3、4 年最高可资助至全部成本的 90%、70%、50%、30%。单一网络的资助额最高不超过 35 万欧元，其中第一阶段资助最高不超过 15 万欧元。

此外，ZIM 还资助创新支持和咨询项目（DL），指在对研发项目成果进行商

---

① 中小企业划分标准：小企业——雇员人数不超过 50 人，年营业额不超过 1000 万欧元，年资产额不超过 1000 万欧元；中型企业——雇员人数不超过 500 人（欧盟标准为 250 人），年营业额不超过 5000 万欧元，不设资产规模指标（欧盟标准为年资产额不超过 4300 万欧元）。

②③ 只有当企业证明它提供工业研究服务时，方采取该补贴比例。

④ 按照与州政府资助研究、发展与创新项目的共同框架，在 KF 和 VP 项目中，如果研究机构在该项目投入的成本超过其年收入 10% 时，将会获得额外的资助，如果研究机构没有接受州政府的额外资助，联邦政府将提供 100% 的资助，如果研究机构接受了州政府的额外资助，联邦政府将提供 90% 的资助。

业开发过程中，中小企业如需向第三方机构购买服务或进行业务咨询，政府提供相应资助。新产品和生产工艺只有进入市场才是成功的创新，因此 ZIM 在支持研发基础上，又向后延伸了一步，为研发成果的商业开发过程提供资助。资助申请必须在研发成果完成 6 个月之内提出，资助强度最高为咨询或服务合同金额的50%，不超过 5 万欧元，对于出口导向的国际化项目最多可达 7.5 万欧元。

在项目管理机制方面，ZIM 以竞争方式选拔各类中介机构承担项目管理任务（见表 6-5）。以 VDI/VDE Innovation+Technik GmbH 为例，该公司成立于 1978年，是一家独立的中型私营企业，2012 年营业额 2.48 亿欧元，拥有工程科学、自然科学、经济学和社会科学等领域专家 270 多名，在项目咨询、评估等方面充分发挥专家特长。该公司不是政府指定，而是通过竞争和选拔程序成为联邦政府相关项目的管理人，目前负责管理包括 ZIM 在内的政府资助计划项目，职责包含接受项目申请、跟踪企业动态、监督资金使用、提交使用报告、开展专家评价等。

在业务监管方面，联邦政府对 VDI/VDE Innovation+Technik GmbH 这类项目管理机构管理的项目进行抽查，抽查比例大约为 5%。项目管理机构也主动向政府汇报项目进展情况。由于项目管理机构的运作关系到财政资金的使用绩效，联邦审计署随时不定期检查项目管理机构的业务运作，督促其依法依规履行职责。

二、公私合作帮助科技型企业启动

德国政府认为，应该给新成立的技术创新公司提供良好的、至少与英美发达国家同样的融资机会，促进产学研紧密结合，使科技成果更快地转化为经济效益，占领和维护在高新技术领域的领先地位，从而提高德国企业的国际竞争力。在此背景下，德国联邦政府启动了高科技创业基金（High-Tech Gründerfonds），以弥补科技型企业创建初期的融资不足。该基金由联邦经济技术部（BMWI）与德国复兴信贷银行（KFW），巴斯夫（BASF）、博世（Robert Bosch）等若干德国知名企业共同出资组建。

从资金来源上看，既有政府资金，又有政策性银行资金，还包括私人部门资金。2005~2010 年是该基金运作的第一阶段，共计向约 250 家企业投资 2.72 亿欧元。自 2011 年起进入第二阶段，又引入德国邮政集团（Deutsche Post）、博朗（Braun）等企业投资者，基金总规模达到 3.035 亿欧元（BMWI：2.2 亿，KFW：0.4 亿，大企业：0.435 亿）。自 2005 年以来，已有 350 余家新建科技型企业受到资助，同时获得来自第三方的后续融资 6 亿多欧元。

在支持方式上，该基金主要以次级可转债形式① （转股可占企业 15%的股权）投资新成立、以研发为基础的科技型企业（企业存续期短于 1 年、雇员人数少于 50 人、营业额低于 1000 万欧元），最高达 50 万欧元。可转债通常为 7 年，利息（目前利率为 10%）可以延期 4 年后支付以保持企业流动性。对于企业创立者而言，应该自有出资 20%（德意志民主共和国和柏林为 10%），该出资的一半可以来自商业天使、区域性种子基金或其他投资者。

同时，高科技创业基金还向科技型企业提供后续融资、管理支持、技术转移、合作伙伴网络等增值服务。对于中后期资金需求量大的企业，高科技创业基金还提供 150 万欧元的后续融资支持，并帮助其制定更高融资水平的解决方案。

此外，德国政府还通过改革税收环境，为企业在资金上创造更大的研发投入空间，改善科技型企业的投融资环境。

三、间接支持与直接支持相结合解决初创期困境

在欧洲复兴计划（ERP）框架下，2004 年德国设立总额 2.5 亿欧元的企业启动基金（ERP-Startfonds），由德国复兴信贷银行（KFW）负责管理运作，目前规模已达 7.22 亿欧元。该基金主要面向风险相对较高，刚渡过种子期的科技型企业（拥有新产品和新技术、雇员人数少于 50 人、年营业额不高于 1000 万欧元、在市场上存续时间不超过 10 年）。该基金要求企业必须已有一家主导投资者，该投资者可以是风险投资基金或私募股权，也可以是商业天使等。ERP-Startfonds 投资条件与主导投资者基本相同，对每家企业的投资规模最高达 500 万欧元（首轮投资和 12 个月内的后续投资不超过 250 万欧元）。主导投资方参与企业的管理和运作，并向 KFW 披露企业的相关信息，该基金还要求企业高管投资入股，以自有资金表示对企业未来的信心和对风险的担当。自成立以来，已经支持 450 多家企业。

同时 2012 年 3 月，欧洲投资基金（EIF）与 ERP special fund 联合设立了 6000 万欧元的欧洲天使基金（European Angels Fund，EAF），该基金由 EIF 管理运营，联合经验丰富的商业天使（Business Angels）和其他非机构股权投资者

---

① 还包括股权投资、夹层资本等其他形式。

（non-institutional investors）向科技型中小企业投资（EAF 与商业天使各出 50%），融资额度在 25 万欧元到 500 万欧元之间。目前已与 8 家商业天使签订合同，承诺出资 2000 万欧元。

企业启动基金（ERP-Startfonds）、高科技创业基金（High-Tech-Gründer-fonds）、欧洲天使基金（European Angels Fund）主要是直接资助初创期企业，而 EIF/ERP-Dachfonds 主要是采取间接金融支持方式。EIF/ERP-Dachfonds 在 2004 年由联邦经济技术部与欧洲复兴计划共同建立，交由欧洲投资基金（EIF）进行管理。EIF/ERP-Dachfonds 起初拥有 5 亿欧元资本（EIF 与 ERP special fund 各占 50%），2010 年资本超过 10 亿欧元，主要向聚焦德国本土、高科技、早期和发展阶段的风险投资基金融资，投资期为 5 年，限度为 10 年，融资额可占风险投资基金的 20%~30%。实践证明，EIF/ERP-Dachfonds 具有较高的杠杆效率，撬动约 24 亿欧元私人投资资本，间接支持了科技型中小企业成长。

此外，2013 年 5 月，联邦经济技术部（BMWI）启动了商业天使投资风险补助，如果私人投资者（例如商业天使）投资初创期科技型企业 3 年以上，将获得投资额 20% 的补助。目前已有超过 250 家商业天使获益，涉及投资的 500 多家初创期科技型企业。未来 4 年，补助资金规模将达 1.5 亿欧元。

四、创新初创期企业信贷支持模式

一是政策性银行发挥主力军作用，对中小企业提供融资支持。如德国复兴信贷银行（KFW）按市场原则而不依靠财政补贴，其资金主要来源于利润留存和利用政府担保发行债券，直接向拥有创新产品和服务的中小企业提供一定额度的资金支持，或向中小企业贷款银行提供 2%~3% 的利息补贴。

尤其是贷款上，创新支持模式，提供传统贷款和净资产贷款[①]，储蓄银行、合作银行等作为转贷银行，向中小企业发放贷款，并承担债务拖欠的风险。为降低风险，储蓄银行可为贷款申请 40% 或 50% 的债务免除。同时，转贷银行还可以向当地担保公司申请所需贷款的辅助担保。净资产贷款一般由两部分组成，一部分是普通商业贷款，需要担保，但贷款前两年可暂缓支付利息，即使从第三年开

[①] 净资产贷款指新创立企业获得的贷款可替代净资产，一旦发生不能偿债情况，该项贷款作为净资产的替代负有全部偿债义务；另外该援助项目还有长期的（20 年）补贴利率和一定的贷款免偿等额外优惠政策。

始，其利率也比其他贷款低得多；另一部分是免担保贷款，前 7 年可暂缓支付利息。企业由此获得更加充裕的资金，提高资金流动性和增加自有资本率。其特点是不需要抵押，不改变企业的所有权结构，如果企业破产，放贷人的权益在其他债权人之后，最大的益处在于它在企业财务报表中被作为自有资本来对待，从而改善企业资质和融资结构。

二是商业银行运用政府财税、金融等政策工具的经营优惠，加大对中小企业的贷款支持。此外，政府鼓励银行和其他非银行金融机构在为初创期科技企业融资时，充分考虑其非物质资本，努力健全无形资产评估体系。

五、对进一步推动科技金融工作的启示

在德国，并没有科技金融之说，但是在促进早前期投融资实践颇具可取之处，实现了财政资源、金融资源与科技资源的紧密结合，这对深化科技体制改革，推动科技金融工作具有启示意义。

（一）建立投向企业的财政资金的硬约束机制

德国政府对资助技术领域和项目的选择来源于市场和企业；在资助方式上，采取除无偿资助外的多种形式，如低息贷款、净资产贷款、风险投资、创新券等；一般的规律是越接近基础研究领域，采取无偿资助方式越多，越接近应用研究领域，采取低息贷款等其他方式越多；即便采取无偿资助，政府补贴比例一般较低，鼓励企业自行筹集社会资金；对于无偿资助，大都采取事后补助，项目进展到一定阶段方可获得政府资助。

（二）借鉴公私合作模式支持创新

公私合作制（Public-Private-Partnership）日渐成为政府改善公共服务、提高资金使用绩效的特定模式，如德国以公私合作制成立高科技创业基金，加强公私合作制与政策性金融的结合。可见，在支持研发领域，市场机制的引入和私人部门的参与，能够发挥社会力量，提高资金的使用效率。政府从大包大揽中撤出并不意味着责任的淡出，政府在鼓励创新、支持创业等日益多元化的角色扮演中担负举足轻重的职责。

（三）在科技资源配置中引入市场机制

在欧盟及德国联邦政府、州政府等促进中小企业发展的计划中，不设行业和技术领域限制，部分资金通过市场化机构来进行运作（直接向初创企业提供资金

支持或者向贷款银行提供利息补贴或作为风险投资等），资助创业支持和咨询项目等，部分计划竞争选拔并委托市场中介机构按公司模式具体执行，在实施过程中对单个研发项目政府干预很少。从总体上看，德国作为成熟市场经济国家，主要引入市场竞争机制和社会化中介机构来帮助政府尊重市场规律配置科技资源，同时采取财政、金融等多种方式鼓励企业成长，更好地发挥政府作用。

（四）根据创新和企业发展的阶段采取系统化和多样化的资助方式

德国针对基础研究、应用导向的基础研究、应用研究、发展研究等阶段推行不同方式的资助，使创新活动能够形成顺畅的传递链条，实现知识转化为财富。不仅如此，针对不同发展阶段的科技型中小企业，采取相应的资助方式，例如对种子期、启动期、存续 10 年以内的、存续 10 年以上的科技型中小企业都有不同的支持。瞄准创新链和企业发展的薄弱环节，不断调整和优化资助项目，应用导向的基础研究、初创期的科技型中小企业成为资助方向之一。

六、建议

（一）健全科研经费分配机制

建议完善政府支持企业技术创新方式，探索财政科技投入新渠道，推行政府购买科研服务模式；在面向市场应用、产业发展的财政科技资金使用上，采取以奖代补、风险投资、科技担保、保费补贴、风险补偿、贷款贴息等方式，建立财政投入与社会资金搭配机制；进一步强化企业研发费加计扣除、高新技术企业税收优惠等政策的落实，运用好以税式支出为主要表现形式的隐性科技投入。

（二）完善创业投资引导基金运作模式

考虑扩宽创业投资引导基金的资金来源渠道，改变单纯依靠财政资金建立创业投资引导基金的现状，积极探索公私合作制，引入商业银行、保险机构、社保基金、国有企业和民营资本，发挥财政资金"四两拨千斤"的作用，同时创新资金使用方式，可以先股权投资，后债权投资；可以直接股权投资，也可以采取母子基金方式；或者债权与股权相结合，更好地扶持企业成长，提高投资的灵活性。

（三）提高政策性金融机构对创新支持的聚焦度

目前我国财政资金运用于科技金融主要通过无偿资助或创业投资等方式。受财力限制，无偿提供资金的规模难以扩大；受现有国有资产管理体制制约，国有创业投资机构更多投向中后期。我国存在规模较大的政策性和开发性金融机构

（进出口银行、农业发展银行、开发银行、中国信保等），建议发挥政策性、开放性金融机构的带动作用，更多地依托商业银行支持科技型中小企业，与商业银行形成合作而非竞争关系；在国家信用支持下通过市场化融资，强化财务约束；创新信贷支持模式，构建多层次、广覆盖、可持续的科技型企业融资配套体制，切实改进科技型企业的金融服务。

（四）引导民间资本加大对早期创新创业的支持力度

加大对天使投资等的支持和引导，完善创业支持机制。创新从事科技金融（中介）服务的组织形式，推动民间资本发起设立中小银行和其他金融机构，推进科技信贷产品和服务模式创新，加大对初创期、创新型、创业型中小企业的信贷支持，大力发展知识产权和股权质押贷款。引导民间资金向科技成果转化聚集，促进创业板、中小企业股份转让系统、各类产权交易机构和区域化技术产权交易市场健康发展，加快科技成果产业化和资本化，拓宽适合科技创新发展规律的多元化融资渠道。

为无为，则无不治。

——老聃

第七章

科技财政管理

近年来，我国财政科技经费投入稳定增长机制逐步健全，科技经费管理改革不断深入，促进科技和经济有机结合。但同时，在财政科技经费分配体制、投入结构、使用方式、经费监管、会计核算、绩效考核等方面仍面临着挑战。本章第一节主要阐述了我国科研经费管理改革面临的挑战。第二节主要对间接费用这一微观机制的改革带来的影响进行了研究。研发（R&D）预算是财政科技活动的起点和全面反映，体现在特定时期所要实现的政策目标和手段，其科学性、合理性、法治化水平直接影响一国的创新能力。作为世界科技强国，美国联邦政府科研经费的有效配置，得益于其相互制约、相互均衡、职责分明、决策严密的研发预算体系。第三节研究美国联邦研发预算管理，对于完善我国科技预算、深化科研经费管理改革具有重要意义。第四节主要对科研经费的监管实践进行了归纳总结。

第一节　我国财政科技经费管理改革：未来的挑战

科技投入是科技创新的物质基础，是科技持续发展的重要前提和根本保障。

2006~2012 年，全国财政科技支出 2.42 万亿元，年均增长 22.73%，其中中央财政科技支出 2.21 万亿元，年均增长 18.26%①，有力支持了我国自主创新能力提升和创新型国家建设。中共十八大报告指出，支持和保证人民通过人民代表大会行使国家权力，加强对政府全口径预算决算的审查和监督；实施创新驱动发展战略，促进创新资源高效配置和综合集成。然而，建立适应科研规律的资金保障管理机制是一项复杂的工作。根据实地调研和公开的文件和数据资料，本节分析了我国财政科技经费管理改革面临的主要问题并提出相关建议。

一、我国财政科技投入概况

近年来，按照《科技进步法》和《国家中长期科学和技术发展规划纲要（2006~2020 年)》的要求，财政科技经费投入不断增加，稳定增长机制逐步建立。其中，2006 年国家财政科技拨款达到 1688.5 亿元，比 2005 年增长 26.52%，是 2001 年以来增长最大的一年。国家财政科技拨款占财政总支出的比重，从 2001 年的 3.7%增加到 4.18%。2006~2010 年，国家财政科技拨款年均增长率超过 25%，占国家财政总支出的比重保持在 4%以上，2010 年达到 4.58%。2011 年，国家财政科技拨款增长有所放缓，增长率为 19.18%，占国家财政总支出的4.49%。如图 7-1 所示。

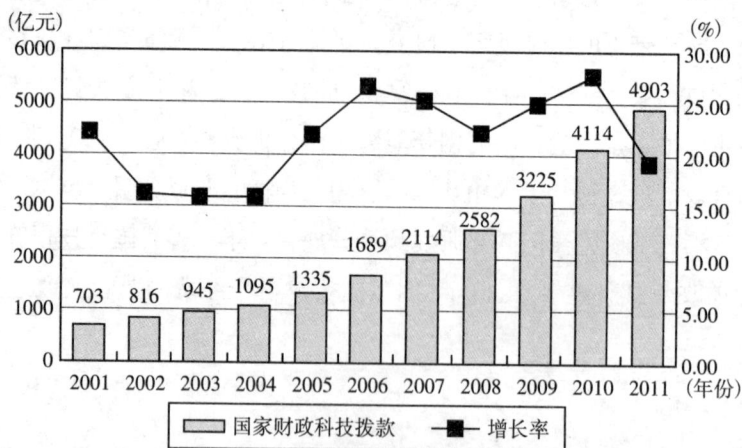

图 7-1　国家财政拨款及其增长率

资料来源：2012 年中国科技统计年鉴。

---

① 马张洋，毛磊及新华社记者. 科技支出占全国财政支出 4.37%——全国人大常委会听取国家财政科技资金分配与使用情况的报告 [N]. 人民日报，2013-10-23 (12).

同时，地方政府成为重要的科技投入主体，中央与地方积极性均得到了充分发挥。从财政科技投入构成看（见图7-2），2006年之前，中央财政投入规模明显高于地方财政科技投入。

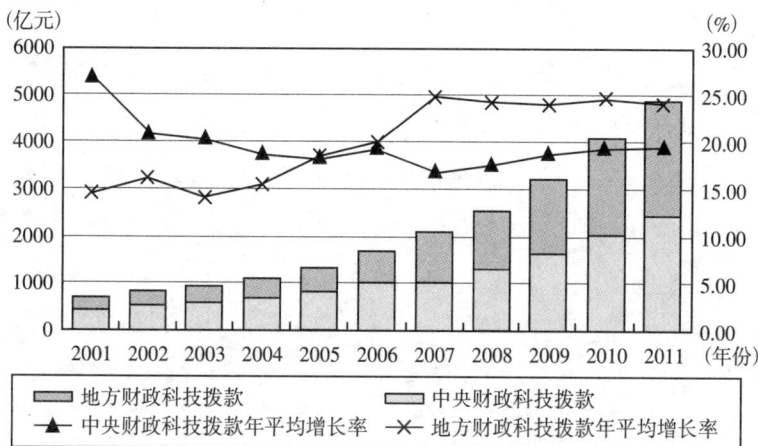

图7-2 中央、地方财政科技拨款及其年平均增长率

资料来源：2012年中国科技统计年鉴。中央和地方财政科技拨款的年平均增长率通过以2000年为基期计算得来。

2007年之后，地方财政科技投入快速增长，2010年超过中央。此后，中央、地方财政的投入规模基本持平。据统计，2011年国家财政科技支出中，中央财政科技支出为2469.0亿元，地方财政科技支出为2433.6亿元。

二、理顺财政科技经费分配体制

（一）中央财政科技经费分配现状

实施部门预算改革以后，中央财政科技经费主要涉及财政部、科技部、发展改革委、教育部、工业和信息化部、农业部、自然科学基金委、中科院等部门和单位。在具体分配和使用方面，一是科研机构运行经费、基本科研业务费由财政部按照定员定额原则核定；二是科研基本建设经费、国家科技计划（基金）经费分别"切块"给发展改革委、科技部、自然科学基金委等，这些部门负责组织立项、资金分配和监管，项目承担单位具体使用；三是科技重大专项管理职责由国务院明确，牵头组织单位制订年度计划并提出年度立项建议，经专项领导小组批准后报科技部、发展改革委、财政部进行综合平衡，牵头组织单位根据综合平衡意见修改完善年度计划，报科技部、发展改革委、财政部备案，同时编制年度经费预算建议方案报财政部，财政部组织预算评审后下达；四是公益性行业科研专项经费、修缮购置专项等其他科技专项由主管部门组织立项、提出分配建议并进行管理，财政部核定预算，项目承担单位具体使用。

（二）存在的主要问题与建议

科技界普遍反映，财政科技经费存在多头管理、缺乏统筹协调、重复分散等问题。国务院层面有国家科技教育领导小组，但协调职能有待进一步夯实。更为重要的是，财政科技预算形成过程体现产业界和科技界意愿不足，企业和科研人员参与较弱。只有理顺了财政科技经费分配体制，才真正解决了科技经费管理的原点问题。

首先，进一步落实全国人大的预算监督权力。现代预算制度两大支柱是政府内部集中统一的行政控制与人大预算监督，我国经过十多年的预算改革，这两大预算控制机制已经基本建立[1]。包括科技在内的所有财政预算，需要配备专业人员协助人大及其常委会审查和监督预算，实质性介入部门预算审查。

其次，建立中央财政科技预算统筹协调机制。在年度科技预算制定过程中，建立跨部门的协调机制，加强年度中央财政科技预算与科技发展优先领域、发展重点的统筹衔接，对各类科技计划（专项）年度细化预算方案提出综合平衡建议，并将有关情况向国务院科技教育领导小组报告。

再次，建立统一的国家科技信息系统，建立中央财政科技经费（民口）支持的科技计划（基金、专项）的科技项目数据库，并与地方互联互通。同时向社会公开，接受公众监督，从根本上解决一题多报、重复投入等问题。

最后，做到财政预算全面公开。财政经费是公共财富，是纳税人的钱，理应接受人民群众的监督。这样一来，权力的使用就置于人民的监督之下，权力就在阳光下运作。近几年来中央部门预算公开进展迅速，但是仍处于起步阶段，公开的范围和详细程度仍然不够，未来应该尽快全面推进财政预算公开。

三、优化投入结构，实现科技规划（政策）与预算的紧密挂钩

（一）财政科技经费的主要投向

结合国家财政支出分类改革，调整设立了符合科技活动规律的财政科技支出

---

[1] 马骏，林慕华. 中国预算改革：未来的挑战 [J]. 中国行政管理，2012（6）：7.

类款项科目，系统布局五大类财政科技投入，强化对基础研究、社会公益研究、科研条件、科普等科技活动的投入，加大了对国家级科研基地的稳定支持。

一是突出支持重点。2006~2012年，安排自然科学基金和973计划经费800亿元，支持开展自由探索，面向国家重大战略需求，提高原始创新能力；安排国家科技支撑计划、863计划和公益性行业科研专项经费1014.7亿元[1]，支持开展对经济社会发展具有重要作用的科技研发活动。

二是优化投入结构。全面启动了16个国家科技重大专项，对培育战略性新兴产业、突破国民经济发展瓶颈问题、提高人民健康水平和保障国家安全，产生了重大影响。2008~2012年，中央财政安排民口科技重大专项资金共计715亿元，带动地方财政、企业及其他渠道投入1976亿元。逐步提高科研机构（基地）运行经费保障水平；支持公益性科研机构（基地）开展自主选题研究，建立公益性行业科研稳定支持渠道；增加修缮购置专项资金。按照"改革先行、突出特色、绩效导向"的原则，支持中科院、社科院、农科院实施创新工程[2]。

三是推动国际科技合作与交流。支持在双边、多边科技合作协议框架下实施国际合作项目，开展科技合作援外。

四是促进科技创新创业人才发展。实施重大人才工程，支持科研院所、高校培养和引进人才，探索试点高端人才的经费支持模式。

（二）存在的主要问题与建议

一是科技发展规划（政策）与科技预算联系不紧密。理论而言，科技发展规划应该是能够影响预算和政策制定的纲领性文件。然而在实践中，它只是科技预算的依据之一，规划和预算的衔接程度不是很高。同时，科技政策与科技预算的衔接也不紧密，在多数情况下，要么政策不能引导预算制定，要么预算不能有效支撑政策执行。

二是基础研究投入不足。基础研究经费占R&D经费比例呈下降趋势，显著低于国际水平；中央财政占基础研究投入的绝大多数。2012年，中央财政对基础研究投入328.13亿元，仅占中央财政科技支出的14.3%，有待进一步提高。

---

① 楼继伟. 国务院关于国家财政科技资金分配与使用情况的报告——2013年10月22日在第十二届全国人民代表大会常务委员会第五次会议上［R］. 2013-10-23.

② 刘莉. 全国财政科技支出7年年均增长22.73%［N］. 科技日报，2013-10-23.

三是稳定性支持依然不足。由于我国科技经费采取以竞争性为主的分配方式，导致科研工作者将大量精力用于争取经费，应付多头交账，而无法安心科研工作。从长远看，非竞争性经费比例过低不利于基础性、前瞻性研究的开展，也不利于形成稳定的科研队伍和开展持续深入的科学研究。

对于非财政资金的研发投入，由于企业是创新的主体，其研发投入、成果转化均由企业自主决定，投入方向属于企业内部问题。而财政科技经费配置到哪些领域，投入到哪些环节相对而言较难判断。从理论上讲，凡是市场不能解决的科技活动，纯科技公共产品由政府提供。但在实践中，大量的都是准科技公共产品，在生产与提供过程中政府与市场的边界往往是非常模糊的，而且在不同的发展阶段也不尽相同。按照标准（普遍）的说法，财政科技投入支持市场机制不能有效解决的基础研究、前沿技术研究、社会公益研究、重大共性关键技术研究等公共科技活动，并引导企业和全社会的科技投入[1]。但是，再往下细分，细分到某种技术领域或某种产业拟或具体项目上来，则非常困难。在财政科技经费投入总量既定的情况下，优化分配结构就显得格外重要。

建议首先要坚持市场化配置资源的改革方向，突出战略导向。重点加强战略规划、政策和标准制定及监督制定，提高公共科技服务能力，建立主要由市场决定技术创新的经费分配机制，重点支持公共科技活动。

其次，加强科技规划制定与预算编制的结合，探索规划、计划、预算协同执行机制，将影子预算的工具引入预算，逐步建立与规划配套的财政投入机制、预算制定方式与程序、预算执行绩效评估等制度。当然，建立科技部门与财政部门之间更有效的协调机制是实现这一目标的前提。同时，将重要科技政策制定的会议安排到预算编制启动前召开，并在预算执行过程中尽量少出台涉及经费开支的政策，保障科技预算的严肃性。

再次，调整中央财政支出结构，提高基础研究投入占比。基础研究处于创新链的最前端，一般不直接形成经济回报，属于国家财政研发政策支持的当然重点。中央财政在我国基础研究投入中的主体地位，今后也将长期存在。发达国家的这一比例一般在30%以上（如2009年美国联邦政府研发支出的32.5%投向基

---

[1]《国家中长期科学和技术发展规划纲要（2006~2020年）》、《国务院办公厅转发财政部科技部关于改进和加强中央财政科技经费管理若干意见的通知》等一系列政策文件均采用这一提法。

础研究)。继续发挥中央财政在基础研究投入中的主体和引导作用,调整投入结构,强化基础研究投入。建议中央财政尽快对基础研究投入占比过低做出调整:2014~2020 年,中央财政科技投入中基础研究占比每年增加不低于 1 个百分点;建立国家重大科学研究计划专项经费,加大对 973 计划、自然科学基金等的投入力度。

最后,建立稳定性经费与竞争性经费的合理配置机制,根据科研活动的特点和使命定位不同,采取不同的配置模式。一是加大基本运行经费和基本科研业务费投入力度,使科研机构获得更多的稳定性支持,并与评价制度等有效衔接;二是改进经费资助对象,对经过科学论证的重大项目、优秀团队和重点基地给予稳定持续支持;三是研究建立科研机构绩效拨款制度,给予一定灵活度的综合性支持,推动建设一流院所;四是建立以结果为导向的科研奖励制度,提高科研人员的激励水平,改善科技经费的投入产出效益,承认智力劳动成果的创造性溢价。

四、创新财政科技经费投入方式

(一) 财政科技投入方式创新的主要做法

近年来,设立科技型中小企业创业投资引导基金,通过阶段参股、风险补助、投资保障等方式,引导创业投资机构向初创期科技型中小企业投资;实施新兴产业创投计划,通过股权投资重点支持新兴产业领域初创新型企业发展;在科技重大专项和科技计划中,探索实施科研项目后补助支持方式,引导企业成为技术创新主体;通过国有资本经营预算支持中央企业技术研发;研究设立国家科技成果转化引导基金,综合运用创业投资子基金、风险补偿、绩效奖励等方式,推动科技成果转化。

(二) 存在的主要问题与建议

从经费总量而言,我国财政科技经费的投入方式仍以无偿拨款为主,其他方式仍处在探索阶段,不同投入方式所涉及的各参与主体的利益划分、风险分担等需要进一步明确。同时,按研发阶段部署和支持创新的方式,导致创新链条各环节不能有效衔接,与产业结合不紧密。在中央财政层面,缺乏对科技担保、科技保险、风险投资等科技金融机制的支持。

建议在研发链条上,对于基础性和公益性研究,以及重大共性关键技术研究、开发、集成等公共科技活动,采取前补助等方式;对于具有明确的、可考核的产品目标和产业化目标、成果边界清晰的项目引入市场机制，利用后补助、贷款贴息、风险投资、以奖代补等其他方式。

在投入组合上，注重直接投入与间接投入相结合，加强直接投入与税收激励、科技金融、政府采购、知识产权、人才培养等政策的衔接，注重供给面政策与需求面政策的结合，充分发挥财政资金的杠杆作用，引导金融资金和民间资本进入创新领域。

在管理模式上，突破政府部门直接管理项目的模式，利用中间组织完成资金分配、管理和监督。围绕技术领域建立科技基金，统筹科技资源，从创新链与产业链耦合的角度设计资助重点、支持方式、绩效问责等机制，当然推行这一方式可能导致财政预算的变革。

五、加强财政科技经费监管

（一）已有做法

2006年以来，科技经费内部监管的专业化机构建设取得重大突破，科技部设立了科技经费监管服务中心，湖南、重庆、广东等科技厅（委）也下设了经费监管中心，强化了财政科技经费监管职能。部分高校院所等科技经费执行单位，设立了专门机构，建立了科技经费监管合作机制，加强了科技经费监管。

在外部监管方面，国家各级审计部门、纪检部门与科技部门内部监管机构分工协作，逐步覆盖科技经费运行的每个环节。人大、政协充分发挥监督作用，积极参与相关工作，社会第三方监理机构在一些地方出现，形成三类监管力量加强协作的良好局面。

在科技经费监管实践中，确立了"主动服务、关口前移"的监管理念，加强了监管队伍能力建设，加强了各方力量的分工协作，强化了过程监管。采取多种方式，利用财务报告巡视检查、专项审计、财务验收、绩效评价、受理举报等方法，将日常监督与专项监督相结合，内部监督与外部监督检查相结合，对科技经费管理使用实施全方位监管。科技部、财政部等部门还广泛开展了科技经费管理改革培训，提高科技经费使用单位和人员的经费管理意识，提高了科技经费投入的效能。

目前，我国已经初步建立了科技经费监管的制度框架和体系，"十一五"以来，科技部对执行过程中的近3000个课题开展了专项审计，涉及财政资金

433.87 亿元，经费覆盖率达 70%；对全部 10400 个结题课题都进行了结题财务审计和财务验收，涉及财政资金 992 亿元，覆盖率达 100%；2007~2013 年巡视检查共抽查 334 家承担单位共 614 个项目，涉及专项经费 68.8 亿元，在政策宣传、落实法人责任、完善管理、及时纠偏、防微杜渐等方面发挥了重要作用。

（二）建议

如何保证财政科技经费真正用于研发，其关键在于强化科技经费管理和使用的责任机制，充分发挥各方在财政科技经费管理中的作用和积极性。一是理顺不同主管部门在财政科技经费监管中的权责关系，建立中央财政科技经费（民口）监督检查的跨部门协调机制；二是处理好课题制和单位法人责任制的关系，细化自然人与法人的责、权、利，处理好各自职责分工，加强单位内部控制；三是建立中央和地方财政部门、审计部门、科技部门、社会中介机构、项目承担单位等组成的多层次、全方位、协调联动的财政科技经费监管机制；四是结合我国财政科技经费分布特点[①]，综合运用专项审计、结题审计、巡视检查、受理举报等方式，加强重点监管，实现"精准打击"。

未来，整合科研管理相关信息，逐步建立承担单位信用管理体系。重视对巡视检查、专项审计、中期检查、财务验收等数据的归集整理，奠定信用评价的基础。在对承担单位信用评价的基础上，按照分级评价、动态管理、分类指导的原则进行管理，通过科研信用体系建设，更好地发挥各方面的自我约束力。

六、规范科研项目会计核算

（一）主要实践

科研项目会计核算是理顺政府与科研机构、理顺科研项目与企业、理顺科研活动和其他经济活动、理顺各科研活动之间关系的基础，也是财政科技经费监管的基础。有关部门将财政科技经费下达给承担单位，实际上是为科研活动所支付的部分或全部成本。近年来将科技重大专项、国家科技计划等开支范围划分为直接费用和间接费用，明确直接费用开支标准，明确通过间接费用对单位承担科研项目所发生的间接成本给予补偿，提高补偿水平。

---

① 如"十二五"期间 973 计划、863 计划、支撑计划和国际科技合作专项经费分布显示，30% 的单位承担了 80% 的科技经费，专项经费的区域与单位流向明显。

（二）问题与建议

一是间接费用政策适用范围、列支范围与比例有待进一步完善，多个项目之间间接成本的分摊、现行政策采取"一刀切"的方式而忽略科研机构之间的差异与特点[①]；二是科研项目会计核算有待科学化和精细化。在国外，规范科研项目会计核算，科学合理确定科研成本是趋势和主流，如英国实施全经济成本，包括人员成本、管理成本、房屋占用成本等的计算方法，欧盟采取全成本方法，美国采取间接成本进行项目成本核算，对被资助科研机构经费预算、收入和支出进行精细化、透明化管理。

建议在现行制度框架性下实施差异化和精细化的间接费用补偿政策。同时，进一步规范科研项目会计核算，合理测算科研活动的成本构成。制定适合于各类科研机构并且规范、合理、可行的科研项目成本费用核算办法和相关操作指南，明确规定科研活动的成本分类、支出明细和核算方法。

七、实施科技经费宏观与微观双重绩效考核

（一）主要进展与存在问题

近年来财政部与自然科学基金委员会对科学基金的战略性、综合性进行国际评估，对国家科技计划、中科院知识创新工程等开展了初步综合评价；科技部与财政部建立了国家重点实验室绩效评价制度，中科院对所属研究所开展了"目标—过程—结果"三位一体的绩效评价，中国农科院在科技创新工程中引入了绩效评价机制；科技部、发展改革委、财政部对部分科技重大专项实施绩效评估。

但是整体而言，绩效管理理念尚未牢固树立，对科研项目、科研机构绩效评价还处于探索阶段，重立项、轻绩效的问题仍然存在，评价结果运用也不充分。

（二）国际经验与建议

20 世纪 90 年代以来，西方国家普遍采取了绩效预算的方式，将经费分配与绩效联系起来[②]。美国国会通过了政府绩效与结果法案，要求所有联邦机构制定年度绩效计划，主要措施是明确绩效测量标准，从而实现长期目标；推行年度业绩报告，对自己进行绩效评价，向国会和公众公开；后来，布什政府推出部门绩

① 张明喜.关于科研间接费用管理的几点思考［J］.科学学研究，2013（10）：1446–1448.
② 李晓轩，代涛.科研经费分配与管理中的科技评价问题［J］.科学学研究，2013（10）：1445.

154

效报告卡系统，确立绩效标杆和评估标准，进一步促进联邦机构绩效评估，并以目标管理为核心，将政府的公共责任向国会和媒体披露[①]。美国在2002年由管理和预算办公室发起了一个项目评级工具（PART），定期对科技项目进行绩效评价，为政府部门的规划（计划）提供信息透明的资金和预算绩效评价，使预算结果与绩效信息联系更精密；每年评估联邦计划的20%。日本对科技项目进行事后的评价。法国的研究与高科技教育评估署将科学技术基金绩效评价作为一项重要的工作内容，对2007年集群竞争力计划的项目进行评估，根据评估结果，法国政府决定实施第二阶段的集群竞争力计划[②]。

为此建议，在宏观层面上：一是对科技经费分配部门建立绩效问责机制，解决"谁来监管监管者"问题；二是对科技计划（基金、专项）开展常态化、制度化的绩效评价，将结果作为改进管理和调整的重要依据。

在微观层面上：一是对科研机构进行评价，建立周期性评估制度，探索实行按绩效拨款；二是充分考虑科研活动规律，对具体科研项目建立面向目标与结果的绩效评价机制。

八、统筹科技经费管理改革与科技体制改革

当前科技界反映出科研经费浪费严重、不合规使用等诸多问题，表面上看是经费使用和管理的问题，实际反映出科技体制问题。例如，科研项目立项过程中的"拉郎配"现象；通过项目支持国家重点实验室等基地运行费用；通过专项经费弥补事业费不足；避免重复立项而委托他人申请，但实际是同一控制人；绩效支出使用受国有企业年薪制和事业单位工资总额的限制而不能发挥对科研一线人员的激励；科研项目承载了解决个人待遇、学生就业等过多诉求等。

解决上述问题的唯一途径就是继续深化科技体制改革，包括建立稳定性经费与竞争性经费的合理配置机制、强化企业技术创新主体地位、改革科技管理体制、促进管理科学化和资源高效利用等[③]。在此过程中，加强与收入分配改革、事业单位改革等统筹衔接，最大限度发挥财政科技投入效能。

---

① 方衍，施筱勇. 科技工作目标管理——国际经验综述与借鉴（上）[J]. 科技促进发展，2010（3）：39.

② 财政部教科文司. 部分国家科技经费管理模式及经验研究[J]. 行政事业资产与财务，2012（6）：68.

③ 张明喜. 科技投资体系：来自韩国和中国台湾地区的实践经验[J]. 科研管理，2013（12）：94-99.

财政科技经费管理改革是科技体制改革的重要组成部分，而牵住了财政科技经费改革这个牛鼻子，顺藤摸瓜，就可以抓住科技体制改革的主要内容。在财政科技经费管理改革中，一是要明晰科技公共产品供给中政府与市场的边界，使企业真正成为技术创新主体；二是建立中央与地方以及同级相关部门的科技事权和支出责任相适应的制度，理顺权责关系；三是完善政府支持企业技术创新方式，探索财政科技投入新渠道；四是推进科技计划项目及经费管理改革，实现经费精细化管理。

九、展望

近年来，通过深化科技计划项目经费管理改革，我国初步建立起科技经费管理的基本制度框架，紧密围绕科技发展全局和薄弱环节，不断加大财政科技经费投入，优化投入结构，创新支持方式，优化管理机制，加强经费监管，推进绩效管理。这些都对科技经费管理产生了积极的影响。

在未来，我国应更深入地推进财政科技经费管理改革。具体地，须在上述的几个方面展开。只有妥善地解决了这些问题，才能构建更加适应科研规律的财政科技经费管理制度，这需要科技界乃至全社会的共同努力。

第二节　我国科研间接费用管理的探索与思考

面对科技发展的新形势、新任务和新要求，科技部会同有关部门在科技计划和经费管理改革的基础上，借鉴国外经验，修订了相关科技计划经费管理办法，尤其是 2011 年财政部和科技部颁布的《关于调整国家科技计划和公益性行业科研专项经费管理办法若干规定的通知》（财教〔2011〕434 号），对国家科技计划经费管理有关规定进行了调整，重新将课题经费分成直接费用和间接费用，间接费用占总科研经费比例大幅度提高，同时还增加"绩效支出"。如何理解这一政策，完善科研间接费用管理，值得深入思考和研究。

一、我国科研间接费用管理的探索实践

（一）科研间接费用管理制度沿革

科研经费按支出可分为直接费用和间接费用。直接费用是指在科研过程中发生的与研究直接相关的费用，而间接费用是指承担课题任务的单位在组织实施课题过程中发生的无法在直接费用中列支的相关费用。由于间接费用无法追溯或分摊到具体科研项目中，其概念、范围的界定和操作的办法较为模糊。1997 年财政部、国家科委颁布的《科学事业单位会计制度》中指出，"成本费用应按照直接费用、间接费用、期间费用分别归集……对于各项间接费用，定期按一定标准分配计入成本核算对象的成本中"。2001 年颁布的《国家高技术研究发展计划专项经费管理办法》（财教〔2001〕207 号）曾规定，"对资助金额在 30 万以上的课题实行成本补偿式资助方式……课题间接费用占课题经费总预算的比例一般不超过 30%"，并细述了经费支出与成本核算的具体要求。2006 年，全面修订 973 计划、支撑计划、863 计划等经费管理办法（财教〔2006〕159 号、160 号、163 号）时，科研间接成本补偿不再被提及，取而代之的是将科研单位提供的房屋设施、设备、水电气暖等成本纳入管理费列支，使得间接成本补偿在比例很小的管理费中更显微不足道[①]。其他各类科研经费管理办法则是大同小异，表 7-1 归纳了改革前后各类科研经费中可以列支房屋设施、设备、水电气暖等间接成本的开支范围及比例。

表 7-1 各类科研经费管理办法中间接费用列支比例及范围

类别	文件依据	提取比例	支出范围
973 计划、支撑计划、863 计划	财教〔2006〕159、160、163 号	分段超额累退比例法：100 万元及以下 8%；100 万~500 万元的部分 5%；500 万~1000 万元的部分 2%；1000 万元以上部分 1%	对使用本单位现有仪器设备及房屋，日常水、电、气、暖消耗，以及其他有关管理费用的补助支出
自然科学基金	财教〔2002〕65 号	管理费不得超过自然科学基金资助经费的 5%，协作单位不得重复提取	为组织和支持项目研究而支出的费用，包括项目执行中公用仪器设备、房屋占用费等

---

① 管理费计提比例：100 万元及以下的部分 8%；100 万~500 万元的部分 5%；500 万~1000 万元的部分 2%；1000 万元以上部分 1%。

续表

类别	文件依据	提取比例	支出范围
国家社会科学基金	财教〔2007〕30 号	管理费的支出总额，重大项目每项不超过 5000 元；其他项目不得超过项目资助额的 3%，其中，年度项目中的重点项目每项不超过 3000 元，年度项目中的一般项目、青年项目和西部项目、后期资助项目每项不超过 2000 元	项目研究过程中对项目负责人所在单位为组织和支持项目研究而支出的费用
高等学校博士学科点专项科研基金	财教〔2002〕123 号	公共设施费最高不得超过课题资助经费当年拨款额度的 5%，且不得超前提取、重复提取	使用学校公用设施所发生的费用支出，如：水、电、气、场地等费用
中央高校基本科研业务费	财教〔2009〕173 号	基本科研业务费不得开支有工资性收入的人员工资、奖金、津补贴和福利支出，不得购置大型仪器设备，不得分摊学校公共管理和运行经费	——
国防科技类	财防〔2008〕11 号、计计字〔1995〕1765 号、装计〔2006〕132 号	管理费不超过项目成本总额的 8% 计列；固定资产使用费，按照项目使用的科研设备仪器原值的 5% 和厂房建筑物原值的 2% 之和计算，并按照项目所占的全年工时比例进行分摊	科研项目应分摊的研制单位的管理费用，包括日常水、电、气、暖消耗费、科研及办公用房建筑物修缮费、专用设备仪器维修费、科技培训费、保险费、审计费、业务招待费等；项目应分摊的研制单位按规定比例分类计提的固定资产使用费
科技重大专项	财教〔2009〕218 号	间接费用比例不超过直接费用扣除设备购置费和基本建设费后的 13%	主要包括承担单位为项目（课题）研究提供的现有仪器设备及房屋，日常水、电、气、暖消耗，有关管理费用的补助支出，以及承担单位用于科研人员激励的相关支出等
中关村国家自主创新示范区科技重大专项试点项目	中示区组发〔2010〕15 号	间接费用包括科研条件支撑费；协调管理费；监督检查费；科研人员激励费；其他间接费用。示范区内高等院校、财政全部补助的试点单位承担科技重大专项项目（课题）间接费用列支比例不超过直接费用扣除设备购置费后的 13%；示范区内财政部分补助的试点单位承担科技专项项目（课题）间接费用列支比例不超过直接费用扣除设备购置费后的 15%；示范区内转制科研院所、企业及无财政补助的试点单位承担重大科技专项项目（课题）间接费用列支比例不超过直接费用扣除设备购置费后的 20%	在科技重大专项组织实施试点项目过程中发生的管理、协调和监督费用，以及其他无法在直接费用中列支的相关费用

续表

类别	文件依据	提取比例	支出范围
国家科技计划和公益性行业科技专项	财教〔2011〕434号	间接费用采用分段超额累退比例法计算，按照不超过课题经费中直接费用扣除设备购置费后的一定比例核定如下：500万元及以下部分不超过20%；500万~1000万元的部分不超过13%；超过1000万元的部分不超过10%。间接费用中绩效支出不超过直接费用扣除设备购置费后的5%	承担课题任务的单位在组织实施课题过程中发生的无法在直接费用中列支的相关费用。主要包括承担课题任务的单位为课题研究提供的现有仪器设备及房屋，水、电、气、暖消耗，有关管理费用的补助支出，以及绩效支出等

（二）科研间接成本补偿改革的突破点

2009年，《民口科技重大专项资金管理暂行办法》（财教〔2009〕218号）规定，间接费用主要用于补偿承担单位为项目研究提供的仪器设备及房屋，日常水、电、气、暖等消耗，有关管理费用的补助支出，以及承担单位用于科研人员激励的相关支出等①，初步建立了间接费用补偿机制和人员激励机制。

2010年，《中关村国家自主创新示范区科技重大专项项目（课题）经费间接费用列支管理办法（试行）》（中示区组发〔2010〕15号）的突破点在于，对不同性质的项目承担单位分类规定不同的间接费用列支比例②，这一举措为国家有关部门以更大的力度迅速推至全国奠定了基础。

2011年，财政部、科技部颁布《关于调整国家科技计划和公益性行业科研专项经费管理办法若干规定的通知》（财教〔2011〕434号），明确了管理部门以"间接费用"的方式对承担单位消耗的间接成本予以补偿，同时大幅度提高补偿水平③。

此次改革的突破点之一是完善课题间接成本补偿机制，明确补偿渠道。课题

---

① 间接费用比例不超过直接费用扣除设备购置费和基本建设费后的13%。

② 间接费用包括科研条件支撑费、协调管理费、监督检查费、科研人员激励费、其他间接费用。示范区内高等院校、财政全部补助的试点单位承担科技重大专项项目（课题）间接费用列支比例不超过直接费用扣除设备购置费后的13%；示范区内财政部分补助的试点单位承担科技专项项目（课题）间接费用列支比例不超过直接费用扣除设备购置费后的15%；示范区内转制科研院所、企业及无财政补助的试点单位承担重大科技专项项目（课题）间接费用列支比例不超过直接费用扣除设备购置费后的20%。

③ 间接费用采用分段超额累退比例法计算，按照不超过课题经费中直接费用扣除设备购置费后的一定比例核定如下：500万元及以下部分不超过20%；500万~1000万元的部分不超过13%；超过1000万元的部分不超过10%。间接费用中绩效支出不超过直接费用扣除设备购置费后的5%。

研究支出既包括直接成本，也包括承担单位的科研仪器设施占用和管理费用等间接成本。一方面，明确了管理部门以"间接费用"的方式对承担单位消耗的间接成本予以补偿，是科技计划经费管理理念的重大转变；另一方面，大幅提高了间接费用的核定比例，最高可达到专项经费中直接费用扣除设备购置费后的20%，增加了承担单位的管理手段和调控能力，有利于增强承担单位在项目组织实施和经费管理中的责任感，也为承担单位发挥法人作用提供了财力保障。

突破点之二是充分体现以人为本理念，增加绩效支出。在改革之前的各种科研经费管理制度中，预算开支范围只列明了"劳务费"和"专家咨询费"两项酬金性支出，这两项支出均不允许支付给包括课题负责人在内的整个有工资性收入的科研团队成员，这使得在工作一线的科研人员不能获得相应的补偿。为加强与有关收入分配制度改革相衔接，调动广大科研人员的积极性，此次改革调整了经费开支范围，新设绩效支出，有利于建立绩效管理机制，提高相关单位和科研人员承担科研任务的积极性，更好地体现绩效管理和以人为本的精神，为项目承担单位开辟了稳定的经费补偿渠道。

二、国际科研成本管理的重要特征

科研间接成本补偿制度最早出现在"二战"后的美国，英国、欧盟、加拿大等国家或地区也纷纷采取措施确认和补偿科研间接成本。

（一）间接成本补偿与各国科研资助体系紧密相关，一般根据科研机构类型分类管理

核定间接费用，对间接成本进行适当补偿，是国际上较为通行的做法。间接成本补偿与各国科研资助体系紧密相关，因此间接费用列支比例也各不相同，不能简单地根据该比例高低判断资助的优劣。美国根据科研机构的不同类型，出台相应的规则进行成本核算，包括针对教育机构成本原则的 A-21 通告[1]，针对非营利组织成本原则的 A-122 通告[2]，针对州、地方和印第安部落政府成本原则 A-87 通告[3]，针对高等教育机构、医院和其他非营利组织申请基金或协议项目统

---

[1] Office of Management and Budget, Cost Principles for Educational Institutions, CIRCULAR NO. A-21.
[2] Office of Management and Budget, Cost Principles for Non-Profit Organizations, CIRCULAR NO. A-122.
[3] Office of Management and Budget, Cost Principles for State, Local, and Indian Tribal Governments, CIRCULAR NO. A-87.

一管理规定的 A–110 通告①，而对于营利组织和 A–122 附录中列出的不受 A–122 约束的非营利组织所允许的支出，则由《美国联邦法规》第 48 篇《联邦采购法规》第 31 部分《合同成本原则和程序》规定。在间接成本率的类型上，以美国高校为例，其间接成本率分为事先确定的间接成本率（Predetermined）、随着项目进行确定的间接成本率（Fixed with Carry–forward）以及临时间接成本率（Provisional）。科研成本补偿也是欧盟科研项目资助的重要内容，成本补偿率因项目大小和承担单位性质不同而异，对于一般的科研项目，成本补偿率为 50%，对于非营利组织成本补偿率为 70%，对于创新性的前沿科研成本补偿率最高可达 100%。间接成本的计算可以选择全成本模式计算，也可以使用统一费用模式计算，统一费用率为直接成本的 20%②。

（二）虽然大多数尚未做到间接成本完全补偿，但是建立科学公平的补偿机制是发展趋势

从具体的间接成本补偿方式来看，美国、英国和加拿大（在一定程度上）都兼顾不同的成本构成，虽然需要履行的行政程序较为复杂，但却能更公平地补偿在科研活动中产生的实际间接成本，而其他各国则套用单一的间接成本补偿率。在允许补偿的具体间接成本科目上各国存在差异，间接成本补偿比例也为科研项目直接成本的 20%~70%。英国自 2005 年以来基本按照完全经济成本（Full Economic Costing）资助科研项目，该方法将英国高校科研成本分为直接发生成本、直接分配成本、间接成本以及其他成本③，其代表着先进的科研经费管理理念，取得了积极效果。虽然大多数国家（地区）还没有做到对间接成本的完全补偿，但是建立起科学公平的补偿机制是发展趋势，准确归集科研活动使用的资源数量，合理确定各科研项目的间接成本，明确不同类型项目的补偿承担，更加体现公平和效率。

（三）间接费用比例的确定过程反映出政府与科研机构的合作关系

间接成本政策是政府对科研机构的补贴措施，也是间接介入科研机构管理的

---

① Office of Management and Budget, Uniform Administrative Requirements for Grants and Agreements with Institutions of Higher Education Hospitals and other Non–profit Organizations CIRCULAR NO. A–110.

② European Commission. Guide to Financial Issues Relating to FP7 Indirect Actions.

③ J. M. Consulting Ltd. Transparent Approach to Costing; an Overview of TRAC, Report to the（HEFCE）Joint Costing and Pricing Steering Group, June 2005.

政策工具。一方面，美国间接成本管理制度变迁反映出联邦政府对科研机构的定位及加强影响。在"二战"后二十余年中，美国运用间接成本制度有力地支持着大学的科研活动，反映出伙伴关系。但到了 20 世纪 80 年代，美国对大学可能存在滥用间接成本充满警惕，不再信任大学的自律性，从单纯的技术问题演化为政治问题，不仅是联邦政府与大学之间的磋商，国会也介入其中[1]。另一方面，间接成本率的确定程序表明政府与科研机构的博弈。大学根据 A-21 通告规定的成本构成定义计算本机构一定时间内的间接成本率[2]，国防部或卫生和福利部审核相关材料，最后大学与国防部或卫生和福利部谈判确定间接成本率。从横向和纵向发展中发现，政府与科研机构从分离走向合作，并在博弈中达成共识、明确责任和寻求平衡。

（四）重视对人力资本的合理补偿

直接成本一般包括研究人员的工资及福利、设备、差旅、出版、耗材、咨询等费用，间接成本中包括设施成本（建筑物、设备折旧和使用津贴及改造费用）、管理费用等。美国、英国、新西兰、欧盟等特别重视工资薪金等人力资本支出，虽然资助程度各不相同，但总体而言科研经费中有相当比例用于包括工资、福利、保险、博士后工资、研究生费用、聘用人员劳务费等在内的人力资本支出。同时，科研项目对人员性经费没有硬性的比例限制，例如美国部分高校和国立研究机构实行年薪制，无论教授或科研人员从事研究项目多少，项目中对人员性经费均无比例限制，只要其工资与从项目中获得的经费总和不超过其年薪。

三、间接费用政策实施过程中存在的主要问题

（一）不适合科研机构自身特点

我国科研经费间接成本政策在各科研计划归口管理部门之间不统一，此次改革虽然提高了补偿标准，但适用范围限于国家科技计划和公益性行业科研专项，也并未考虑科研机构的类型与特点，从而影响科研机构的可持续发展和科研人员的积极性。绩效支出由于国企受年薪制、事业单位受工资总额限制，部分单位将

① 史静寰，赵可. 从美国大学科研经费的间接成本管理看政府与大学的关系 [J]. 清华大学教育研究，2007（3）：83-92.
② 其中，年度直接成本总额小于 1000 万美元的大学采用简化的程序确定间接成本比例，超过 1000 万美元的大学按照常规的程序确定间接成本比例。

绩效支出弥补事业经费不足，导致无法发挥绩效支出对一线科研人员的激励作用。

（二）间接费用使用有待规范和强化监管

近年来，科研经费使用和管理不断趋于规范，但某些项目承担单位对间接费用使用管理不到位。更为关键的是，提取的间接费用如何保证运用到科研机构承担政府研究项目中，相应的监督检查机制尚未健全。

（三）间接费用列支范围及比例有待完善

对于自收自支的科研事业单位、转制科研院所、民营科研机构和企业，由于财政并不保障其运行经费，现有政策并未突出对此类机构相关科研设备、仪器、水电暖消耗乃至房屋折旧等补偿。对于全额及差额拨款的科研事业单位和国有高校，中央财政通过增设基本科研业务费、公益性行业科研经费等举措，提高了保障能力，补偿政策也奠定了科研全成本核算的基础，但缺乏针对科研机构量身定制的间接费用补偿范围和比例，绩效支出限制也相对较大。

（四）政府与科研机构的平等关系缺乏

目前，间接费用的确定从本质上并没有将科研机构放在与政府平等对话和博弈的位置上。作为研发契约双方，科研机构只能单方面接受资助方统一规定的各项成本及比例，在科研项目预算确定过程中缺少类似于美国的谈判机制，不能做到个性化区别对待，这与财政经费精细化管理要求和科研活动特点不相适应。

（五）未能根本理顺项目（课题）组与依托单位的分配关系

此次改革建立课题间接成本补偿机制，大幅度提高了项目承担单位在科研预算中可自由支配的额度和开支范围，但未能根本理顺项目（课题）组和项目承担单位在资源合理补偿、管理费、人员支出的统筹使用等方面的分配关系。

四、政策建议

（一）实施差异化、精细化的间接费用补偿政策

科研成本的核算与科研管理以及预算管理体系紧密相关，由于不同类型科研机构的特点不一样，不同科研院所和高校现行基本运行经费不一样，同一机构中人员类型也不一样，因此建议在成本核算基础上通盘考虑，既区分科研承担单位类型，也区分科研活动类型，实施差别化、精细化的间接费用补偿政策，不同单位可根据科研人员实际情况和需求进行部分调整。

（二）加强间接费用监管

相对于直接费用，间接费用的监管更为复杂。一方面，健全科技经费监督管理机制，加大对科研经费尤其是间接费用的监管力度。制定相关配套政策，明确间接费用使用渠道，保证间接费用合理使用。另一方面，项目承担单位可结合自身情况，完善间接费用管理制度，健全内部控制与监督制约机制，从使用原则、支出范围、预算执行、监督管理等方面入手，细化对间接经费的管理。同时建立间接费用内部检查制度，定期对经费的使用和管理进行检查，及时发现并解决问题。

（三）重视科研人力资本支出，提高绩效支出比重

增加对人的投入特别是科研绩效支出，解决"见物不见人"和缺乏绩效激励机制的问题，充分调动科研人员的创新主动性和积极性。建议根据实际情况，适当增加经费使用灵活性，授权高水平创新团队按规定自主支配科研经费，探索顶尖人才自主使用科研经费模式。

（四）在厘清政府与科研机构关系基础上，健全间接成本补偿机制

如何合理地对科研机构的科研成本进行补偿，本质上是科学界定政府与科研机构的关系，近年来公私合作（PPP）在研发领域中逐渐兴起，体现了政府与科研机构的平等合作关系。建议进一步健全间接成本补偿机制，包括对科研机构的稳定支持、以科研质量评估为基础的资助和谈判确定科研项目中间接费用补偿比例等。

（五）统筹事业单位分类改革和科研领域收入分配改革，建立现代院所经费管理制度

科研事业单位的职能、定位、运行机制等方面带有计划经济体制的印迹，其独立性、公共性有待加强，在很大程度上影响了其承担科研的效率。经费管理制度的核心目标是满足技术源头需要，其与深化科研院所改革、事业单位分类改革和科研领域收入分配紧密联系在一起，应妥善解决制约科研院所改革发展的经费保障和人员激励等问题，加快建立现代院所经费管理制度，落实科研院所管理自主权，深化科研经费管理和收入分配制度改革，体现对科研工作的充分激励。

第三节 美国联邦政府研发预算管理及启示

财政是国家治理的基础和重要支柱，研发预算是财政科技活动的起点和全面反映，体现在特定时期所要实现的政策目标和手段，其科学性、合理性、法治化水平直接影响一国的创新能力。作为世界科技强国，美国联邦政府科研经费的有效配置，得益于其相互制约、相互均衡、职责分明、决策严密的研发预算体系。因此，研究美国联邦研发预算管理，对于完善我国科技预算、深化科研经费管理改革具有重要意义。

一、美国联邦政府研发预算的简要形成过程

(一) 总统的预算形成

美国联邦机构（部门）预算形成是自下而上的汇总和自上而下的指导过程。大多数联邦机构都拥有一定的科技管理职能，国防部（Department of Defense，DOD）、卫生部（Department of Health and Human Services，DHHS）、能源部（Department of Energy，DOE）、国家航空航天局（National Aeronautics and Space Administration，NASA）、国家科学基金会（National Science Foundation，NSF）等26 个部门负责联邦政府约 99%的研发预算。以 DHHS 为例，由经费资源办公室（Office of the Assistant Secretary for Financial Resources，OASFR）和 11 个专业司（Operating Divisions）、10 个地区办公室（Regional Offices）共同协商编制，其中 ASFR 下设预算办公室（Office of Budget）专司预算、绩效和项目政策等事务性工作。预算编制时，联邦机构考虑本部门优先支持的领域和目标，估算达到这些目标所需的人力和资源。大多数联邦机构统筹考虑咨询委员会、产业界和高校合作伙伴、其他科学和创新相关机构所提供的外部信息。预算也会对国会请求、法律变化和过去拨款法案要求给予回应。当然，对政策和优先资助领域的确定也会吸纳该机构领导层的意见。联邦机构的预算过程往往非常费时和棘手，因为预算可能限制各部门战略性规划的实施程度。无论如何，联邦机构的预算会最终递交给白宫预算与管理办公室（Office of Management and Budget，OMB）。

OMB 是独立于财政部之外，直接对美国总统负责的预算编制机构。它根据各联邦机构提出的预算方案，经核查后统一汇编成联邦预算，并交总统审核。研发预算的编制还会牵涉白宫科技政策办公室（Office of Science and Technology Policy，OSTP）。OSTP 的使命就是帮助制定和实施有效的科技政策和预算，为总统及其官僚提供准确、相关、及时的科技方面的建议，保障社会利益最大化。OMB 和 OSTP 通过备忘录、部门间公告、其他书面指引以及非正式接触来发出研发预算首要指引。在正式的 OMB 备忘录中，会对科技优先方向、原则、财政战略或直接对增加（减少）的领域做出指引。在 OMB 与 OSTP 联合指引备忘录中，会明确财政投资的科学与工程关键领域，比如 2015 年财政研发预算确定了先进制造、清洁能源、全球气候变化、信息技术、生物与神经科学、政府科学决策、国家安全、创新与商业化、科技教育等领域为优先资助方向[①]。OMB 除汇总所有的预算外，会考虑哪些联邦机构的预算不予支持，通过所谓的"passback"反馈给各联邦机构。各联邦机构如有不同意见，可向 OMB 提出申诉。当然申诉过程是较为艰难的，如果经协商仍达不成一致意见时将问题提交总统决定。各联邦机构和 OMB 最终确定研发预算后上报总统，总统将预算提交国会审议。

除此之外，国家科学技术委员会（National Science and Technology Council，NSTC）和总统科技顾问委员会（President's Council of Advisors on Science and Technology，PCAST），它们的主要职责是科技咨询和辅助决策。其中 NSTC 成员由副总统与科技相关的内阁部长及其他白宫官员组成，主要从政府角度制订符合国家目标的科技发展计划；PCAST 的成员主要来自产业界、教育界、研究院所以及非营利机构，主要从非政府角度提供对这些科技计划反馈意见，并向 NSTC 提供科技发展战略方面的建议。上述两个委员会对研发预算的形成也会产生一定的影响。

（二）国会程序

在收到总统预算的同时，国会也会收到来自国会预算办公室（Congressional Budget Office，CBO）有关预算和经济长期展望的报告。该报告会对美国经济增长、财政支出、赤字等作出预测，将对总统预算设定大致的边界。拥有了上述材料后，国会程序开始。第一项任务是通过预算案决议，该议案由国会参众两院预

---

① Budget Priorities Memo.http：//www.whitehouse.gov/administration/eop/ostp/rdbudgets.July 26，2013.

算委员会确定。由于其不需要总统签署，所以不具有法律效力，但是其将作为国会确定拨款的重要参考资料。

参众两院预算委员会各自独立工作，结合各专门委员会、委员会主席和党派领导层的意见，提出收入、法定支出、非法定支出的上限。CBO 向国会议员提交专业建议报告。根据这些信息，各委员会做出预算评估，并由参众两院各自的预算委员会形成一份年度预算案决议，该议案须经两院过半数通过。

当上述任务完成后，参众两院拨款委员会开始介入。拨款委员会将预算议案中非法定支出部分在各拨款委员会分委员会中进行分解，参众两院各有 12 个分委员会。联邦政府研发预算拨款包括在其中的 11 个分委员会中。每个分委员会拟定各自的支出法案，得到各自独立的拨款分配。这意味着某个分委员会的拨款增加并不会减少其他分委员会的拨款。由于国会的重要作用，许多联邦机构非常重视游说议员。

由于各联邦机构的研发预算散落在这些拨款法案中，同一个拨款法案下研发预算经常会与非研发预算竞争。举例而言，三个涉及研发预算部门——NSF、NASA、DOC（Department of Commerce）均在商务、法律和科学分委员会下，而 NIH 的拨款法案归为劳工、健康、人类服务、教育分委员会，这意味着增加 NASA 的研发预算不是来自 NIH 的预算部分，但是 NASA 的研发预算增加可能会冲减其他非研发预算，也可能会直接冲减 NSF 预算，因为 NSF 预算与 NASA 预算在同一个拨款法案中。

拨款委员会各分委员会围绕自己职责范围举行听证会，传唤政府官员解释情况，收集有关资料。各分委员会（通常众议院先开始）修正各自的正式预算授权法案和拨款法案。每个分委员会法案须经过国会拨款委员会表决。一经表决通过，将先后提交众参两院全体表决，参议院有权否决众议院的提案。如果两院意见不一致，还要组成联合委员会进行协商和再次表决。

（三）总统签署

国会预算法案表决通过以后，预算程序就进入了总统签署批准实施的阶段。理论上而言，总统有权否决国会的预算法案。但如果国会两院能以 2/3 多数通过议案，即可推翻总统的否决，形成最终法案，预算得以下拨执行。

二、预算编制周期

美国的财政年度为每年的 10 月 1 日至次年的 9 月 30 日，但联邦预算编制到执行、审计全部完成，需要 32 个月左右的时间。研发预算一般都从每年春天开始，比总统向国会递交预算至少提前 9 个月，比新财年正式开始甚至早 18 个月。实际上，大多数联邦机构在其准备 2012 财年决算和 2013 财年拨款之前，就开始着手准备 2014 财年的预算。

以 2014 财年预算为例，列出了美国联邦政府研发预算编制和审核的完整周期，这也从一个侧面反映出美国研发预算从编制、执行到审计的连贯性，以及编制实施的复杂性和调整的频繁性。如表 7-2 所示。

表 7-2　美国 2014 年度美国联邦政府研发预算时间表

时间	主要事宜
2012 年	
3~6 月	OMB 向各联邦机构发布 2014 财年预算指导意见
7~9 月	联邦机构制定预算需求，并向 OMB 报送
10~12 月	OMB 评估审查并将意见反馈各联邦机构。联邦机构可向 OMB 或总统提出公关意见，最终形成本部门预算上报 OMB
2013 年	
1~2 月	CBO 发布年度预算与经济展望报告，1 月第一个星期一至 2 月第一个星期之间，总统向国会提交 2014 财政年度预算
3~4 月	6 周之后，国会各专门委员会向预算委员会提交预算估计报告，预算委员会最终在 4 月中旬向国会提交预算案决议
5~8 月	各分委员会参与起草正式预算授权法案和拨款法案
9 月	拨款委员会批准拨款法案
10 月	2014 财政年度开始，国会陆续颁布联邦机构 2014 财年的拨款法案，总统将签署 2014 年统一拨款法案
11~12 月	完成所有剩余的研发拨款，2014 财年拨款结束
2014 年	
2 月	根据 2014 年的执行情况提出 2015 年预算，众议院提出 2014 年决议
3 月	参议院拨款委员会公布 2014 财年决议
4 月	国会公布 2014 财年为期一年的最终决议
9 月 30 日	2014 财年结束
10~12 月	各联邦机构、OMB 关闭 2014 财年账户，形成 2014 财年决算
2015 年	
1~2 月	联邦机构准备预算陈述报告，对各联邦机构财务报告进行审计和评估，同时 2014 年的执行情况将在下一财年的预算编制中加以考虑

三、研发预算公开

美国联邦政府的财年总预算中并不包括一个独立的研发预算，但是预算编制报告有一个章节专门讲研发预算情况（如 2014 财年预算分析视角报告中的第 21 章），并利用一些表格列出提议的和历史的研发支出，预算报告按机构、支出性质进行了分类（见表 7-3）。

表 7-3　美国 2014 财年研发预算相关数据

单位：百万美元

按机构分类	2012 财年实际值	2013 财年决议值	2014 财年预算值
国防部	72916	73839	68291
卫生部	31377	31734	32046
能源部	10811	11406	12739
国家航空航天局	11315	11282	11605
国家科学基金会	5636	5643	6148
商务部	1254	1338	2682
农业部	2331	2249	2523
国土安全部	481	514	1374
退伍军人事务部	1160	1170	1172
内政部	820	841	963
运输部	921	852	942
环境保护局	568	571	560
患者导向医疗效果研究所	120	304	498
教育部	397	342	352
史密森学会	243	241	250
其他	562	577	628
研发总金额	140912	142903	142773
基础研究	31740	31826	33162
应用研究	31618	32318	34963
试验与发展	75244	76650	71463
设施与设备	2310	2109	3185

同时，许多重大科技计划需要多个部门的共同努力方可实施。美国 2014 财年研发预算对三个重要的跨机构科技计划提供支持，即国家纳米技术计划、网络和信息技术研发计划、美国全球变化研究计划（见表 7-4）。国家科学技术委员会（NSTC）负责对这些跨机构科技计划的活动进行协调。

表 7-4　美国 2014 财年跨机构科技计划预算相关数据

单位：百万美元

	2012 财年实际值	2014 财年预算值
国家纳米计划（NNI）		
国家科学基金会	466	431
国防部	426	217
能源部	314	370
国家航空航天局	19	18
商务部（NIST）	95	102
卫生部	480	488
农业部	25	23
环保局	18	17
国土安全部	19	35
运输部—联邦公路局	1	2
其他	2	2
NNI 总额	1865	1705
网络与信息技术研发（NITRD）		
商务部	119	170
国防部	1279	1317
能源部	498	541
国土安全部	54	77
卫生部	558	552
国家航空航天局	78	76
国家科学基金会	1216	1227
其他	7	8
NITRD 总额	3809	3968
美国全球变化研究计划（USGCRP）		
国家科学基金会	333	326
能源部	212	220
商务部（NOAA、NIST）	327	371
农业部	115	126
内政部（美国地质调查局）	59	72
环保局	18	20
国立卫生研究院	6	15
国家航空航天局	1422	1493
史密森学会	8	8
运输部	1	1
USGCRP 总额	2501	2652

此外，美国科学促进会（AAAS）作为非营利性、综合性民间科学组织，每年提供及时、全面的联邦研发预算独立分析，包括研发资金的趋势、在国会和联邦机构的研发预算辩论和对预算立法的潜在影响等。

四、预算绩效管理

1993 年，美国联邦政府颁布《政府绩效与结果法案》（Government Performance Results Act，GPRA），对历次预算管理制度革新进行了总结和立法，提出了新绩效预算改革的基本理念与思路。在现阶段，主要通过 GPRA 等一系列立法来实现对绩效预算制度的构建，联邦机构的预算和绩效管理实务必须遵循 GPRA 的相关规定。2011 年 1 月 4 日，奥巴马签署《政府绩效与结果现代化法案》（GPRA Modernization Act of 2010）。各联邦机构已经采取了一些措施，落实 2010 年政府绩效与结果现代化法案的关键性条款，譬如制定中期跨机构和特定机构的优先目标，以及使用数据驱动①方法进行绩效季度考评。

OMB 的通告 A–11（CIRCULAR NO.A–11）是指导预算编制的纲领性文件，在第六部分《战略规划、年度绩效计划、绩效评估及年度项目绩效报告》（Strategic Plans，Annual Performance Plans，Performance Reviews，and Annual Program Performance Reports）中对绩效工作的框架、机构绩效计划、跨部门优先目标、年度绩效计划、绩效管理周期等提出了较为详尽的要求。

五、启示

研发预算是科技管理中的核心问题之一，美国政府予以高度重视，充分反映出其在财政总预算中的重要性，其编制方式及程序的严密性，监督及绩效机制的有效性等，值得学习和思考。

1. 健全研发预算编制、审核和监督机制

在多元分散的科技管理体制下，美国联邦政府对研发预算采取分散的方式，虽然与科技有关的部门编制各自研发预算，但是白宫科技政策办公室具有较强的统筹协调职能，协助预算与管理办公室工作，帮助总统平衡各部门预算，在国会辩论时参与解释。美国国会在研发预算形成中决定权较大，负责预算进行审核和

---

① 此处的数据驱动指进行绩效考核的一种数据处理方法。

调整，对执行过程和结果也进行监督。综上所述，其研发预算的编制、执行、监督是相互分离而制衡的机制。

2. 突出国家目标和战略意识

面对经济不景气和减赤的压力，美国2014财年预算的主线是继续对研发给予大力支持，注重对经济增长具有重要意义的战略性研发和创新投资。从具体的研发预算数据来看，该预算削减了国防预算，大幅增加非国防预算；为了提高美国的创新能力，预算还大幅增加基础研究投入；将有限的联邦资金用在对赢得未来至关重要的领域，如先进制造、清洁能源、全球气候变化、对科学、技术、工程和数学（STEM）教育等；以较低成本改善美国人的医护条件；加强国家和国土安全等。

3. 提高经费使用的公开性和透明性

为了提高联邦经费使用的透明性，2010年4月预算与管理办公室制定主题为"公开政府的指令——联邦开支的透明性"备忘录，还制定了《联邦开支透明性指南》。因此，美国联邦政府研发预算数据非常公开和细化。专门针对联邦政府科研经费支出的网站www.grants.gov向公众开放，集中发布各种计划项目申请相关内容，实际上起到公众监督的作用。

4. 重视科研经费的绩效评价

美国预算改革的重要方向之一是把绩效拨款机制引入财政资金的分配中，从《政府绩效与结果法案》相关准则和联邦机构的研发预算和绩效操作实务来看，规定每一项支出应满足目标、绩效的衡量、联系和责任等要求。绩效拨款比以投入拨款为基础的模式更有效率，强化财政科技支出项目的绩效评估，无疑是提高科技投入资金使用效果的有效手段。

六、几点建议

1. 加强科技预算宏观统筹与权力制衡

强化国家科技教育领导小组在年度重大战略和政策中的决策职能，形成跨部门的科技决策机制，在科技预算编制发挥实质性作用；理清科技预算相关方的责权利关系，包括预算需求和控制部门、管理部门与审批部门之间等；更为重要的是，形成预算编制、执行和监督机构相分离的制衡机制，落实全国人大在预算中的审查和监督职能。

2. 优化中央财政科技投入结构

中央财政科技投入应更加体现宏观性、战略性和公益性，增强科技系统的创新能力、引领能力和支撑能力；完善间接（管理）费用管理，增加对科研人员的正向激励力度；继续加大对高水平创新人才及团队、科研院所（基地）和公益性行业科研稳定支持力度；妥善处理好支持科技创新短期目标与长期目标的关系。

3. 健全预算公开和增加透明度

在科技预算管理过程中，将预算评审、预算编制、预算执行、预算监督等向社会公开；打破部门疆界，加强部门间数据库的共享和互联互通，加快国家科技管理信息系统建设步伐，提高科研经费管理的公开性和透明度；及时按规定和程序公开具体科研项目的立项、资金安排等信息，主动接受社会监督。

4. 发展和完善绩效评价机制

在财政支出绩效管理总体框架下，建立健全适应科研活动特点的财政科技支出绩效评价指标体系和方法；健全结果为导向的科技投入绩效评价机制，扩大绩效目标管理的覆盖范围；加强对绩效目标的充分论证与审核，注重对科技计划（基金、专项）的综合绩效评价，并将结果作为改进管理、延续设立、调整或中止的重要依据；逐步扩大科研机构绩效评价范围，健全周期性评估制度，探索建立绩效拨款制度。

5. 开展科技预算跟踪研究

通过整合和分析我国科技预算的基础数据，开展相关调查研究和案例跟踪；深化从宏观上分析我国财政科技投入绩效、科技预算的潜在影响等，开展政府研发资金管理国际比较，为优化我国科技预算管理提供决策参考。

第四节　我国科技经费监管实践

自"十一五"以来，在财政科技投入稳定增长的同时，为规范财政科研经费管理，提高经费的使用效益，我国逐步建立覆盖科技经费预算申报、评估评审、预算执行和结果全过程的监管体系，形成日常监督与专项监督相结合，外部审计监督、专业化内部监督管理与社会力量监督相结合的科技经费机制。

一、我国科技经费监管的主要手段

从科技部、财政部以及审计署等开展的中央财政科技经费监管工作情况看，科技经费监管方式目前主要包括科研项目预算评估评审，巡视检查（2014 年 9 月 28 日科技部条财司印发的《国家科技计划（专项）经费巡视检查工作手册》中指出"科技部履行中央财政科研经费监管职责的主要工作包括科研项目预算评估评审、巡视检查、专项审计、结题财务验收、受理举报等"）、财务报告（《国家科技计划和专项经费监督管理暂行办法》（国科发财字〔2007〕393 号）第八条……根据需要，综合利用财务报告、巡视检查、专项审计、财务验收、绩效评价、受理举报等多种方法，通过日常监督与专项监督相结合的方式，对科技经费实施监督。）专项审计、中期财务检查、结题财务验收、受理举报、绩效评价等。根据需要，综合利用上述各种方法对科技经费实施监督。

1. 预算评估评审

预算评估评审是科技经费管理工作的源头，其主要任务是对项目（课题）申报预算的目标相关性、政策相符性和经济合理性进行评价，为管理部门对课题预算决策提供咨询。其中，预算评估是指管理部门在审定课题预算前，按照专业化的原则，委托具有科技评估能力的单位，按照规范的程序和公允的标准对课题预算进行的专业化咨询和评判活动。预算评审是指管理部门在审定课题预算前组织评审专家组，由专家组按照规范的程序和公允的标准对课题预算进行的咨询和评判活动。

科技部自 2006 年全面实行科技计划项目预算评估评审。2006 年当年组织完成了"973"计划 113 个项目、720 个课题，"863"计划 10 个领域、4000 多个课题，支撑计划 1409 个课题的预算评估评审，核减经费 21.34 亿元，核减比例为 11.37%，从源头上节约了财政科技经费。

2. 财务报告

财务报告是指项目（课题）承担单位要定期或不定期地向管理部门报告项目（课题）预算执行情况和重大财务事项，管理部门对财务报告进行合规性审查。从科技部当前做法看，一是定期报送财务决算报告。项目（课题）承担单位应当按照规定编制项目（课题）经费年度财务决算报告，课题经费下达之日起至年度终了不满三个月的课题当年可不编报年度决算，其经费使用情况在下一年度的年度决算报表中编制反映。课题决算报告按程序经审核、汇总后，于次年的 4 月 20 日前报送组织实施部门。通过决算制度，科技部可以全面掌握和了解科研经费的总体运行态势。二是预算执行过程中实行重大事项报告制度。在课题实施期间出现计划任务调整、课题负责人变更或调动单位、课题承担单位变更等影响经费预算执行的重大事项，应当及时按程序报组织实施部门批准。科技部归口管理的计划/专项项目（课题）目前已全面贯彻上述要求。

3. 巡视检查

该项工作主要选取承担国家科技计划（专项）任务较多、专项经费资金量较大、经费管理较薄弱的项目（课题）承担单位为巡视对象，组成包括财务、技术专家在内的巡视组，委托其到巡视对象了解情况，通过听取汇报、召开座谈会、资料查验等方式，全面检查项目（课题）承担单位在贯彻科技经费管理制度、建立内部管理机制、执行科技经费预算等情况，同时讲解政策，排查风险点，寓监管于服务之中，指导帮助巡视对象管好用好中央财政科研专项经费。

从 2008 年开始，科技部条财司在驻部组局的大力支持推动下，组成联合巡视检查组进行巡视，掌握了科技经费管理使用方面的大量第一手资料，也发现了一些共性问题，为完善科技经费管理制度积累了很多经验。目前巡视检查工作每年开展一次。如 2013 年共组成 12 个巡视组，赴全国 31 个省（区、市）实地抽查了 216 家项目承担单位共 411 个课题，涉及专项经费 42.93 亿元。

在中纪委领导协调下，财政部、科技部与监察部、审计署为进一步加强财政科技投入的监管，组织了四个批次的巡视检查，覆盖广东、广西、四川、浙江、山东、陕西、辽宁、吉林等地，涉及"863"计划、"973"计划、科技支撑、国际合作等类型课题，受理举报核查课题数十个。

4. 专项审计

专项审计主要是指委托会计师事务所对科技经费使用的合法性、合规性和合理性，以及财务收支信息的真实性和完整性等进行的专项检查和评价。2006~2009 年期间，科技部共组织审计了 3000 余个项目，涉及专项经费 150 多亿元。2009 年科技部科技经费监管中心接受有关司局委托，按照"突出重点，务求实效"的原则，每年定期组织开展专项审计工作，委托会计师事务所对在研项目（课题）进行审计，专项审计结束后下达监督检查意见书，帮助承担单位在项目（课题）实施过程中提前发现问题并改正问题。如 2010 年受托对科技计划 750 多个课题以及沈阳材料科学国家（联合）实验室等 6 个国家实验室进行了专项审计，涉及专项经费 29.92 亿元。2012 年受托开展了 643 个课题的审计，涉及专项经费预算 63.82 亿元，占全部在研课题专项经费预算总额的 40.78%。2013 年专项审计涉及 91 家单位、292 个课题，专项经费预算总额 21.83 亿元。2014 年情况不掌握。安排专项监督检查 4 次，涉及课题 3000 个，专项经费 398 亿元，先后下达监督检查意见书 896 份。

5. 中期财务检查

自 2009 年以来，科技部组织实施了科技计划项目（课题）经费中期财务检查工作。该项工作目前每年都有开展，主要选取在研课题，通过抽调力量组成检查小组赴承担单位进行现场检查，主动宣传科研经费管理制度，查找并纠正项目（课题）承担单位在科研经费管理和使用当中存在的不合规现象，主动了解承担单位在各项政策贯彻落实中遇到的实际困难，并现场解答科研人员提出的问题和困惑，寓监管于服务之中，受到承担单位和科研人员的欢迎。

2009~2010 年期间，科技部经费监管中心受托对 87 个单位的 122 个课题进行了中期检查，涉及专项经费预算 10.23 亿元。2013 年，中心受托对 7 个省区的 25 家科技计划项目（课题）承担单位受托开展了中期财务检查工作。2013 年还组织开展了重大科学仪器自主研发专项经费监督检查工作，分 5 个组赴 14 个省（市）对 53 家项目牵头单位、12 家合作单位开展实地检查，对其余 371 家合作单位开展资料审查，涉及专项经费拨款 13 亿元，实现任务承担单位全覆盖。

6. 结题财务验收

《关于改进和加强重要财政科技经费管理的若干意见》（国办发〔2006〕56 号）明确规定要"建立对科技项目的财务审计与财务验收制度"。科技部归口管理的科技计划/专项目前已全面推行财务验收制度，相关专项经费管理办法中都予以规定：财务验收是项目（课题）验收的前提，财务审计是财务验收的重要依据。通过财务验收工作，对项目（课题）预算执行情况、经费使用情况和财务决算报告等进行专门审核与评价，未通过财务验收的项目不得通过项目验收。

自 2009 年以来，科技部对国家科技计划及专项全部 10400 个结题课题组织开展了结题财务审计和财务验收，涉及财政资金 992 亿元，覆盖率达到 100%。科技部科技经费监管中心承担了部分项目（课题）的财务验收工作，如 2013 年组织开展了 143 个项目的结题财务检查和验收工作，涉及项目总经费 31.91 亿元。专项经费 7.58 亿元，分布在 26 个城市、119 家项目承担单位。为了提高财务验收质量，财政部在民口科技重大专项财务验收管理中设立了财务验收抽查这个环节。2013 年，财政部、科技部共同完成民口重大专项已结题的项目（课题）的财务验收抽检工作，选取了 112 个项目（课题）。这是国家科技重大专项资金设立以来首次开展财务验收抽检工作。科技部科技经费监管中心受托具体组织完成了核电专项、水专项、转基因专项、新药专项和传染病专项五个专项"十一五"结题 87 个项目（课题）财务验收抽查工作。

7. 绩效评价

绩效评价是指运用一定的考核方法、量化指标及评价标准，对项目实施过程及其完成结果进行综合性考核与评价。财政部 2011 年出台《财政支出绩效评价的管理办法》并印发《推进预算绩效管理的指导意见》，2012 年发布《预算绩效管理工作规划（2012~2015 年)》提出要逐步建立以绩效目标实现为导向，以绩效评价为手段，以结果应用为保障，覆盖所有财政性资金，贯穿预算编制、执行、监督全过程的绩效管理体系。从实践情况看，财政部 2010 年开展了国家自然科学基金实施 25 年来资助与管理绩效的国际评估，这是对我国公共支出绩效评估的一次尝试，成效显著。2013 年，财政部、科技部会同国家发展改革委，对民口 10 个重大科技专项的实施绩效及经费管理使用情况进行了监督评估。

科技部近年来以项目经费绩效评价为突破口推进了科技计划经费项目绩效评价工作，逐步探索建立面向结果的绩效评价机制，并规定绩效评价结果将作为单位和个人今后申请立项及预算的重要参考依据。一方面，按照财政部统一部署，选择部门预算中与部门职能密切相关的"国家科技奖励专项"、"科技管理培训专项"、"科研院所技术开发专项"、"学术著作出版基金"等项目进行绩效评价试点，并探索将项目支出绩效情况与预算编制相结合；另一方面，主动在国家科技计划和项目层面开展试点，探索符合科技特点的绩效评价方法。一是遴选"863"计划和科技支撑计划项目开展国家科技计划项目试点绩效评价工作；二是开展对美国、英国、加拿大、日本、澳大利亚等西方国家，以及欧盟、OECD、世界银行、亚洲开发银行等国际组织项目绩效评价理论和方法的研究；三是开展公共财政专项支出绩效评价研究；四是开展地方科技绩效评价调查研究。以上工作由科技部有关司局委托相关中心开展。

审计署也不断推进绩效审计工作，已先后对科技部"863"计划、科技支撑计划开展了绩效审计试点工作，绩效审计正逐步成为审计署预算执行审计的重点。

8. 受理举报

受理举报是指科技部等有关部门根据举报，对相关单位或个人科技经费管理、使用中的问题组织开展专项调查处理工作，防范和控制科技经费管理使用风险。

从科技部的实际情况看，驻部纪检组监察局会同条财司对举报反映的科技经费管理使用问题认真调查，对查实的违规违纪行为严肃处理。我中心成立以来，通过直接派员、任务委托等形式协助驻部组局完成了多个举报项目核查工作，在对举报情况进行实地核查的基础上出具核查报告和处理建议。如 2010 年监管中心受托对监察局转来的 14 项被举报的课题开展了审计，涉及 5 家单位，涵盖"863"计划、科技支撑计划、科研院所技术开发研究专项等计划类型，涉及专项资金 4222 万元。

9. 外部监督

在外部监管方面，中国有一批强有力的科技经费监管力量，国家各级审计部门、纪检部门与科技系统内部监管机构分工协作，逐步覆盖科技经费运行的每个环节。其中：

审计署。审计署以行业、单位等为主要对象进行全面审计，在此过程中将科技经费作为重点关注对象，发现了很多重要线索，经核实后将相关案件移送司法机关，通过重要案件的查办处理，在全社会发挥了极有威慑力的监管作用。如教育部 2012 年以来查处了 14 起国家审计署移送的高校教师挪用、贪污科研经费案件，再如近期公布的科技重大专项五所大学 7 位著名教授相关案件，都由国家审计署审计发现。

中纪委/监察部。一方面，中纪委监察部在科技部设置了驻部纪检组监察局，通过受理举报、查办案件以及巡视检查等方式，将科技项目和经费使用的监督检查作为其重要的日常工作；另一方面，中共十八大以来，中央成立巡视组到科技部进行巡视，对科技经费管理工作进行了深入了解并提出了多项意见。

此外，人大、政协也充分发挥监督作用，积极参与相关工作，一些地方还出现了社会第三方监理机构。

二、科技经费管理改革不断深化

一是提前组织项目、细化预算编制。为贯彻《科技规划纲要》有关落实国家预算管理的规定，按照国家财政预算管理改革要求，近年来中央各部门、地方各部门在部门预算编报、预算执行等方面强调提前组织项目、细化预算编制，实行相关改革。例如科技部大力推进预算编报和预算执行改革，逐步将项目组织和预算编报工作时间前移，提前一个年度组织科技计划项目，要求按照科学性和准确性，进一步细化预算编制，适度增加预算"刚性"，适应了部门预算管理改革的要求，解决了科技经费预算执行进度缓慢、项目经费不能及时到位的问题，得到财政、人大及审计部门的充分肯定和表扬。在大量的探索中，科技部探索加快科技计划项目预算执行的制度建设，建立项目储备库，提前一年组织科技计划项目立项和细化预算编制，为科技计划预算执行创造了良好的制度基础。加强科技计划信息系统建设，推行网络视频评审制度，合并课题任务书和课题预算书，减轻课题承担单位工作量，提高了管理效率。此外，科技部还建立科技计划经费年初预拨机制，满足科研单位年初经费需求，实现课题经费在年度间的无缝衔接。加强科技经费管理信息化建设，实现经费管理全过程的电子化，同时加强与财政国库衔接，试点科技计划经费网上拨付，尽量缩短经费拨付时间，保障经费及时到位。

二是全面推进预算评审评估。科技部大幅度推进国家科技计划项目预算评估评审制度建设。2006年，在"973"计划项目预算评估和"863"计划课题预算评审探索基础上，研究制定了《科技部科技计划课题预算评估评审规范》及其实施细则。三大主体科技计划全面开展预算评估评审，其他计划（专项）也陆续跟进，预算评估评审活动规模和规范化程度大幅提高。

三是切实加强科技经费全过程管理。在强化概预算管理、推行预算评估评审等工作的同时，科技部对预算执行管理提出明确要求，加强年度财务决算，细化预算调整要求，积极推行中期财务检查和结题财务验收制度，逐步形成预算管理前期、中期和后期相互衔接的全过程管理体系，以求保障科技经费分配与使用的规范性与合理性，为开展经费预算管理和监督检查打下良好基础。各地政府积极响应，逐步探索加强本地区科技项目经费全过程管理的有效做法。

四是按照"主动服务、关口前移"理念，强化过程监管。强化科技经费过程监管作为贯彻落实《科技规划纲要》加强科技经费管理的重要举措，取得重要进展。近年来国家和地方有关部门按照主动服务、关口前移的理念，通过监管制度建设、监管方法创新等，强化科技经费的过程监管。科技部建立了专业化的科技经费监管机构，一些部门和地方强化了原有科技经费管理机构的经费监管职能，或者组建了科技经费监管机构，系统推进科技经费监管工作。科技部、财政部等部门广泛开展科技经费管理改革培训，提高科技经费使用单位和人员的经费管理意识。各级科技经费管理部门探索采取多种方式，利用财务报告、巡视检查、专项审计、财务验收、绩效评价、受理举报等方法，将日常监督与专项监督相结合，对科技经费管理使用实施全方位监管，提高科技经费投入效益。

五是探索推进绩效评价工作。加强预算绩效管理是实施财政科学化、精细化管理和贯彻落实《科技规划纲要》加强科技经费管理要求的重要内容。2006年以来，国家有关部门和地方政府加快财政科技经费绩效评价工作的探索，例如财政部明确提出要逐步建立科研项目经费绩效评价制度，并在相关国家科技计划中选取部分项目，开展绩效评价试点。2010~2011年会同国家自然科学基金委员会开展国家自然科学基金国际综合绩效评估，并根据评估结果，调整和完善自然科学基金的资助政策和模式。科技部积极开展绩效评价试点，2008~2011年这四年来，共涉及科技活动周、科技管理培训专项、国家科技专项奖励经费、国家科学技术学术著作出版基金等8个项目，财政专项资金6.42亿元。同时不断探索与科研活动特点相适应的绩效评价方法，以科技计划项目为切入点开展绩效评价的方法与指标研究。

三、强化科研经费监管的初步建议

一是建立多层次监管体系。发挥不同管理主体的作用，创新监管方式，建立多层次监管体系。充分发挥各级科技行政主管部门、项目组织部门、项目课题承担单位的作用，加强具有科技管理职能的专业化机构在监管过程中的作用，注重培育中介机构，完善中介机构财政科技经费审计业务流程与标准，完善对中介机构工作的过程管理。探索建立第三方监管体系，高度重视并充分发挥科技中介机构在专项监管中的重要作用，提高科技中介机构的专业化服务水平、法制化服务水平，明确科技中介机构在专项监管中的任务和责任，确保科技中介机构在监管中能够履行职责。

二是健全分类监管机制。按照专项经费支持强度和承担单位专项经费管理风险级别的不同，建立分类监管机制。对专项经费投入额度较大的课题由科委直接组织开展监督检查，并加强监管工作力度，其他课题可委托行业部门开展监督检查。根据单位专项经费管理能力，结合专项审计、结题审计和财务验收等监督检查结果，开展单位专项经费管理风险评价，对不同风险级别的承担单位采用不同的监管模式，提高监管工作的针对性。

三是探索建立科技经费预算执行的动态监管方式。转变监管理念，利用信息化手段，探索建立科技经费预算执行的动态监管方式。建立科技经费监管信息平台，动态采集课题科技经费支出信息，并进行综合分析，充分发挥预警作用，及早发现经费管理和使用中的问题。同时，利用经费监管信息平台开展年度决算和结题决算，减少承担单位和课题负责人的工作量。

四是切实加大违规行为惩处力度。加强结题审计和财务验收等后端管理工作，对违规使用科技经费的单位和个人，依据相关管理制度加大惩处力度，发挥警示作用，提高经费监管的威慑力。针对不同性质、不同类型的违规行为，分别采取通报批评、公开披露、暂缓拨款、追回经费、暂停申报项目资格等惩处措施。对于违法行为，移交有关部门处理。

五是完善绩效考评体系，建立科技信用管理制度。以改进管理、提高效率为基本原则，完善财政科技经费绩效考评，针对科研人员、科研机构、管理部门不同层次建立相应的绩效考评体系和程序，明确绩效考评相关方责任以及绩效考评结果的效力，促进科学管理和科学决策。将绩效评价和资源配置挂钩，通过绩效评价判断项目实施的成功与否，判断法人单位对项目申报和实施的管理成效。通过中长期综合绩效评价结果，判断科技投入产出效率和对经济社会发展的贡献程度，根据评价结果分析研究项目实施的成效和资源配置方式、支出结构的科学性，提高法人单位的管理水平，促进科技进步与创新。同时，建立科技信用管理制度。建立权责明晰的科研项目责任体系，明确各层级管理主体的职责，定期普查和不定期抽查项目管理情况，强化目标责任考核问效，并对不同主体的信用情况进行记录和评价；对于严重不良信用记录者记入黑名单，阶段性或永久取消申请或评审资格，向社会公告。

第八章

多级政府间的科技财政

多级政府间的科技财政，解决的是科技财政体制问题，即多级政府间的关系如何妥善处理。在我国，科技事权的划分，传统聚焦于三级乃至更多层级政府间的划分。但是从国家治理的角度出发，从科技事权的特殊性出发，科技事权可能只是分为中央和地方两级就足够了。由于科技事权在中央部门的分散性，本章第一节主要是基于科技综合管理部门的调研，对科技事权与支出责任划分进行了研究。第二节结合全球科技创发展的趋势，在国家治理改革的框架下，从规范的角度研究科技事权及其在中央与地方间的划分。第三节对我国中央与地方科技事权与支出责任划分进行了初步考虑。

第一节　科技综合管理部门科技事权与支出责任划分

财政是国家治理的基础和重要支柱，是全面深化改革的基点，而建立事权与支出责任相适应的制度，是财政体制改革的基础环节。事权是政府在公共事务和服务中应承担的任务和职责，支出责任是履行其事权，满足公共服务需要的财政支出义务。

通过对科技综合管理部门①的实地调研与座谈，摸清了我国科技事权与支出责任划分的现状，分析了存在的主要问题和原因，最后提出下一步改革的初步思路。

一、科技综合管理部门的科技事权与支出责任现状

（一）科技事权现状

1. 法律层面（如表8-1所示）

表8-1　有关科技事权划分的法律规定

《中华人民共和国科学技术进步法》②	释　义
第十一条　国务院科学技术行政部门负责全国科学技术进步工作的宏观管理和统筹协调；国务院其他有关部门在各自的职责范围内，负责有关的科学技术进步工作；县级以上地方人民政府科学技术行政部门负责本行政区域的科学技术进步工作；县级以上地方人民政府其他有关部门在各自的职责范围内，负责有关的科学技术进步工作	科技进步工作综合协调归科技部，其他部委配合
第三十一条　县级以上人民政府及其有关部门制定的与产业发展相关的科学技术计划，应当体现产业发展的需求 县级以上人民政府及其有关部门确定科学技术计划项目，应当鼓励企业参与实施和平等竞争；对具有明确市场应用前景的项目，应当鼓励企业联合科学技术研究开发机构、高等学校共同实施	科技计划制定归政府及其相关部门
第四十条　县级以上地方人民政府及其有关部门应当创造公平竞争的市场环境，推动企业技术进步 国务院有关部门和省、自治区、直辖市人民政府应当通过制定产业、财政、能源、环境保护等政策，引导、促使企业研究开发新技术、新产品、新工艺，进行技术改造和设备更新，淘汰技术落后的设备、工艺，停止生产技术落后的产品	营造公平环境归政府及其相关部门
第六十五条　国务院科学技术行政部门应当会同国务院有关主管部门，建立科学技术研究基地、科学仪器设备和科学技术文献、科学技术数据、科学技术自然资源、科学技术普及资源等科学技术资源的信息系统，及时向社会公布科学技术资源的分布、使用情况	条件资源、信息化等归科技部，相关部门配合
《促进科技成果转化法》	释　义
第八条　（修改原法第四条）国务院科学技术行政部门和其他有关行政部门依照国务院规定的职责范围，管理、指导和协调科技成果转化工作 国务院国防科技工业管理部门、军队有关部门会同国务院其他有关行政部门，管理、指导和协调军用与民用科技成果相互转化工作 县级以上地方各级人民政府负责管理、指导和协调本行政区域内的科技成果转化工作	成果转化工作归科技部和国防科工局，其他部委配合

① 包括科技部、发改委、工信部、自然基金委、教育部等。
② 1993年7月2日第八届全国人民代表大会常务委员会第二次会议通过，2007年12月29日第十届全国人民代表大会常务委员会第三十一次会议修订。

2. 部门职能（如表8-2所示）

表8-2 有关科技事权划分的部门职能规定

科技部	释 义
（一）牵头拟订科技发展规划和方针、政策，起草有关法律法规草案，制定部门规章，并组织实施和监督检查 （二）负责组织制订国家重点基础研究计划、高技术研究发展计划和科技支撑计划，负责统筹协调基础研究、前沿技术研究、重大社会公益性技术研究及关键技术、共性技术研究，牵头组织国民经济与社会发展重要领域的重大关键技术攻关 （三）会同有关部门组织科技重大专项实施中的方案论证、综合平衡、评估验收和制定相关配套政策，对科技重大专项实施中的重大调整提出意见 （四）负责编制和实施国家重点实验室等科技基地计划，会同有关部门拟订重大创新基地建设规划，参与编制国家重大科学工程建设规划，提出科研条件保障的规划和政策建议，推进国家科技基础条件平台建设和科技资源共享 （五）制定政策引导类科技计划并指导实施，会同有关部门拟订高新技术产业化政策，指导国家级高新技术产业开发区建设 （六）组织拟订科技促进农村和社会发展的方针政策，制订相关重要措施和办法，促进以改善民生为重点的农村建设和社会建设 （七）会同有关部门拟订促进产学研结合的相关政策、制定科技成果推广政策，指导科技成果转化工作，组织相关重大科技成果应用示范，推动企业自主创新能力建设 （八）提出科技体制改革的方针政策和重大措施建议，推进科技体制改革工作，审核相关科研机构的组建和调整，优化科研机构布局 （九）负责本部门预算中的科技经费预决算及经费使用的监督管理，会同有关部门提出科技资源合理配置的重大政策和措施建议，优化科技资源配置 （十）负责国家科学技术奖评审的组织工作，会同有关部门拟订科技人才队伍建设规划，提出相关政策建议 （十一）制定科普规划和政策，拟订促进技术市场、科技中介组织发展政策，制定科技保密管理办法，负责相关科技评估管理和科技统计管理 （十二）组织拟订对外科技合作与交流的政策，负责政府间双边和多边及国际组织间科技合作与交流工作，指导相关部门和地方对外科技合作与交流工作，负责驻外使领馆科技干部的选派与相关管理，组织科技援外与科技援华相关工作	重大专项、创新基地建设、国家重大科学工程建设、高新技术产业化政策。促进产学研结合的相关政策由科技部和其他部门共同负责，其他单由科技部负责

发展改革委	释 义
制定工业行业规划，指导行业技术法规和行业标准的拟订；拟订石油、天然气、煤炭、电力等能源发展规划；推动高技术产业发展，实施技术进步和产业现代化的宏观指导；指导引进的重大技术和重大成套装备的消化创新工作 做好人口和计划生育、科学技术、教育、文化、卫生等社会事业以及国防建设与国民经济发展的衔接平衡	工业行业技术、高技术产业方面的科技事权，科技与其他社会事业的协同

工信部	释 义
制定并组织实施工业、通信业的行业规划、计划和产业政策，提出优化产业布局、结构的政策建议，起草相关法律法规草案，制定规章，拟订行业技术规范和标准并组织实施，指导行业质量管理工作 拟订高技术产业中涉及生物医药、新材料、航空航天、信息产业等的规划、政策、标准并组织实施，指导行业技术创新和技术进步，以先进适用技术改造提升传统产业，组织实施有关国家科技重大专项，推进相关科研成果产业化，推动软件业、信息服务业和新兴产业发展	工业行业、部分高技术产业的科技事权，重大技术装备、能源节约、新技术推广等

续表

工信部	释义
承担振兴装备制造业组织协调的责任，组织拟订重大技术装备发展和自主创新规划、政策，依托国家重点工程建设协调有关重大专项的实施，推进重大技术装备国产化，指导引进重大技术装备的消化创新 拟订并组织实施工业、通信业的能源节约和资源综合利用、清洁生产促进政策，参与拟订能源节约和资源综合利用、清洁生产促进规划，组织协调相关重大示范工程和新产品、新技术、新设备、新材料的推广应用	工业行业、部分高技术产业的科技事权，重大技术装备、能源节约、新技术推广等

教育部	释义
规划、指导高等学校的自然科学和哲学、社会科学研究，协调、指导高等学校参与国家创新体系建设和承担国家科技重大专项等各类科技计划的实施工作，指导高等学校科技创新平台的发展建设，指导教育信息化和产学研结合等工作	高校科研与平台建设

自然基金委	释义
（一）根据国家发展科学技术的方针、政策和规划，按照与社会主义市场经济体制相适应的自然科学基金制运作方式，运用国家财政投入的自然科学基金，资助自然科学基础研究和部分应用研究，发现和培养科技人才，发挥自然科学基金的导向和协调作用，促进科学技术进步和经济、社会发展 （二）负责国家自然科学基金管理。制定和发布基础研究和部分应用研究指南，受理课题申请，组织专家评审，择优资助，着力营造有利于创新的研究环境 （三）协同科学技术部拟定国家基础研究的方针、政策和发展规划。接受委托，对国家高科技、应用研究方面的重大问题提供咨询并承担相关任务 （四）支持国内其他自然科学基金的工作 （五）同外国的政府科技管理部门、科学基金会及有关学术组织建立联系并开展国际合作	基础研究与部分应用研究

（二）支出责任现状

1. 财政科技支出的总体情况

1980 年以来，国家财政投入持续增加，其中财政科技投入也保持稳定增加，但财政科投入增速呈现出较大幅度的波动，从长期看并未出现较为明显的提高（见图 8-1）。

公共财政支出增速有较大幅度波动，其中 20 世纪 80 年代的波动幅度更大，从 1980 年的负增长增长到 1984 年的 20%以上，GDP 增速波动与公共财政支出的波动保持同步。大部分年份，财政科技投入增速与公共财政支出增速保持一致，但 90 年代中后期，财政科技投入增速出现大幅波动，但公共财政支出增速波动幅度较小（见图 8-2 和表 8-3）。

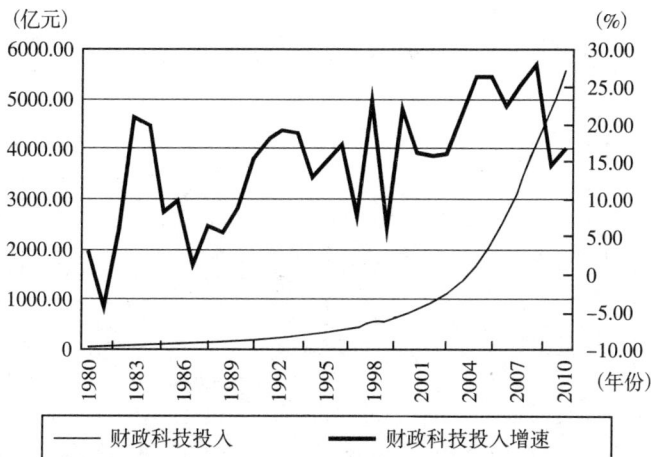

图 8-1　财政科技投入及其增速（1980~2012 年）

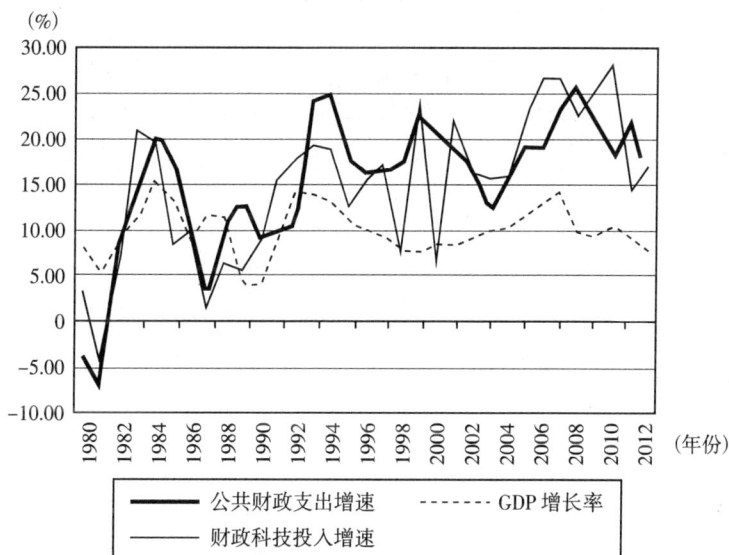

图 8-2　公共财政支出增速、财政科技投入增速及 GDP 增长率（1980~2012 年）

表 8-3　财政科技投入与 GDP（1980~2012 年）

年度	公共财政支出 （亿元）	公共财政支出增速 （%）	财政科技投入 （亿元）	财政科技投入增速 （%）	国内生产总值 （亿元）	GDP 增长率 （%）
1980	1228.83	-4.10	64.59	3.03	4545.62	7.80
1981	1138.41	-7.50	61.58	-4.66	4889.46	5.20
1982	1229.98	8.00	65.29	6.02	5330.45	9.10
1983	1409.52	14.60	79.03	21.04	5985.55	10.90
1984	1701.02	20.70	94.72	19.85	7243.75	15.20

续表

年度	公共财政支出（亿元）	公共财政支出增速（%）	财政科技投入（亿元）	财政科技投入增速（%）	国内生产总值（亿元）	GDP增长率（%）
1985	2004.25	17.80	102.59	8.31	9040.74	13.50
1986	2204.91	10.00	112.57	9.73	10274.38	8.80
1987	2262.18	2.60	113.79	1.08	12050.62	11.60
1988	2491.21	10.10	121.12	6.44	15036.82	11.30
1989	2823.78	13.30	127.87	5.57	17000.92	4.10
1990	3083.59	9.20	139.12	8.80	18718.32	3.80
1991	3386.62	9.80	160.69	15.50	21826.20	9.20
1992	3742.20	10.50	189.26	17.78	26937.28	14.20
1993	4642.30	24.10	225.61	19.21	35260.02	14.00
1994	5792.62	24.80	268.25	18.90	48108.46	13.10
1995	6823.72	17.80	302.36	12.72	59810.53	10.90
1996	7937.55	16.30	348.63	15.30	70142.49	10.00
1997	9233.56	16.30	408.86	17.28	78060.85	9.30
1998	10798.20	16.90	438.60	7.27	83024.28	7.80
1999	13187.70	22.10	543.90	24.01	88479.15	7.60
2000	15886.50	20.50	575.60	5.83	98000.45	8.40
2001	18902.60	19.00	703.30	22.19	108068.22	8.30
2002	22053.15	16.70	816.22	16.06	119095.69	9.10
2003	24649.95	11.80	944.60	15.73	134976.97	10.00
2004	28486.90	15.60	1095.30	15.95	159453.60	10.10
2005	33930.30	19.10	1334.91	21.88	183617.37	11.30
2006	40422.70	19.10	1688.50	26.49	215904.41	12.70
2007	49781.35	23.20	2135.68	26.48	266422.00	14.20
2008	62592.70	25.70	2610.99	22.26	316030.34	9.60
2009	76299.90	21.90	3276.79	25.50	340319.95	9.20
2010	89874.16	17.80	4196.66	28.07	399759.54	10.40
2011	109247.80	21.60	4796.98	14.30	468562.38	9.30
2012	125953.00	15.30	5600.10	16.74	516810.05	7.70

2. 相关部委的基本情况

根据各部门公开的2014年部门预算，民口科技经费的预算单位约40家。资金量较大的部门有科技部（占中央财政科学技术支出的10.77%）、中科院（8.77%）、自然基金委（7.11%）、工信部（2.50%）、农业部、卫生部、教育部等，相关年份数据见表8-4和表8-5。

表 8-4　2011~2014 年相关部门财政科技支出的基本情况①

单位：万元

2014 年	科学技术支出	基础研究	应用研究	技术研究与开发	其他（科技条件与服务、科普、科技交流与合作等）
科技部	2951216.30	455000.99	998658.91	866939.00	630617.40
发改委	38374.96	0.00	37574.96	450.00	350.00
基金委	1928778.00	1928778.00	0.00	0.00	0.00
工信部	1679838.37	18081.71	1114391.11	13142.82	534222.73
教育部	333201.61	248790.97	62584.37	2609.00	19217.27
2013 年	科学技术支出	基础研究	应用研究	技术研究与开发	其他（科技条件与服务、科普、科技交流与合作等）
科技部	2822952.31	425520.51	977130.46	820658.27	599643.07
发改委	30069.06	0.00	28924.45	470.00	674.61
基金委	1615965.55	1615965.55	0.00	0.00	0.00
工信部	1420777.88	19913.72	973395.60	13269.51	414199.05
教育部	407365.77	292410.33	56048.31	3379.44	55527.69
2012 年	科学技术支出	基础研究	应用研究	技术研究与开发	其他（科技条件与服务、科普、科技交流与合作等）
科技部	2921428.63	421294.00	1039249.53	852090.00	608795.10
发改委	33509.83	0.00	33509.83	524.00	-524.00
基金委	1700510.12	1700510.12	0.00	0.00	0.00
工信部	1229444.74	19626.67	861037.97	11225.59	337554.51
教育部	16354293.29	289786.87	43720.86	3927.28	16016858.28
2011 年	科学技术支出	基础研究	应用研究	技术研究与开发	其他（科技条件与服务、科普、科技交流与合作等）
科技部	2809418.66	469383.50	920072.15	775540.02	644422.99
发改委	29002.48	0.00	27876.71	429.00	696.77
基金委	1468947.98	1468947.98	0.00	0.00	0.00
工信部	1197823.84	18794.77	737698.15	3238.16	438092.76
教育部	388223.82	313039.18	43975.19	11521.80	19687.65

表 8-5　2012 年相关部门管理的主要科技项目经费表

单位：亿元

部　门	主要负责的科技项目	预算	通过部门预算下达	通过地方下达
科技部	"863"计划、"973"计划、国家科技支撑计划、政策引导类计划、国际科技合作与交流专项、富民强县专项行动计划、科技型中小企业创新基金、农业科技成果转化资金等	315.4	257.8	57.6

① 2014 年数据为部门预算，2011~2013 年数据为部门决算数。

续表

部门	主要负责的科技项目	预算	通过部门预算下达	通过地方下达
发展改革委（国家能源局）	产业技术研发资金、科技重大专项（大型先进压水堆及高温气冷堆核电站）	51.7	51.7	
工业和信息化部	工业转型升级专项、科技重大专项（核心电子器件、高端通用芯片及基础软件产品、新一代宽带无线移动通信网、高档数控机床与基础制造装备）	58.2	58.2	
自然科学基金委	自然科学基金	168	168	
中科院	战略先导专项等科研项目	105	105	
教育部	生命科学研究与人才培养改革试点专项、高校博士点基金等	8.61	8.61	
环境保护部	科技重大专项（水体污染控制与治理）、环保行业科研专项	7.8	7.8	
住房和城乡建设部	科技重大专项（水体污染控制与治理）	2.4	2.4	
农业部	科技重大专项（转基因生物新品种培育）、农业行业科研专项、现代农业产业技术体系	28.5	19.2	9.3
卫生计生委	科技重大专项（重大新药创制、艾滋病和病毒性肝炎等重大传染病防治）、卫生行业科研专项	28.2	28.2	

二、存在的主要问题

经过多年努力，我国科技体制改革取得了很大成绩，但政府科技事权的履行还不适应经济社会发展的要求，当前突出的主要问题体现在以下几个方面：

（一）政府与市场的职责边界含混

以企业为主体、市场为导向、产学研相结合的技术创新体系建设取得积极进展，企业作为创新决策、科研组织和成果应用的主体地位仍需加强。调研发现，国家政策的引导，对企业决定创新方向产生很大影响。目前仍存在"政府导向"替代"市场导向"等现象，跟着政策指挥棒走的企业往往更容易获得政府的各类资金支持。反之，则容易遇到一些制度和政策障碍，激励企业创新的市场环境和机制尚未形成。

（二）政府与社会的关系尚未理顺

在科技事权的决策、执行、监督等各个环节中，政府几乎承担了所有任务；同时，社会开展创新活动或提高公众科技素养所需要的科技服务方面，政府也大包大揽，一方面增加了财政负担，另一方面降低了财政资金使用效率。社会或组织治理结构不完善，没有充分发挥社会中在研发、成果转化和技术转移中的重要作用。

（三）中央和地方事权同构化，缺乏有效衔接

从财政科技投入构成（图8-3）看，2006年之前，中央财政投入规模明显高于地方财政科技投入。2007年之后，地方财政科技投入快速增长，2010年超过中央。此后中央、地方财政的投入规模基本持平。据统计，2012年国家财政科技支出中，中央财政科技支出为2613.6亿元，地方财政科技支出为2986.5亿元。

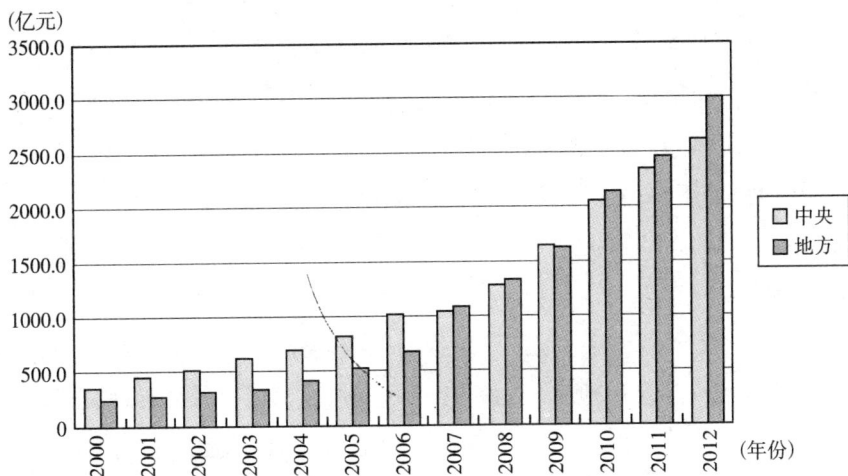

图8-3　2000~2012年中央和地方财政科技拨款

地方财政科技投入的大幅度增加，为区域创新提供了强大的动力，但由此带来的分散重复问题则进一步加剧。在科技事权上，中央政府、省级以及其下的各级政府，职能同构、模式雷同，"上下一般粗"，从规划、计划、政策、项目、预算、基础设施都没有建立相应的衔接机制。由于各地方政府的科技工作相对分割，导致重复投入、重复建设，造成资源浪费，亟须在宏观层面对决策、计划、预算、管理、监督等科技事权履行的各个环节进行合理的制度安排。

（四）中央科技事权分散化，缺乏顶层领导

理论而言，我国现行的科技宏观管理体制中，设有顶层领导机构和负责统筹协调的部门。但在实际运行中，国家科教领导小组（国家科技体制改革和创新体系建设领导小组）并未很好地发挥科技创新管理的顶层设计、战略统筹、监督指导等作用。科学技术部被赋予科学技术行政管理职能，但实际上该职能被肢解在中科院、发改委、工信部、教育部、国防科工局等多个部门。每个部门都根据自

身发展需要行使相应的职责，并没有一个部门真正担当科技宏观管理。直接导致涉及国家科技工作全局的事权，一旦触犯部门利益就难以实施，最终导致科技资源分散、重复、浪费和效率低下。由于缺乏有效的统筹协调机制，各部门之间相关工作的定位和布局上存在交叉现象，具体项目安排缺乏沟通，不可避免地存在重复投入。

（五）军民科技事权的协调互动仍需进一步加强

新形势下，军民结合、寓军于民的国防创新体系建设，在宏观体制机制、军产学研合作、军民两用技术转移等方面，仍面临重大挑战。中央层面尚未建立起军民融合的统筹协调机制，军民融合发展仍缺乏明确的发展模式和持续有效的长期性规划。管理体系和制度障碍，仍是制约军民融合创新体系发展的主要因素。

（六）政府同级部门之间事权交叉化，缺乏科学划分

各级地方政府科技事权划分方法千差万别，导致政府同级部门之间事权与支出责任交叉重叠、支出责任重点不明确。同级部门之间职责重复、分散，尤其是中央部门，"上行下效"导致地方政府部门呈现同样趋势。例如，国家自然科学基金委资助自然科学基础研究，而"973"计划面向前沿高科技战略领域超前部署基础研究，两者存在部分重合和交叉；又如发改委职能中有制定工业行业规划，指导行业技术法规和行业标准的拟订，而工信部职能也包括制定并组织实施工业、通信业的行业规划、计划和产业政策。

（七）支出责任与事权不匹配

在现有财政科技投入体制下，中央政府主要负责国家战略层面的基础研究、应用研究、技术攻关等方面的科技投入以及中央属高校、院所、企业的科技投入，地方政府主要负责促进本地区经济社会发展的科技投入以及地方高校、院所、企业的科技投入。从科技事权与支出责任划分来看，各级地方政府履行的科技事权要远大于中央履行的科技事权。但是，中央财政科技支出与地方财政科技支出总体水平大致相当（2012年中央占49.6%，地方占50.4%），地方政府以较少的科技投入承担了更多的科技事权，导致经济欠发达地区科技投入严重不足，过多地依赖于中央的项目支持和转移支付。

三、科技事权和支出责任划分不合理的原因

（一）科技宏观决策机制和组织结构不合理

体制分割造成有限的科技资源难以实现优化配置，科技资源短缺与闲置浪费并存，资源利用和投入产出效率不高。由于部门之间在科技决策上协调不够，造成许多领域重复投入、分散投入，难以在国家整体目标上形成一致和分工合作，削弱了国家科技组织动员能力和协同集成能力，在一些战略方向性和关键共性领域，往往不能集中资金和研究力量实施重点突破。

（二）科技事权划分缺乏制度保障

政府间科技事权的划分在国际上通常是通过立法而非行政方式予以确立的。不论是联邦制国家还是单一制国家，无论是发展中国家还是发达国家，政府间责权利关系都建立在宪法及相关法律基础上，其关系调整也按法定程序进行。由于缺乏法律依据和约束，导致中央和地方的科技事权调整不经过全国人大和地方人大，而是中央与地方谈判的结果，缺乏稳定性。

（三）科技决策、产权归属和利益诉求的二元性

在科技决策方面，地方利益与中央利益并非始终保持一致，中央与地方决策主体的二元结构导致科技事权边界的模糊化和动态化，也带来了地方科技管理组织条块化分割的弊端[①]。在产权归属方面，当成果归属权属于政府时，中央政府发挥的作用更大，而当成果归属权归于企业时，则能为地方政府带来更多的制度选择。现行科技体制采取双轨制，对事业单位性质的科研机构和高校，研究成果被列为国有资产，其归属权主要归政府；对企业科研项目资助，其成果在事实上归企业完全支配。在利益诉求方面，中央与地方在利益诉求上存在较大差异，地方政府在制定科技政策时更加倾向于中短期行为，现实性更强，对于不能满足地方利益诉求的政策，地方政府缺乏落实积极性，导致科技事权虚化。

（四）科技事权落实的异化

在科技事权的落实过程中，无论是中央还是地方，无论是哪一级的政府职能部门，对科技事权的重心大都放在单一的科技项目上，而对宏观统筹、政策制

---

① 闫凌州. 府际关系影响下地方科技体制改革的二元异质性困境与思考［J］. 科技进步与对策，2014（3）：110–112.

定、管理服务等较为弱化。虽然从现行制度上而言各职能部门间的科技事权较为规范清晰，但在执行过程中往往都从财政部门争取各种专项经费，不断扩大原有的事权范围，最终导致部分职能交叉重复，资源呈现分散化趋势。

四、对策建议

（一）总体框架

科技事权划分同样涉及政府与市场、政府与社会、中央与地方的关系，也涉及各政府职能部门间的关系。

1. 妥善解决科技事权中政府—市场—企业的关系，改革的方向是向市场放权

凡是企业能够自己决定的，就应该让企业去决定；凡是市场能够调节的，就尽量让市场去调节；只有企业决定不了的，市场调节不好的时候，才由政府出面。

加快转变政府职能，厘清政府和企业、市场、社会的职能分工。要把政府职能重点放到制定规划和政策、创造良好环境上来。政府财政投入要重点支持基础与前沿研究、事关国家全局的战略高技术和事关民生的公益性科技研究，引导和支持企业突破核心关键技术、共性技术，支持新技术新产品推广应用。

着力推动科技和经济社会发展深度融合，处理好政府与市场的关系，打通从科技强到产业强、经济强、国家强的通道，让市场真正成为配置创新资源的力量，让企业真正成为技术创新的主体。完善技术创新市场导向机制。要加强科技政策与经济政策的衔接，改革产业化目标明确的技术创新项目形成机制，逐渐建立"企业出题、现行投入、协同攻关、市场验收、政府补助"的组织实施机制。引导企业提升技术创新能力，鼓励产学研合作，形成分工明确、风险共担、利益共享的创新链和产业链，分享创新红利。

2. 妥善解决好政府—社会—国民的关系，改革的方向是向社会让权

凡是国民能够自己做的，就尽量让国民自己去做；凡是社会能够协调的，就尽量让社会去协调；只有国民做不了，社会协调不好的，才由政府出面。

建立科技决策、执行、评价相对分开、互相监督的运行机制。完善科技决策体制机制，特别要完善国家科技发展宏观决策体制机制，完善科技决策专家咨询制度，加强顶层设计，建立将国家战略目标和经济社会发展需求转化为科技研究创新目标的机制。

政府以购买服务的形式资助、委托运营科学基础设施。推进事业单位分类改革，由过去的直接管理关系转变为购买方和供给方的"契约关系"。

3. 妥善解决好中央政府——部门——地方政府的关系，改革的方向应当是向地方分权

凡是基层政府能够做的，就尽量让基层政府去做；只有基础政府做不了、做不好的事情，才由上级政府或中央政府去做。

中央政府应加大对基础性、战略性、前沿性科学研究和重点共性关键技术的投入。地方政府着力推进产业化示范和应用，加强商业模式创新，加速科技成果转化为现实生产力。

（二）划分原则

1. 外部性原则

主要看外部性由谁来承担，如果科技事务的外部性主要发生在当地，职能就应给地方；如果外部性是跨区域的，则应该由更高一级的政府来承担。

2. 信息复杂程度原则

根据信息复杂程度，信息复杂程度越高的越适合于基层来管，信息复杂程度低一点，属于全局性的问题适合国家来管，属于全局性信息的事情，其外部性往往也是全局性的。由于地方政府对本地区依靠科技进步转变经济发展方式、调整产业结构和科技惠及民生相关信息的了解和掌握程度，要远超过中央政府，因此由地方政府负责提供本地区的公共产品和公共服务效率更高。可将中央部分科技计划（专项）资金的项目推荐权、审批权、管理权下放到地方相关职能部门，充分发挥地方职能部门对相关情况更熟悉、信息处理更便捷、项目管理更方便的优势，有效降低管理成本，提高财政科技资金配置效率。

3. 激励相容原则

即某种制度安排下，各级政府都按划定的职能尽力做好自己的事情，如果可以使全局利益最大化，这种制度安排就是激励相容的。科技事权的划分应考虑地方政府对科技的重视程度、当地全社会研发经费强度、经济发展等状况，因地制宜，让地方有充分的自主权和责任约束，确保国家科技经费高效运行。中央政府负责全国性科技公共产品的提供，主要承担国家经济社会发展中全局性、战略性的科技创新活动，地方政府负责地区性科技公共产品的提供，主要承担促进地方产业和经济社会发展的技术研发活动、科技服务事务。

4. 受益原则

按照"谁受益、谁出钱"的原则，国家受益的科技事权应由中央政府承担筹资责任；具有明显的地方特色，地方性受益的科技事权应由地方政府承担。

（三）实施路径

1. 做实国家科教领导小组（国家科技体制改革和创新体系建设领导小组）

做实国家科教领导小组（国家科技体制改革和创新体系建设领导小组）职能，其工作由全国人大及其常委会列入每年的监督议题予以监督；领导小组应每年向中央政治局或中央全会报告工作。同时调整科技部职能，强化其宏观管理，包括制定战略、规划、法规、政策、组织协调、规范和指导，以及国际合作、科学普及、科技评价、科研诚信体系建设等。

2. 研究制定各级政府科技事权与支出责任的清单

进一步细化和明确各部门应当承担的职责，研究制定各级政府科技事权与支出责任的清单。清单可采取正列举或负面清单模式，并根据科技经济社会发展形势进行动态调整完善。

3. 改革市场导向的科技计划项目管理机制

市场导向的科技问题和需求应由市场提出，即企业提出，企业参与到需求、组织、实施的全过程，发挥相应作用，重复满足市场需求。对科技计划项目指南的形成广泛地征求意见，尤其是市场导向的项目要从企业征集，借助行业协会、大型企业和地方政府的力量，经过各方面的凝练，最终形成国家层面的项目。在科技计划项目执行中也可以通过学研结合的方式进行。

4. 推行政府购买科研服务模式

（1）合理界定政府购买科技服务的内容。在现有国情下，并不是所有的科研服务都可以通过政府购买方式取得，对于那些纯基础性的科技服务，应主要通过政府拨款支持方式，但其他大量的科技公共服务（具体包括科技成果、科研项目以及科技咨询和服务等），大都可以通过政府购买的方式形成供给。

（2）合理界定科技服务的供应主体。承接政府购买服务的主体包括依法在民政部门登记成立或经国务院批准免予登记的社会组织，以及依法在工商管理或行业主管部门登记成立的企业、机构等社会力量。

（3）合理界定政府购买科技服务的范围。政府购买科技服务既可以面对国内市场，也可以面对国外市场。

（4）创新政府购买科技服务的方式，充分考虑科技服务的特性，采取灵活多样的方式，以实现购买主体、供应主体和人民群众的共同受益。对符合政府采购竞争条件的，可统一纳入采购程序；对不符合竞争性条件的，可以采取委托、特许经营、战略合作等合同方式进行购买。

5. 推进科研机构改革，建立现代院所制度

继续深化应用技术类科研机构改革，完善现代企业制度，使其更好地面向市场、面向经济社会发展需求，自主开展技术研发和创新；对于关键共性技术开发，政府要加强规划引导，并在投入上给予支持。从事基础研究、前沿研究和社会公益研究的科研机构，要加强建立现代院所制度，切实解决科研机构行政化倾向，推进科研人事管理制度改革，实现按需设岗、按岗聘用、竞争择优、有序流动的管理办法，促进科技人力资源的优化配置。

6. 中央带动地方形成全国一盘棋

一方面，中央层面在出台重大支出政策、设立新的科技专项渠道时，应当鼓励并指导地方结合区域科技发展需要，形成与之匹配的政策措施或支出渠道，形成上下联动的局面；另一方面，对中央与地方共同担负支出责任的事项，应当积极探索引导基金、以奖代补等方式，着力形成中央引导、地方共同投入的新机制。

7. 建立军民结合、寓军于民的国防科技新体制

从宏观管理、发展战略和科研基地建设、科技成果产业化等多个方面，促进民用科技和军用科技的紧密结合、相互促进，完成服务经济建设和国防现代化的双重目标。

第二节　全球科技创新趋势、国家治理改革对政府科技事权的影响

近年来，为适应社会主义市场经济体制要求，同时借鉴国际原则，我国不断深化财税体制改革，为建立现代财政制度奠定了良好基础。同时，中共十八大做出了实施创新驱动发展战略的重大部署，强调科技创新是提高社会生产力和综合国力的战略支撑，必须摆在国家发展全局的核心位置。

值得引起高度重视的是，目前我国仍然存在中央和地方科技事权与支出责任划分不清晰、不合理、不规范，政府与市场、社会边界不清，产生的直接后果就是造成了创新环境较差、创新能力低下、创新绩效不佳，掣肘了全社会的创新行为。结合全球科技创发展的趋势，在国家治理改革的框架下，从规范的角度研究科技事权及其在中央与地方间的划分非常必要，也是为科技事权改革提供基准的应有之义。

一、全球科技创新发展趋势对科技事权的冲击

从国际形势看，新一轮科技革命和产业变革的方向日益明晰，全球创新竞争日趋激烈，人才、资本、市场、专利等成为世界各国竞相争夺的战略资源，科技创新与金融资本、商业模式融合更加紧密，正在推动全球产业变革加速进行。

（一）科技创新的开放性和复杂性大大增加，创新活动的组织模式正发生变革

20世纪90年代以来，知识和资本的全球化催生了创新模式的升级，不再是高校（基础研究）——科研院所（应用研究）——企业（技术开发）前后连接的封闭和线性过程。大量涌现的复杂技术或产品系统推动着开发模式的创新。科技创新知识与成果相互作用、相互碰撞、相互激发，与生产力诸要素快速结合，快速分离乃至快速的重新组合，创新呈现出网络化和开放化的特征，从线性创新模式升级到基于模块化设计的网络化创新模式，这必然导致基础研究、应用研究和产业化之间界限越来越模糊，这就要求及时改进科技创新的组织模式，以符合创新要求，加快创新步伐。

以智能手机为例，如图8-4所示，其是新一代移动终端的重点领域，智能手机快速涌现并替代传统手机的过程就是对手机产业领域架构规则颠覆重构的过程，我国智能手机的成功之处就是通过架构规则重新构建，实现电脑、通信以及手机等领域技术模块有效集成①。为适应这种趋势变化，部分国家尝试将创新治理与创新体系进行深度融合，不断减少政府创新管理的职能重复，推动研发、科技、教育与产业向全球价值链高端跃升。

---

① 武建龙，王宏起. 战略性新兴产业突破性技术创新路径研究——基于模块化视角 [J]. 科学学研究，2014 (4)：514-515.

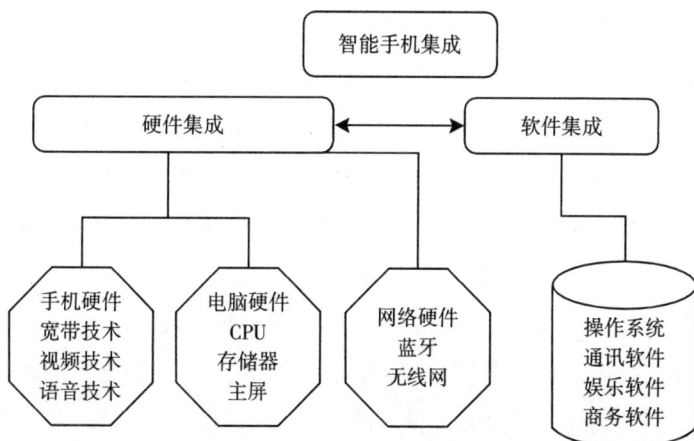

图 8-4　智能手机通用性技术架构及模块构成示意图

（二）政府应培育在同一领域不同技术选择的可能性，不断增加核心关键技术的源头性供给

我国政府 R&D 投入占全社会 R&D 投入的比重，低于多数发达和中等发达国家水平。2012 年，我国政府 R&D 投入占全社会 R&D 投入比重为 21.57%，低于美国（2012 年 30.79%）、德国（2011 年 29.8%）、英国（2012 年 28.95%）、法国（2012 年 35.38%）、韩国（2011 年 24.90%）。如表 8-6 所示。

表 8-6　部分国家政府研发投入占全社会研发投入的比重

单位：%

国家＼年份	2000	2001	2002	2003	2004	2005	2006	2007	2008	2009	2010	2011	2012
法国	38.66	36.92	38.31	39.01	38.72	38.63	38.51	38.15	38.92	38.71	37.14	35.38	—
德国	31.40	31.44	31.64	31.16	30.52	28.38	27.53	27.51	28.40	29.77	30.30	29.83	—
日本	19.58	19.01	18.36	18.02	18.07	16.76	16.18	15.63	15.62	17.67	17.17	16.41	
韩国	23.94	24.96	25.38	23.86	23.14	23.02	23.07	24.80	25.41	27.40	26.75	24.90	
英国	30.23	28.86	28.88	31.75	32.92	32.73	31.87	30.92	30.66	32.55	32.28	30.45	28.95
美国	26.24	27.79	29.81	30.75	31.56	30.79	29.86	29.17	30.39	32.65	32.59	31.17	30.79
欧盟（28countries）	35.46	35.05	35.42	36.07	35.80	35.22	34.19	34.03	34.57	35.51	35.49	33.93	—
欧盟（15countries）	—	34.28	—	35.28	35.06	34.39	33.33	33.08	33.58	34.58	34.62	33.14	—
OECD 合计	28.48	28.91	29.84	30.33	30.49	29.65	28.82	28.46	29.24	31.20	31.14	29.80	
中国	33.41	—	—	29.91	26.63	26.34	24.71	24.62	23.59	23.41	24.02	21.68	21.57
俄罗斯	54.81	57.22	58.43	59.61	60.63	61.95	61.10	62.62	64.72	66.46	70.35	67.08	67.84
中国台湾	33.39	33.34	35.20	35.23	33.62	31.54	31.41	29.86	28.25	28.91	27.50	26.24	24.75

我国正处于工业化的中期阶段，发达国家成功的发展经验表明，这一阶段政府 R&D 投入应当在全社会 R&D 投入中占据较大的比重。20 世纪 80 年代初，进入工业化后期的美国（1981 年 47.8%）、法国（1981 年 53.4%）、英国（1981 年 48%）、意大利（1981 年 47.2%）和加拿大（1981 年 50.6%）等发达国家的政府 R&D 投入占全社会 R&D 总额的比重仍保持在 50% 左右，而 2012 年我国政府研发投入占全社会研发投入比重仅为 21.57%。我国目前所出现政府研发投入在全社会研发所占比重较低的状况并不符合当前的发展阶段，这种状况如果持续下去，有可能导致政府难以按照宏观目标进行布局，一些应当支持的领域没有支持或支持严重不足，降低政府 R&D 投入的带动和引导作用，弱化对经济和社会结构调整的支撑作用。

同时，各国中央或联邦政府投入保持了在全社会研发投入的较高比重，对许多重大科研项目、现代化公共设施进行了大量的投资，直接催化和新兴产业部门的发展。2013 年，英国苏克塞斯大学、全球知名创新专家玛祖卡托教授出版了政府在创新方面作用的专著，引起了全球范围内的广泛关注；美国大西洋理事会等智库近来纷纷召开了研讨活动。有关研究表明，美国等科技发达国家的政府投入是所有重大技术突破的关键支持力量。如美国联邦政府资助研发了搜索算法技术，使谷歌搜索引擎成为可能；苹果智能手机赖以运行的关键技术，从无线移动通信、互联网到微电子、触屏、语音转换等技术最初皆由政府开发投资。

（三）准确把握创新活动的规律，更重要的是培育创新环境

伴随着科技研发、成果转化、市场导入和产业化的进展和成熟度的提高，创新活动在时间、空间上相应发展，这种发展同样遵循科技和市场经济发展的客观规律，因而不能用简单的方法和急功近利的态度来看待创新，对创新活动应有战略性的长期考虑。同时创新活动是持续不断、一环扣一环的价值实现过程。一项核心、关键技术的成功应用，既可能受制也可能带动配套技术、相关材料、关键零部件和工艺技术的成熟。诸要素在互相激荡以及发生成功的"化学反应"甚至"核反应"，需要环境与条件达到"阈值"。① 国外经验表明，一项原创性的技术要被市场接受所需要的时间从 20~30 年缩短到 5~10 年，但这依然是一个较为漫长

---

① 张明喜，郭戎. 从科技成果转化率到转化效率——指标体系设计与实证分析 [J]. 软科学，2013 (12)：85-87.

的过程，不能急于求成。要做好科技事权工作，就要尊重规律，踏踏实实地"播种子"，耐心地营造适宜创新的环境与条件。

（四）以全球视野谋划和推动科技事权改革

研发全球化是经济全球化的组成部分和必然趋势，跨国公司主导研发全球化的进程成为研发全球化最新最重要的特点。[①] 随着科技的加速发展和全球竞争日趋激烈，以研发为核心的科技创新地位越来越重要，与此同时创新要素全球流动和全球配置的趋势越来越明显，必须要以全球视野谋划和推动科技创新发展，走国际化开放创新路线。

纵览全球视野中的科技事权配置，总结其中的发展趋势和利弊得失，有助于改革和完善我国科技事权配置。总体而言，21 世纪以来，伴随着各国总体研发实力的提高、经济形势的变化、社会公众的要求、财政压力的加大等多种因素，世界各国政府科技事权呈现出以下特点：

第一，各国政府承担的科技事权有逐渐扩大的趋势，由社会提供的科技公共服务的比重日趋增加。

第二，公私合作（PPP）在研发领域中逐渐兴起，其主要特点是：①在关键领域内保持稳定性；②明确的法律形式，清晰并紧凑的治理结构；③政府是平等合作一方，PPP 保持开放性并享有较大决策权；④各成员拥有共同目标，同时清楚界定公共利益。

第三，科技事权分权趋势和集权倾向现象并存。由于各国的国家结构不同，其中央与地方关系的变革也相应选择了不同的路径方向，总体特征是：集权程度高的国家，在朝着地方分权的方向发展；而分权程度高的国家，则有比较明显的强化中央集权的倾向。

第四，科技事权交叉的问题仍然存在。政府间科技事权配置理论上比较容易梳理，但现实中仍然存在很多问题，较为突出的是各级政府间的科技事权交叉不清，尤其是在多级政府共同承担的科技公共服务上，这一问题就表现得更为突出。

（五）采用新的思维方式和手段重新界定科技事权

互联网、物联网、大数据、云计算等现代技术正在深刻改变人们的生活、工作和思维方式。面对新形势的挑战，科技事权的确定和划分也应顺应时代发展，

---

① 王元，张换兆，丁明磊. 研发全球化的新特点与趋势 [J]. 高科技与产业，2012（9）：24-25.

引入互联网思维，充分利用大数据手段，使科技事权的划分和执行更具科学性、合理性。

互联网正在成为现代社会真正的基础设施之一，不仅仅是用来提高效率的工具，它是构建未来生产方式和生活方式的基础设施[①]。引入互联网思维，科技事权的确定可以更加注重人的价值，在"以厂商为中心"的工业经济背景下，消费者无法参与产品研发，而在"以用户为中心"的互联网时代，例如以小米为代表的新经济企业，使得用户越来越广泛地参与到产品研发环节当中；在社会化商业时代，企业面对的员工和用户都是以"网"的形式存在，所以企业的研发活动必须融入社会化思维；随着互联网和新技术的发展，物理经济与存虚拟经济开发融合，很多产业的边界变得模糊，对创新的流程界定变得困难，因此跨界研发变得越来越普遍。

同时，大数据不仅是一种资源，也是一种方法，其研究模式的特点表象为不在意数据的杂乱，但强调数据的量；不要求数据精准，但着重其代表性；不刻意追求因果关系，但重视规律总结[②]。大数据可以将原本分散在不同部门、行业、主体的研发数据作为整体加以利用，实现统一管理，为信息分析、利用、开放提供基础。因此应建立统一的国家科技管理信息系统，实现部门间项目信息的互联互通，促进信息公开，有效解决一题多报和重复安排等问题。

（六）政府研发预算更加突出国家目标和战略意识

2014 年 3 月 4 日，美国总统奥巴马向国会提交了总额为 3.9 万亿美元的 2015 年联邦政府预算草案，其中联邦政府研发预算 1354 亿美元，其主线是继续对研发给予大力支持，注重对经济增长具有重要意义的战略性研发和创新投资。从具体的研发预算数据来看，该预算削减了国防预算，大幅增加非国防预算；为了提高美国的创新能力，预算还大幅增加基础研究投入；将有限的联邦资金用在对赢得未来至关重要的领域，如先进制造、清洁能源、全球气候变化，以及对科学、技术、工程和数学（STEM）教育等；以较低成本改善美国人的医护条件；加强国家和国土安全等[③]。认识到为此需要加强对国家经济的基础要素投资，

---

① 赵大伟. 互联网思维——独孤九剑［M］. 北京：机械工业出版社，2014：8.

② 邬贺铨. 大数据思维［J］. 科学与社会，2014（1）：3.

③ Budget Priorities Memo.http://www.whitehouse.gov/administration/eop/ostp/rdbudgets/2015［EB/OL］. 2015，12.

2015 财年预算单独设立了一项 560 亿美元的"机遇、增长和安全计划"（OGSI），其中 53 亿美元用于支持研发活动，用来支持不同科技领域的变革性技术的研发（53 亿美元不包括在 1354 亿美元联邦政府研发预算之中）[1]。

德国新政府通过了 2014 年联邦预算第二次草案，提出 2014 年总开支为 2985 亿欧元（4141 亿美元），通过增加科研预算，并结合"高科技战略"框架下的项目资助，进一步提高科研实力，使德国有能力应对气候变化、能源、卫生、食品、交通、安全和通信等领域的全球挑战。

二、国家治理改革对科技事权的影响

中共十八届三中全会将"推进国家治理体系和治理能力现代化"列入"全面深化改革总目标"之中，充分强调了转型社会国家发挥主导作用的重要性，同时充分反映社会诉求。

（一）国家治理改革必定要求提高创新治理水平

国家治理的价值目标是与现代国家的责任和职能相一致的[2]，现代国家必然包含现代财政制度。建立现代财政制度主要包括三个方面内容：政府预算制度、税收制度和事权与支出责任相适应的财政体制[3]。在政府的科技事权方面，结合国家治理改革要求，研究一些相关的理论和现实问题。

第一，政府科技事权的目标。首先大幅度提升自主创新能力，显著增强科技竞争力和国际影响力；其次为国家经济和社会发展提高有力支撑，不断提高科技进步贡献率；最后基本建成功能明确、结构合理、良性互动、运行高效的国家创新体系。

第二，政府科技事权的确定是一个结构性的动态均衡调试过程。在面对世界科技创新和社会经济结构发展重大变化时，必须首先保证创新治理的相对稳定。同时对创新治理体系中不能适应世界科技形势和经济社会变化的部分进行及时调整和完善，使之保持有机的平衡。可以将创新治理结构分成几个相互依存的部分，即科技体制、知识产权保护、科技资源、科技评价、科技人才等。

---

[1] 丁明磊. 美国联邦政府 2015 财年研发预算经费执行情况、需要关注的方面及启示 [R]. 调研报告，2014（31）.

[2] 徐湘林."国家治理"的理论内涵 [J]. 领导科学，2014（12）：16-18.

[3] 加快建立现代财政制度——专访财政部部长楼继伟 [N]. 人民日报，2014-06-27.

第三，政府科技事权是不断要提高在创新治理结构方面所体现的能力。在经济社会转型和世界科技竞争的挑战下，创新治理能力的完善和提高必须通过不断的改革才能实现。主要包括：①建立健全鼓励原始创新、集成创新、引进消化吸收再创新的体制机制，健全技术创新市场导向机制，建立产学研协同创新机制，建设国家创新体系。②加强知识产权运用和保护，健全技术创新激励机制。③促进创新资源高效配置和综合集成，把全社会智慧和力量凝聚到创新发展上来，建立主要由市场决定技术创新项目和经费分配、评价成果的机制，完善政府对基础性、战略性、前沿性科学研究和共性技术研究的支持机制。④完善科技创新评价标准、激励机制、转化机制。⑤优化学科布局，提高中青年人才比例。

（二）创新治理意味着更好地发挥政府作用

在我国，人们面临的问题不是工业民主国家式的市场失灵和政府失灵，而是社会转型中市场机制的不成熟和政府责任的缺失。在市场不成熟的情况下，政府责任的缺失表现为选择性缺失①。

一是在政府的科技责任方面，政府对知识产权的界定和保护不够，过多地干预市场主体的创新决策权（如政府代替企业选择技术路线），过多地限制市场主体的权利范围（如对科技成果处置权、收益权过度的审批），从而阻碍市场机制作用的正常发挥。因此要引导创新要素加快向企业聚集，使企业全面成为技术创新决策、研发投入、科研组织和成果转化的主体。

二是在科技事权方面，政府不是退出、不作为，而是政府和市场各就其位。由于存在大量的公共和准公共科技产品，容易导致市场失灵，就更应强调发挥政府作用。例如，在基础研究、关键共性技术攻关、科技发展涉及满足好奇心的科学探索、人才培养以及面向未来的投入等方面的失灵，大多具有涉及领域广、超越当前利益、高风险等特点，不能单纯强调市场的决定性作用，需要政府长期稳定支持。举例而言，早在20世纪60年代，中科院冻土研究所等单位就展开了对高原冻土的长期研究，如果不是冻土所几十年前就开始投入技术研发、人才培养，青藏铁路就不可能建成；在社会公共科技领域，如支持防沙研究所开展防沙治沙科学研究，这些都是企业不愿意干的，政府更需要加大投入，履行事权。

① 陈明明. 治理现代化的中国意蕴 [J]. 人民论坛，2014 (4)：20.

（三）创新治理意味着激发市场配置创新资源的内在动力

我国企业 R&D 支出占全社会 R&D 支出的 76%以上，但是也要看到，规模以上企业平均研发投入强度还较低。我国要由"跟跑"变为"领跑"，必须依靠原始创新，这就需要高校、院所和企业的共同努力。仔细分析企业 R&D 投入结构，90%以上是用在试验和开发，而用于本行业的基础研究、前瞻技术探索的投入还远远不够。

因此，财政科技资源配置不应是简单地将资金安排给企业，而是通过财税、政府采购等政策工具，引导全社会加大对原始创新的投入，通过技术创新和市场需求相结合，激发市场配置科技资源的内在动力。只有这样，新产品才会不断推向市场，新的企业也会源源不断地涌现。

对公共技术的供给，也应发挥市场配置资源的作用。在科技事权的执行层面，改革现有的科研项目形成和支持方式，围绕龙头骨干企业建立的产业链配置资源，使创新链、产业链和资金链紧密结合，让更多的中小企业参与进来，形成产学研结合、大中小互动的良好局面。公共技术的扩散，也会再造产业链，创造更多的市场机会，从而扩大市场规模。

（四）创新治理意味着要处理好政府与社会的关系

实现"创新社会治理体制"的要求，关键在于正确处理好政府、市场、社会三者的关系。当前我国政府正在转变职能，简政放权，建设服务型政府，市场在资源配置中逐步发挥决定性作用，与政府、市场的力量相比较而言，社会力量在社会治理中发挥作用的能力显得比较薄弱①。市场、政府、社会都有各自促进创新的逻辑，现代化的创新治理首先需要划分出各主体间清晰的"治理空间"②。在创新治理的框架内，一是科技是推动社会发展的主要力量，科技要面向社会发展的目标导向，进一步打通科技和社会发展之间的通道；二是要营造良好的全社会创新氛围，引导社会加大研发投入；三是政府科技职能的履行要充分发挥社会的力量，政府和社会组织是参与创新过程的两种不同主体，前者具有强制力和行政权力，后者依靠承接公共服务和社会筹资运行。

以发达国家履行科技事权为例，在政府类科研项目管理方面，大多以竞争方

---

① 窦玉沛. 从社会管理到社会治理：理论和实践的重大创新［J］. 行政管理改革，2014（4）：20-25.
② 李研. 找准创新驱动的"治理空间"［N］. 人民日报，2014-05-28.

式选拔各类中介机构承担项目管理任务，社会中介组织的职责包含接受项目申请、跟踪企业动态、监督资金使用、提交使用报告、开展专家评价等；政府的职责是对项目管理机构管理进行监督，同时不定期检查项目管理机构的业务运作，督促其依法依规履行职责[①]。

（五）创新治理意味着清晰界定中央科技事权和地方科技事权

在政府科技事权的划分中，特别要协调中央政府和地方政府的关系。一般而言，地方政府能办到的，中央政府不必代劳，而应更倾向于宏观的制度创新、政府调控和组织跨区域的创新活动和科技计划等[②]。科技事权在中央和地方之间的明确划分，明确中央政府和地方政府各自的科技职能定位和活动边界，在强化中央政府统筹协调和规范引导作用的同时，应该充分调动地方政府的积极性，发挥其主观能动性。

中央科技事权主要包括以下几个方面：一是统筹规划，协调创新资源优化配置与宏观布局调整；二是推进国家政策的有效实施，加强对地方政策执行的监督；三是营造有利于创新的政策环境和文化氛围，指导地方进行制度创新；四是为创新活动提供跨区域的科研基础实施和公共服务；五是加强跨区域、跨部门的产学研合作；六是适当引导与规范区域制度竞争。

地方科技事权主要包括以下几个方面：一是制定和完善各自区域内的创新规划；二是构建有利于区域创新的政策体系和创新环境；三是整合区域内各类创新资源，搭建创新平台；四是加强对区域创新活动的协调、服务、监督和管理。

三、对我国政府事权的反思与政策建议

（一）反衬出我国科技事权的差距与不足

一是创新管理方式与快速变化的全球创新趋势和日益复杂的科技创新活动还不相适应，面向基础研究、应用研究、开发试验及其他科技活动的分类管理机制尚未真正建立，对创新活动的模块化、网络化趋势把握不到位，价值链、创新链、产业链缺乏有机贯通，科技管理的效率和质量需要进一步提升。

二是新一轮科技革命和产业变革的方向日益明晰，全球创新竞争日趋激烈，

---

① 张明喜，邓天佐. 促进早前期投融资的德国经验及启示 [R]. 调研报告，2014 (31).

② 伊彤. 区域创新体系中的中央政府与地方政府 [R]. 中国科技论坛，2014 (4)：27—32.

发达国家和新兴工业化国家都不遗余力地增加政府研发投入，我国目前所出现政府研发投入在全社会研发投入占比较低的状况显得更加捉襟见肘，也不符合当前的发展阶段实际需要；财政科技支出结构有待进一步优化，各类科技支出安排缺乏系统研究和规划；政府的科技有效供给能力与经济社会发展提质增效升级的要求还不相适应，特别是科技创新的基础还不牢固，关键共性技术研发不足。

三是政策环境与有效激发科研人员创新活力的要求还不相适应，政府对创新型、创业型、科技型企业的制度法律供给不足、投融资渠道不畅、成长服务环境较差，科研诚信和创新文化亟待加强。

四是科技事权确定的方式方法较为落后，科技事权的决策、执行、监督之间缺乏有效衔接、手段单一，亟须在方法论上取得突破，从全局角度反思现有事权确定和实施路径的不足与局限，吸收和应用先进技术手段，提高创新治理和政府科技事权决策的准确性。

五是科技体制改革的步伐与加快建立技术创新市场导向机制的要求还不相适应，企业技术创新主体地位没有真正确立；创新治理的形式与深化改革的要求还不相适应，还未完成从科研管理过渡到创新管理。

六是科技事权主体权能不清晰。现有创新政策的重心仍然在大学和科研机构，没有转向所有对创新有影响的主体[1]（包括政府、科学共同体、企业、社会组织、公众）。政府科技职能定位不清晰，缺乏创新治理的协同性。现有改革的重点也集中于科研机构和科学家，没有转向创新的所有利益相关者和创新主体之间构成的网络。

七是现行制度和体制中的某些因素抑制了创新主体的动力。长期以来，我国资源、能源、土地、劳动力等生产要素价格扭曲，对创新驱动没有形成"倒逼机制"；市场竞争秩序不完善，行业垄断和市场分割抑制了创新；对知识产权的保护不足，"侵权易、维权难"，创新赚不了钱；现行制度对科技创新发展存在一定制约，新产品、新工艺、新技术进入市场所面临着较多障碍，创新的收益空间小、时间长、风险大；科研人员的创新积极性和创造力没有得到充分发挥，培养创新型人才的理念和体系还未建立。

---

[1] 万劲波. 创新体系也须"治理"[N]. 中国科学报，2014-03-27.

（二）若干初步建议

一是围绕提高科技创新管理水平，加快政府职能转变。政府应着重加强科技发展战略、规划、政策、标准等制定和实施，强化科技基础制度建设和公共服务，扩大科技开放合作，构建公平高效的创新生态；打通科技和经济社会发展之间的通道，深化科技体制改革；通过财税金融政策引导企业和社会加大研发投入，让技术创新真正成为企业内生动力，提升企业自主创新的意识和能力。

二是发挥市场在创新资源配置中的决定性作用。进一步发挥企业在技术创新决策、研发投入、科研组织和成果转化中的主体作用，是应用研究、开发试验和产业需求、经济社会发展要求紧密结合；构建产学研协同创新机制，推动科研院所、大学与企业共建技术研发平台、创新联盟，形成创新集聚效应，打通创新链与产业链。

三是充分发挥社会的力量。大力发展社会中间组织，通过政府购买服务的方式提供科技公共产品。充分发挥社会中间组织在科技事权履行和具体管理中的专业服务作用，充实政府在组织实施、规划与政策制定、监督的职能；建立健全政府购买科技公共服务的体制机制，把政府直接向社会公众提高的部分科技公共服务事项交由具备条件的社会力量承担，提高政府科技投入效率。充分发挥科学共同体自治的作用，建立各创新主体自主作用发挥的良性互动的社会机制。

四是健全科技创新政策体系，着力营造良好创新环境。加大对科技成果转化环节的引导性投入，特别是推动基础科技成果商业化，启动国家科技成果转化引导基金，引导风险投资、银行信贷等社会资本扶持中小科技创新企业发展和科技成果转化；逐步探索以科技型中小企业创业投资引导基金为基础，以各类中央政府管理的中小企业扶持计划为依托，设立"科技投资"银行；创新制度和政策，延展资本市场对成长期科技型企业的覆盖范围，大力支持互联网金融发展；强化宏观经济政策对创新的激励和引导，激活各类要素市场，加强科技政策与财税、贸易、金融、产业、教育、社会保障等政策之间的协同；完善创新法律体系，为创新提供坚实的法律保障；营造包容、探索、求是、自由的社会氛围，厚植中国特色的创新文化。

五是紧紧围绕增强全社会创新创造活力，激发广大科技人员积极性。充分释放科研院所、高等学校、企业等创新主体活力，充分发挥行业、地方科技管理部门的重要作用，最大限度支持、鼓励和服务科技人员创新创造，让一切劳动、知识、技术、管理、资本的活力竞相迸发，形成全社会参与和支持科技创新的良好局面。

六是理顺中央科技事权与地方科技事权的关系。中央应简政放权，减少资质资格许可和认定，下放部门、地方可自行组织实施的科技工作；加强科技工作宏观统筹，充分发挥规划的调控作用，注重创新政策法规与其他政策的衔接，丰富科技创新资源统筹配置手段；加强全社会科技基础性管理平台和制度建设，促进科技创新的分工与协作；优化科技管理部门的机构和职能配置，构建有利于推进创新驱动发展战略的行政管理体系。

地方应推进新型城镇化建设，加快构建各具特色的区域创新体系；省（区、市）及区域间加强科技合作，促进科技资源共享、创新基地共建和重大科技项目合作；以企业需求为导向，地方围绕各自特色优势产业建设区域公共科技创新服务平台。

七是以全球视野谋划和推动科技创新。积极融入全球创新网络，切实推进国家科技计划对外开放，吸引海外高层次专家和团队联合承担或参与实施。实施走出去战略，帮助企业提升技术创新能力，树立外贸竞争新优势。按照平等和对等原则，探索外资研发机构参与国家科技计划实施的新机制和新途径。继续推进政府间科技合作，深化创新对话机制，做好周边外交和对外科技援助工作，推动丝绸之路经济带、21 世纪海上丝绸之路建设，实施面向周边的科技开放合作战略。

第三节　中央与地方科技事权与支出责任划分的初步考虑

建立健全中央和地方科技事权和支出责任划分的制度，目标是激发广泛创造力，降低风险，不断提高创新绩效。

一、我国科技事权的制度界定较为宽泛

我国科技事权的制度界定较为宽泛，科技事权履行的集体迷失与行为走偏。国家和社会对科技创新的重要性有普遍共识，法律层面对科技事权有部分描述，

政府规划和文件部分也提及科技职能，"三定"方案对科技行政管理职能进行描述。但是从制度的角度而言，均没有对科技事权进行清晰和完整界定，并且较为宽泛。更为重要的是，与发达国家相比较，我国科技事权履行过程中，出现集体迷失与行为走偏，主要表现在：

1. 科技事权履行的微观化

从中央科技事权履行的行为看，存在微观化倾向。科技行政部门将科研项目管理作为科技管理的重要手段和途径，行业管理部门的科技事权履行也主要通过设立项目的形式来实现。这种事权履行微观化的行为方式，不仅导致项目交叉重复，而且还干扰了市场机制，使科技创新主体的主要精力放在争取项目和资金上，导致行为异化。同时，每年相当规模的政府性资金通过"发布指南——组织申报——专家评审——拨付资金——项目验收"的形式进入企业，政府行为挤占了市场机制应当发挥作用的空间，导致研发需求与市场脱节。

2. 地方科技事权履行的跟随化

由于不同层级科技事权的内涵不同，其行为也应有所不同。但事实上，地方政府在履行科技事权时，其行为模式与中央一致，突出表现在：中央部门所设置的项目和专项，在省级层面都有体现，地方政府"从上"、"从众"的行为明显。中央科技事权的履行方式，以及处理政府与市场关系的模式一定程度上被复制到地方，地方成为中央行为模式的"缩小版"。地方的"跟随策略"一定程度上加剧了地方科技事权履行的微观化倾向，为争取中央资源，协助地方机构和企业申请项目。

3. 中央和地方科技事权履行的部门利益化

从科技事权履行的行为看，中央和地方履行科技事权时，公共利益部门化倾向明显。而部门利益又容易被个人利益左右，导致选择性履行事权。因为项目管理的方式更能有效争取权利，也易于操作和复制。因此，这种行为方式具有很强的传染性，无论是综合协调管理部门，还是行业管理部门，都忙于通过设立项目充实自己的权力，而应有的综合协调管理、政策和规划制定等职能履行不到位。

二、中央和地方支出的责任模糊和责任下移

现行法律基本没有明确中央与地方支出责任的划分。在行为的履行上，一是中央和地方之间，地方政府各层级之间，支出责任存在普遍模糊；二是中央各部

门之间支出责任不明确。

中央和地方在支出责任上存在事权上移，支出责任下移的现象。一方面，地方选择项目时，为转移"决策风险"、降低项目甄别成本，对中央项目重复支持，造成资金浪费。如一些地方政府规定，成功申请国家级项目或获得中央资金，将给予相应的奖励和补助。另一方面，中央及其各职能部门确定项目时，要求地方给予项目配套（排除地方根据地区需要主动提出配套的情况），通过行政权力将支出责任下移。

三、改革的初步思路

1. 中央与地方科技事权划分要兼顾一般性和特殊性

借鉴现代国家治理的一般经验，中央与地方科技事权与支出责任划分的原则通常包括外部性、信息复杂程度、激励相容和受益原则。更为重要的是，划分时要考虑特殊性。首先，科技事权不同于其他一般事权，科技事权在中央与地方之间并非简单的划分关系，更多的是分工与合作的关系；区域创新体系离不开国家创新体系，优化创新环境、化解创新风险布局是为区域和地方服务，且需要地方配合，中央出台的政策措施在地方得到有效执行。其次，我国的政治体制有别于其他国家，中央和地方是历史形成的特殊关系，中央和地方的科技事权不能照搬国际做法，需要根据我国国情加以完善改进。最后，治理架构不同于行政架构，虽然我国有五级政府，但是治理架构上只有两级：中央和地方，科技治理和事权划分只需在此架构上进行考虑。

2. 采用中央限制列举、剩余归属地方的方式，明确中央和地方各自的事权范围

中央应该更多地承担起满足国家重大战略需求，营造良好创新环境，制定科技政策，提高原始创新能力，对全社会经济社会发展起到重要支撑作用等方面的事权，主要包括：统筹协调与宏观管理，国家创新政策体系，基础、前沿类研究，重要关键共性技术研发和公益研究，科技重大专项，跨区域的重大科技基础设施和条件服务，科技预算、支出评估和监督，科技评价，国防科技，国际科技合作与交流等。

地方则主要负责区域创新体系建设，着力推进产业化示范和应用，为区域经济发展提供技术支持，构建有利于区域创新的政策体系和创新环境等方面的事权，主要包括区域科技政策、一般性成果转化和技术应用、科技中介服务体系、区域性技术推广等。

3. 此次改革的重点应聚焦于中央和地方共担科技事权的处理

中央和地方共担的科技事权主要包括：重大技术成果转化的引导性支持，一般共性技术，知识产权保护，部分地方优势科研、对特定地区改善民生有重大作用的公益研发，行业技术推广，全社会创新意识的培养，重大科技合作，应用基础研究，与特定地区产业发展方向相关的研发等。首先，在新修订《中华人民共和国预算法》等新一轮财政改革的要求下，丰富省部会商、共建基地（平台）等内涵，将部分共担事权的执行权上移，中央应承担主要支出责任，不得变相转嫁或要求地方隐性配套。其次，当中央制定出台重大科技政策，应鼓励并指导地方结合区域科技发展需要，形成与之匹配的科技政策，形成上下联动的局面。最后，当地方履行共担科技事权时，地方支出应当瞄准创新的国家目标，行动的总体方向与中央保持一致。

4. 以改革科技预算为突破口，促进政府行为模式转变

建立科技预算统筹机制，统筹部门间与科技支出相关的预算，建立规划、计划、政策与预算协调执行机制。通过预算管理，加强科技计划（专项、基金）的协调、衔接与集成。同时，加强对科技支出的评估与监督，建立有效的激励—约束机制，使履行科技事权的行为能够按照既定的轨道运行，完成创新驱动发展战略、科技体制改革的整体目标。

参 考 文 献

[1] Aghion P., Howitt P.. Mayer-Foulkes. The Effect of Financial Development on Convergence: Theory and Evidence [J]. The Quarterly Journal of Economics, 2005: 173-222.

[2] Alessandra C., Stoneman P.. Financial Constraints to Innovation in the UK: Evidence from CIS2 and CIS3 [J]. Oxford Economic Papers, 2008, 60 (4): 711-730.

[3] Ang J. B.. Research, Technological Change and Financial Liberalization in South Korea [J]. Journal of Macroeconomics, 2010, 32 (1): 457-468.

[4] Bencivenga V., Smith B. Start R.. Transactions Costs, Technological Choice, and Endogenous Growth [J]. Journal of Economic Theory, 1995 (67): 153-177.

[5] Bloom N., Griffith R., Reenen J. V.. Do R&D Tax Credits Work? Evidence From a Panel of Countries 1979~1997 [J]. Public Economics, 2002 (85).

[6] Budget Priorities Memo. http://www.whitehouse.gov/administration/eop/ostp/rdbudgets [EB/OL]. July 26, 2013.

[7] Chou Y. K., Chin M. S.. Financial Innovations and Endogenous Growth [J]. Applied Mechanics and Materials Journal, 2006, 12 (3): 146.

[8] Chou Yuan K., Chin M S.. Financial Innovations and Endogenous Growth [A]. Working Paperl, 2001.

［9］Chouyuank, Chinms. Financial Innovations and Endogenous Growth ［J］. Applied Mechanics and Materials Journal, 2006, 12（3）: 146.

［10］Gudey J. G., Shaw E. S.. Money in a Theory of Finance ［M］. Washing ton, DC: The Brookings Institution, 1960.

［11］http: //www.aaas.org/program/rd-budget-and-policy-program.

［12］http: //www.bioin.kr/board.do? num =4661&cmd =view&bid =business& cate1=2&s_key=&s_str=&page=4&sdate=&edate= ［EB］.

［13］http: //www.hhs.gov/budget/index.html.

［14］http: //www.spring.gov.sg/Entrepreneurship/FS/FS/Pages/spring -start -up - enterprise-development-scheme.aspx ［EB］.

［15］Johannes Vellin. Financing Innovative Start -ups, Venture Capital in Germany ［R］. 3rd Sino-German Innovation Policy Conference, Beijing, April 29, 2014.

［16］King R. G., Levine R.. Finance, Entrepreneurship and Growth: Theory and Evidence ［J］. Journal of Monetary Economics, 1993（32）: 513-542.

［17］Levine R., Louyza N., T. Beck. Financial International and Growth: Causality and Cause ［J］. Journal of Monetary Economics, 2000（46）: 31-77.

［18］Luigi B., Fabio S., Alessandro S.. Banks and Innovation: Micro - Econometric Evidence on Italian Firms ［J］. Journal of Financial Economics, 2008, 90（2）: 197-217.

［19］OECD. Taxation of SMEs Key Issues and Policy Considerations: Key Issues and Policy Considerations ［R］. OECD Tax Policy Studies, 2009（18）: 83-104.

［20］Program Brochure. http: //www.zim-bmwi.de/EB/OL. July 26, 2013.

［21］Saint -Paul G.. Technological Choice, Financial Markets and Economic Development ［J］. European Economic Review, 1992（36）: 763-781.

［22］Schinckus C.. The Financial Simulacrum: the Consequences of the Symbolization and the Computerization of the Financial Market ［J］. Journal of Socio-Economics, 2008, 37（3）: 1076-1089.

［23］Schumpeter. The Theory of Economy Development ［M］. Cambridge, MA: Harvard University Press, 1912.

[24] Stulz R. M.. Financial Structure，Corporate Finance，and Economic Growth [J]. International Review of Finance，2000，1：11-38.

[25] 阿儒涵，李晓轩. 美国大学科研项目间接成本补偿机制研究 [J]. 科学学研究，2012（12）：1830-1835.

[26] 北京市科学技术委员会，北京市统计局，北京市教育委员会. 北京市研究与发展（R&D）数据汇编 2008 [M]. 2009.

[27] 北京市科学技术委员会. 北京科技年鉴（相关年份）[M]. 北京：北京科学技术出版社.

[28] 北京市科学技术委员会. 北京科学技术指标 2009 [M]. 北京：北京科学技术出版社，2009.

[29] 北京市统计局，国家统计局北京调查总队. 北京统计年鉴（相关年份）[M]. 北京：中国统计出版社.

[30] 毕娟. 北京市财政科技投入管理模式演变及创新思考 [J]. 财会月刊，2012（2）：38-39.

[31] 财政部教科文司. 部分国家科技经费管理模式及经验研究 [J]. 行政事业资产与财务，2012（6）：68.

[32] 财政部教科文司. 部分国家科技经费管理模式及经验研究 [J]. 行政事业资产与财务，2012（6）：69-72.

[33] 陈实，王亮. 中美财政科技预算的比较与启示 [J]. 中国科技论坛，2013（8）：153-160.

[34] 促进科技和金融结合试点工作部际协调指导小组秘书处. 中国科技金融发展报告（2012）[M]. 北京：经济管理出版社，2013.

[35] 崔兵. 政府在科技金融发展中的作用：理论与中国经验 [J]. 中共中央党校学报，2013（2）：87-90.

[36] 邓天佐，张俊芳. 关于我国科技金融发展的几点思考 [J]. 证券市场导报，2012（12）：16-24.

[37] 杜琰琰，束兰根. 从美国风险贷款看中国科技金融 [J]. 新金融，2013（7）：30-33.

[38] 方衍，施筱勇. 科技工作目标管理——国际经验综述与借鉴（上）[J]. 科技促进发展，2010（3）：39.

［39］ 盖红波. 美国 2012 财年科技研发预算解析［J］. 科技管理研究，2013（2）：36–40.

［40］ 高蕾. 世界各国科技金融发展对我国的启示［J］. 现代金融，2012（11）：45–46.

［41］ 苟燕楠，王海. 公共预算的传统与变迁：美国预算改革对中国的启示［J］. 财政研究，2009（6）：78–81.

［42］ 郭戎，薛薇. 国内外科技计划支持方式创新：从"分配"走向"协调"［J］. 中国软科学，2012（11）：68–76.

［43］ 国家统计局，国家发展和改革委员会，科学技术部. 中国高技术产业统计年鉴（相关年份）［M］. 北京：中国统计出版社.

［44］ 国家统计局，科学技术部. 中国科技统计年鉴（相关年份）［M］. 北京：中国统计出版社.

［45］ 韩一萌. 金融创新背景下科技金融发展路径探析［J］. 宏观经济管理，2013（8）：62–63.

［46］ 何丽丽. 美国公共预算体制及其对我国的启示［J］. 中国集体经济（下半月），2007（10）：195–196.

［47］ 湖北省财政厅课题组. 财政专项资金投入方式研究［J］. 财政与发展，2009（3）：28–30.

［48］ 回广睿，徐璋勇，师荣蓉. 科技金融相关文献回顾与综述［J］. 未来与发展，2012（9）：27–31.

［49］ 贾康. 科技投入及其管理模式研究［M］. 北京：中国财政经济出版社，2006：65–72.

［50］ 金碚，原磊. 德国金融危机救援行动的评析及对中国的启示［J］. 中国工业经济，2009（7）：26–33.

［51］ 卡萝塔·佩蕾丝. 技术革命与金融资本——泡沫与黄金时代动力学［M］. 田方萌，胡叶青，刘然，王黎民译. 北京：中国人民大学出版社，2007.

［52］ 康小明. 政府对大学科研间接成本补偿机制的国际比较研究［J］. 北京大学教育评论，2007（4）：156–166.

［53］ 科技部条财司. 2013 年科技工作重大专题调研第五专题《财政金融资金支持企业技术创新的机制研究》总报告，2013.

[54] 课题组. 2011 年科技部党组重大调研第六专题《促进科技型中小企业发展的科技金融结合和财政投入政策重大问题研究》总报告. 2012 （12）：45-49.

[55] 课题组. 中关村示范区"新四条"政策实施情况跟踪调查和政策效果评估研究 [R]. 科技部研究报告（内部），2015.

[56] 李敏. 促进中国创业风险投资行业发展的税收政策研究 [J]. 社会科学战线，2010（7）：261-263.

[57] 李玮，任强. 进一步完善我国创业投资税收政策 [J]. 涉外税务，2010（8）：32-36.

[58] 李晓轩，代涛. 科研经费分配与管理中的科技评价问题 [J]. 科学学研究，2013 （10）：1445.

[59] 廖晓东，陈丽佳，李奎. 我国财政资金后补助方式实施现状及对策研究 [J]. 财会研究，2012 （18）：6-8.

[60] 林兆木. 使市场在资源配置中起决定性作用 [J]. 理论参考，2013 （12）：48-51.

[61] 刘健钧. 促进创业投资企业发展税收政策评述 [J]. 财务与会计，2007（6）：14-16.

[62] 刘莉. 全国财政科技支出 7 年年均增长 22.73% [N]. 科技日报，2013-10-23.

[63] 刘仁，余志威. 完善我国创业投资基金的税收政策 [J]. 税务研究，2010（6）：54-57.

[64] 刘思培. 科技金融创新中特殊财产权资本化问题研究——以商誉权为视角的展开与分析 [J]. 经济研究导刊，2013（6）：74-75.

[65] 刘永辉. 透视美国绩效预算实务操作——美国国家科学基金会预算和绩效报告体系的考察及启示 [J]. 中国财政，2011（5）：64-67.

[66] 柳卸林. 发达国家科技预算管理体制及对中国的启示 [J]. 公共管理学报，2004（1）：43-49，94-95.

[67] 楼继伟. 国务院关于国家财政科技资金分配与使用情况的报告——2013 年 10 月 22 日在第十二届全国人民代表大会常务委员会第五次会议上 [R]. 2013-10-23.

[68] 陆燕春，朋振江. 我国科技金融理论研究综述 [J]. 科技进步与对策，

2013（16）：156-160.

[69] 马骏，林慕华. 中国预算改革：未来的挑战 [J]. 中国行政管理，2012（6）：7.

[70] 马少强. 财政科技投入绩效评价研究 [J]. 开放导报，2011（1）：105-108.

[71] 明明. 关于科技金融的理论和实证研究 [J]. 金融理论与实践，2013（8）：50-55.

[72] 欧阳进良，陈华雄，李志勇. 关于政府采用后补助支持科技项目的探讨 [J]. 科技管理研究，2012（21）：204-209.

[73] 申嫦娥. 我国创业投资的税收激励政策研究 [J]. 财政研究，2010（8）：12-14.

[74] 史静寰，赵可. 从美国大学科研经费的间接成本管理看政府与大学的关系 [J]. 清华大学教育研究，2007（3）：83-92.

[75] 史世伟. 德国中小企业融资支持的原则、制度和创新 [J]. 国际经济评论，2004（6）：60-63.

[76] 万钢. 积极帮助科技型中小企业走出金融危机 [N]. 学习时报，2010-09-03.

[77] 万钢. 在加强科技计划经费监管暨科技部 2013 年科研经费巡视检查启动会上的讲话，2013.

[78] 王昌银. 促进企业自主创新税收优惠政策的完善 [J]. 税务研究，2010（11）：79-80.

[79] 王俊，廖涵平. 促进科技型中小企业发展的税收优惠政策 [J]. 证券市场导报，2010（11）：92-96.

[80] 王鹏. 大学科研间接成本核算的国际比较 [J]. 中国高教研究，2013（4）：56-59.

[81] 王熙. 美国预算制度变迁及其对中国的启示 [J]. 中央财经大学学报，2010（2）：16-20.

[82] 王玺，姜朋. 鼓励自主创新的税收优惠政策探析 [J]. 税务研究，2010（8）：12-15.

[83] 王玺，张嘉怡. 促进企业研发创新的税收政策探析 [J]. 税务研究，2015

（1）：28-33.

[84] 王雪莹. 国际财政科技投入的新特征和新趋势 [J]. 科技进步与对策，2012（23）：6-9.

[85] 王宇伟，范从来. 科技金融的实现方式选择 [J]. 南京社会科学，2012（10）：28-35.

[86] 王元，张晓原，赵明鹏. 中国创业风险投资发展报告 [M]. 经济管理出版社，2011.

[87] 王则斌. 美国预算支出编制方法的演进及启示 [J]. 财政研究，2012（11）：69-71.

[88] 王志刚. 健全技术创新市场导向机制 [J]. 求是，2013（23）：18-22.

[89] 吴翌琳，谷彬. 科技金融服务体系的协同发展模式研究——中关村科技金融改革发展的经验与启示 [J]. 中国科技论坛，2013（8）：134-141.

[90] 肖鹏. 中美政府预算编制机制设计差异与启示 [J]. 中央财经大学学报，2009（11）：14-19.

[91] 肖田野，吴晓青，孙娟，罗卫平. 国内科技研发后补助制的实施与对策研究 [J]. 科技管理研究，2011（15）：20-22.

[92] 肖泽磊，张镆予. 政府引导型区域科技金融服务体系建设理论及实证研究 [J]. 科技进步与对策，2013：1-7.

[93] 薛薇，张明喜，郭戎. 准公共科技产品的供给新模式 [J]. 新华文摘，2011（16）：26-30.

[94] 薛薇. 对我国科技型中小企业税收政策的建议 [R]. 科技部研究报告（内部），2012：7-10.

[95] 薛薇. 完善我国创业风险投资所得税制度的建议 [R]. 调研报告，2009（100）.

[96] 杨志勇. 现代财政制度：基本原则与主要特征[J]. 地方财政研究，2014（6）：4-8.

[97] 姚常乐. 北京基础研究经费投入及发展情况分析 [J]. 科技管理研究，2012（19）：78-82.

[98] 殷献民，李志斌，彭志文. 财政性科研经费的使用问题及政策建议 [J]. 北京社会科学，2012（6）：60-65.

[99] 于素丽.完善我国创业投资支持政策体系［J］.宏观经济管理，2011（11）：63-65.

[100] 湛毅青，刘奇伟，向蓉，袁牧星.中美高校科研间接成本管理现状比较研究［J］.科研管理，2008（2）：179-184.

[101] 湛毅青，欧阳花，刘爱东.美国大学政府科研项目间接成本资助政策研究［J］.研究与发展管理，2009（6）：92-100.

[102] 张红梅.德国金融集团的监管［J］.上海金融，2008（4）：74-77.

[103] 张明喜，王周飞.中关村示范区税收试点政策跟踪与推广路径［J］.税务研究，2013（3）：14-19.

[104] 张明喜.促进科技金融发展的财税支持方式研究［J］.中国物价，2012（12）：39-41，45.

[105] 张明喜.促进企业自主创新的税收政策研究［J］.中国科技论坛，2009（12）：28-31.

[106] 张明喜.关于科研间接费用管理的几点思考［J］.科学学研究，2013（10）：1446-1448.

[107] 张明喜.科技投资体系：来自韩国和中国台湾地区的实践经验［J］.科研管理，2013（12）：94-99.

[108] 张明喜.示范区科技金融试点政策跟踪研究［J］.中央财经大学学报，2013（6）：44-49.

[109] 张琦，朱恒鹏.公共品的非政府提供［J］.比较，2014（3）.

[110] 张洋，毛磊及新华社记者.科技支出占全国财政支出4.37%——全国人大常委会听取国家财政科技资金分配与使用情况的报告［N］.人民日报，2013-10-23.

[111] 赵昌文.创新型企业的金融解决方案：2011中国科技金融案例研究报告［M］.北京：清华大学出版社，2012.

[112] 赵天一.战略性新兴产业科技金融支持路径及体系研究［J］.科技进步与对策，2013（4）：63-66.

[113] 赵文红，徐玢.优化科技金融生态环境 推动科技金融创新——访国务院发展研究中心企业研究所所长赵昌文［N］.科技日报，2012-10-21.

[114] 赵新国.改革政府科技经费管理体制的设想［J］.财政研究，2004（6）：

4-5.

[115] 赵旭.商业银行和创投引导基金在科技金融中的功能定位和现状分析 [J].金融经济，2013（16）：119-122.

[116] 赵玉睿.非营利性银行体系服务小企业的国际经验 [N].金融时报，2012-04-09.

[117] 赵稚薇.科技金融对技术创新的作用效率研究 [J].金融经济，2012（20）：67-69.

[118] 郑州大学课题组，胡兴旺.区域性财政科技投入及管理模式研究 [J].经济研究参考，2009（21）：14-33.

[119] 中关村科技园区管理委员会，北京市统计局，中关村创新发展研究院.中关村国家自主创新示范区发展数据手册（1988~2009）[M].2010.

[120] 中关村课题组.中关村国家自主创新示范区创新试点政策追踪与评估研究 [R].科技部研究报告（内部），2012：71-91.

[121] 中国人民银行武汉分行营业管理部货币信贷统计处课题组，李宇平，王溪岚.武汉科技金融模式：现状审视、典型模式与完善策略 [J].武汉金融，2013（2）：29-31.

[122] 周昌发.科技金融发展的保障机制 [J].中国软科学，2011（3）：73-81.

[123] 周鑫宇.美国国会如何管理国家"钱袋" [N].中国周刊，2012-03-12.

后　记

参加工作以来，主要从事科技财税与科技金融方面的研究工作，作为接受过财政学基本训练的博士，如何利用基本的公共经济学分析框架来诠释科技财政问题，并且总结提炼实践经验，是我一直思考和探索的命题。早在几年前就想写本科技财政的专著，一方面希望对现实问题做解答；另一方面为研究科技财政的同行们提供参考借鉴。但囿于时间所限和研究能力的低下，迟迟未动笔。

在研究过程中，多次聆听科技部战略院老领导王元研究员，财政部财政科学研究所刘尚希研究员、贾康研究员、韩凤芹研究员，科技部战略院胡志坚院长、林新书记、杨起全调研员、武夷山副院长、房汉廷副院长、王奋宇副院长、王宏广调研员，科技部资源配置与管理司张晓原司长、邓天佐副巡视员、冯国健副巡视员、解鑫副巡视员、沈文京处长、利斌处长，科技部科技经费监管中心戴国庆主任、孙晓芸副主任、刘东金副主任，中国科学技术信息研究所赵志耘书记、郭铁成副所长，国家自然科学基金委财务局郑仲文局长、郝观玮副局长、王琨处长、郭蕾处长，中科院政策所穆荣平书记等人的教诲，他们开拓了我的研究视野，也使我的研究思路逐渐清晰起来。但是真正动起笔来，才发现平时的积累厚度远远不够，很多问题难以从理论层面真正解答，不能支撑科技财政的研究。幸运的是，房汉廷研究员"回归"科技部战略院工作，向他多次请教并交流，使我茅塞顿开、豁然开朗。房汉廷研究员对学术研究的执着和热情，也极大地鼓舞了我写作的士气。

当然，也要感谢科技部战略院院务委员郭戎研究员，他是我工作后的第一位直接领导，在如何做人、如何开展研究等方面为我树立标杆，也不断教育和锤炼我，在此我要对他表示真挚的感谢。同时，也要感谢我的各位好友兼同事薛薇、张俊芳、李希义、魏世杰、付剑峰、黄福宁、朱欣乐、王秋颖、潘洁晞等，大家在一起工作非常融洽，经常讨论碰撞出了大量新的思想火花，使得我的研究能力得以提升。

最后，也要感谢一路陪伴和支持我的家人，尤其是我的爱人赵秀梅女士，她的体谅、鼓励和帮助促成此书的早日付梓。

德国诗人歌德的诗剧《浮士德》有言：一切理论都是灰色的，只有生命之金树长青。但是我更想说，生命是灰色的，但是理论之树常青。

笔者才疏学浅，本书中所提的观点仅供各位参考，欢迎批评指正，也希望研究同行就科技财政问题做更深入细致的研究和探讨，共同推动和繁荣我国的经济学理论。